<u>유럽헌법론</u>

European Constitution

by
Prof. Dr. Jur. Hyung-Bok Chae
Kyungpook National University
Daegu, Korea

2006

Nopikipi
Seoul, Korea

유럽헌법론

- 발행일 / 2006년 4월 28일
- 기획 / 높이깊이
- 저자 / 채 형 복
- 교정 / 높이깊이
- 편집디자인 / 편집부
- 표지디자인 / 조성준

- 발행처 : 높이깊이
- 발행인 : 김 덕 중
- 출판등록 : 제4-183호
- 주소 : 서울 성동구 성수1가동 22-6
- 전화 : (02)463-2023(代), 2024
- 팩스 : (02)2285-6244
- E-mail : nopikipi@shinbiro.com
- 정가 : 15,000원
- ISBN 89-7588-070-9

주한 유럽연합 유럽위원회 대표부의 허락을 얻어 유럽연합 공식사이트의 이미지를 인용합니다.
유럽연합 공식사이트 : http://www.europa.eu.int

서문

본서는 2004년 10월 29일, 유럽연합 25개 회원국 정상들에 의해 서명된 '유럽헌법조약(Treaty establishing a Constitution for Europe)', 즉 '유럽헌법'의 핵심적인 내용에 대해 분석한 것이다.

그동안 유럽헌법에 대해 연구를 진행하고 학술대회에서 다른 연구자들과 토론을 하면서 느낀 것은 하루라도 빨리 유럽헌법에 대한 용어를 통일하고 그 기본 사항에 대한 개설서가 필요하다는 사실이었다. 이는 필자는 비록 헌법학자는 아니지만 유럽법학자로서 느끼는 일종의 사명감이기도 했다. 이제 본서를 출간함으로써 자신에 대한 미안함을 덜어내고 유럽헌법에 대해 관심을 갖고 있는 동료 연구자들과 후학들에게 조금이나마 연구에 도움이 되었으면 한다.

유럽미래회의를 통하여 유럽헌법의 채택이 논의되기 시작한 2002년 2월 28일부터 바라보면 이미 4년 이상의 세월이 흘렀으므로 이에 대한 개설서를 발간하는 것이 다소 늦은 감이 있다. 하지만 천학비재한 필자가 새로운 주제와 논의 상황을 정리·분석하는 것이 생각한 만큼 쉽지 않았고, 현실 상황도 여의치 않아 계획보다 조금 늦게 출간되게 되었다.

본서는 유럽헌법의 제정연혁, 연합의 기본원리, 기관, 정책 및 일반·최종규정 등 크게 다섯 부분으로 이루어져 있다. 연합의 기본원리 부분을 유럽헌법조약이 채택되면서 새롭게 도입한 내용이 많아 개념과 용어를 번역하고 소개하는데 적지 않은 어려움이 있었다. 그리고 정책 부분도 그 내용이 방대한 반면 간략하게 소개하지 않을 수 없었다. 미흡한 내용이 있다

• 유럽헌법론

면 추후에 지속적으로 연구하여 보완할 것을 약속드린다.

본서를 기술하면서 유럽위원회에서 발간한 자료인 'The Outcome of the European Convention'과 'A Constitution for Europe'의 도움을 많이 받았다. 전자는 유럽미래회의에서 논의된 내용을, 그리고 후자는 최종적으로 채택된 유럽헌법의 내용을 파악하는데 유익하였다. 그 외에도 유럽연합 공식사이트인 http://europa.eu.int의 유럽헌법 관련 자료들도 많이 활용하였다.

그리고 유럽헌법을 포함한 유럽법 전반에 대해 관심을 가지고 있는 분들은 최근 필자가 발간한 유럽연합법(한국학술정보, 2005. 2)과 유럽헌법조약(높이깊이, 2006. 3) 등 두 권의 책을 참고하기를 권유 드린다. 이들은 서로 姉妹書의 관계에 있으므로 유럽법과 유럽헌법에 대한 전반적인 이해를 위한 기초 자료와 문헌으로서 활용될 수 있으리라 생각한다.

매번 책을 출간하면서 느끼는 것이지만 한편으론 무거운 짐을 벗어버렸다는 후련함과 또 다른 한편으론 부족하고 모자란 점을 세상에 드러낸다는 부끄럼과 두려움이 교차하곤 한다. 이 책을 읽는 과정에서 수정·보완해야 할 사항이 있으면 언제든지 허심탄회하게 의견을 제시해 주시기를 바란다. 연구자간 교류없이 연구의 수준이 한 단계 높아지기를 바랄 순 없는 일이 아닌가?

이번에도 도서출판 높이깊이 사장님의 후의를 입었다. 척박한 현실 여건 속에서 전문학술서를 발간하는 것은 출판사로서 대단한 용기를 요하는 일이다. 그럼에도 불구하고 흔쾌히 출간 제의를 수락해 주심에 다시 한번 감사의 뜻을 표한다.

2006년 4월
著者 識

• 목 차

제1부 제정연혁

제1장 제정 연혁 ……………………………………………… 11
  1. 서 론 ………………………………………………………… 11
  2. 니스조약과 유럽헌법 제정을 위한 로드맵 …………… 14
  3. 유럽미래회의와 유럽헌법초안의 채택 ………………… 18
  4. 브뤼셀 유럽이사회와 유럽헌법의 채택 ………………… 25

제2장 유럽미래회의 실무단 최종보고서의 주요 내용 …… 28
  1. Working Group Ⅰ : 보충성 ……………………………… 28
  2. Working Group Ⅱ : 기본권헌장/유럽인권협약 ………… 30
  3. Working Group Ⅲ : 법인격 ……………………………… 33
  4. Working Group Ⅳ : 국내의회 …………………………… 35
  5. Working Group Ⅴ : 보충적 권한 ………………………… 37
  6. Working Group Ⅵ : 경제적 지배 ………………………… 38
  7. Working Group Ⅶ : 대외적 행동 ………………………… 40
  8. Working Group Ⅷ : 방위 ………………………………… 43
  9. Working Group Ⅸ : 단순화 ……………………………… 46
  10. Working Group Ⅹ : 자유, 안전 및 사법 ……………… 49
  11. Working Group Ⅺ : 사회적 유럽 ……………………… 52

제2부 연합의 기본원리

제1장 연합의 가치와 목적 ································· 61
    1. 서 론 ·· 61
    2. 연합의 설립 ·· 62
    3. 연합의 가치 ·· 63
    4. 연합의 목표 ·· 63
    5. 기본원칙 ·· 65
    6. 연합의 상징 ·· 66
    7. 기본권 ·· 66

제2장 연합의 권한 ··· 68
    1. 서 론 ·· 68
    2. 연합의 권한의 기본원칙 ································ 70
    3. 연합의 권한의 유형 ···································· 73
    4. 연합의 권한과 보충성 및 비례의 원칙 ············ 80

제3장 연합의 회원자격 ·· 84
    1. 서 론 ·· 84
    2. 회원국 자격기준과 가입 절차 ························ 85
    3. 연합의 정지 및 연합의 회원국으로서의 권리 ··· 85
    4. 자발적 탈퇴 ·· 86

제4장 민주생활 ·· 87
    1. 서 론 ·· 87
    2. 유럽시민권 ·· 87
    3. 대의제 민주주의와 민주적 평등 ····················· 87
    4. 참여민주주의 원칙 ······································ 88

제5장 유럽시민권 ··· 90

1. 서 론 ··· 90
2. 유럽시민권의 부여 조건 : 회원국의 국적 ································ 91
3. 유럽시민권의 내용과 문제점 ··· 94
4. 유럽시민권 제도의 문제점과 개선방안 ································ 107

제3부 연합의 기관

제1장 연합의 기관 : 그 제도적 틀을 중심으로 ······················· 109
  1. 서 론 : 유럽헌법의 제도적 틀 ·· 109
  2. 유럽의회 ·· 111
  3. 유럽이사회 ·· 114
  4. 각료이사회 ·· 117
  5. 유럽위원회 ·· 121
  6. 외무부장관 ·· 124
  7. 사법제도 : 사법재판소와 보통재판소 ································· 127
  8. 연합 기관의 특징과 의의 ·· 128

제2장 입법행위의 단순화 ·· 130
  1. 서 론 ·· 130
  2. EU법에 있어 입법행위의 지위 ·· 131
  3. 유럽헌법에 있어 입법행위의 단순화 ································· 135
  4. 유럽헌법상 입법행위의 단순화에 대한 평가 ···················· 142

제3장 의사결정절차의 단순화 ··· 144
  1. 서 론 ·· 144
  2. 현행 의사결정절차의 내용:공동결정절차를 중심으로 ········ 145
  3. 유럽헌법에 있어 입법절차의 단순화 ································· 149

제4장 가중다수결 투표 제도 ··· 155
  1. 서 론 ·· 155

2. 현행 가중다수결제도와 민주성 결핍의 해소 ·················· 157
   3. 유럽헌법상 새로운 가중다수결제도 ······························ 161
   4. 유럽헌법상 가중다수결 투표의 확대 ···························· 165

제4부 연합의 정책

제1장 경제통화정책 ·· 169
   1. 서 론 ·· 169
   2. 유럽중앙은행 ·· 170
   3. 경제정책 ·· 170
   4. 범경제정책가이드라인 ·· 171
   5. 과도한 부채 ·· 171
   6. 통화정책 ·· 173
   7. 유로존을 위한 특수조치 ·· 174
   8. 유로그룹의 역할 ·· 175
   9. 헌법조약 문언의 단순화 ·· 175
   10. 기타 규정들 ·· 176

제2장 사법내무문제 ·· 177
   1. 서 론 ·· 177
   2. 국경, 망명 및 이민 ·· 179
   3. 국경에서의 사람에 대한 통제 ···································· 180
   4. 망 명 ·· 180
   5. 이 민 ·· 181
   6. 민사문제에서의 사법협력 ·· 182
   7. 형사문제에 있어서의 사법협력 ·································· 182
   8. 기본원칙, 형사절차 및 형사실체법 ···························· 184
   9. 범죄 예방 ·· 185
   10. 유로저스트 ·· 185

11. 유럽검찰청 ·· 186
　　12. 경찰 협력 ·· 187
　　13. 사기에 대한 대처 ······································ 187
　　14. 비차별, 시민권 및 사람의 자유이동 ············ 188
　　15. 의정서 ·· 189
제3장 대외활동 ·· 190
　　1. 서 론 ··· 190
　　2. 공동통상정책 ··· 191
　　3. 개발협력정책 ··· 191
　　4. 제3국과의 협력 ·· 192
　　5. 인도적 지원 ··· 192
　　6. 제한조치 ··· 193
　　7. 국제협정 ··· 193
　　8. 연합과 그 즉시적 환경 ······························· 194
제4장 공동통상정책 ·· 195
　　1. 공동통상정책의 의의 ·································· 195
　　2. EEC조약 제113조하에서의 공동통상정책 :
　　　　ECJ 견해 1/75 및 1/78 ···························· 203
　　3. EC조약 제113조하에서의 공동통상정책 :
　　　　ECJ 견해 1/94 ·· 213
　　4. 암스테르담조약하에서의 공동통상정책 :
　　　　EC조약 제113조 제5항 ··························· 219
　　5. 유럽헌법 하에서의 공동통상정책 :
　　　　유럽헌법 제I-13조 및 제III-315조 ············ 222
제5장 공동외교안보정책(CFSP) ······························ 224
　　1. 서 론 ··· 224
　　2. 의사결정과정 ··· 224

3. 강화된 협력 ·· 225
4. CFSP에 관한 입법 수단 ·· 226
5. CFSP 기금 ·· 226
6. ECJ의 역할 ·· 227

제6장 방위정책 ·· 227
1. 서 론 ·· 227
2. 일반적 적용 조치 ·· 228
3. 특정 회원국간 협력 ·· 228
4. 방위정책의 재정 ·· 229

제5부 일반·최종규정 ·· 231
1. 서 론 ·· 231
2. 제 조약의 폐지와 법적 계속성 ······························ 231
3. EURATOM조약 ·· 233
4. 헌법의 개정 ·· 234
5. 채택, 비준 및 발효 ·· 237

• 찾아보기 ·· 239

제1부
유럽헌법의 제정

제1장 제정 연혁

1. 서 론

Robert Badinter는 "모든 헌법은 정치적 문서이자 법적 건축물이며, 역사적 순간인 동시에 문학작품이다(Toute Constitution est à la fois un instrument politique, une architecture juridique, un moment historique, une oeuvre littéraire.)"고 갈파하였다.[1] 우리는 지금 유럽헌법조약의 탄생이란 '역사적 순간(un moment historique)'을 보고 있는 것이다.

사실 유럽통합의 과정을 살펴보면, 지난 50여년간 상당히 긴박하고 역동적으로 전개되었다는 것을 알 수 있다. 제1·2차 세계대전 이후 전쟁의 방지와 전후 유럽사회의 재건을 위하여 프랑스·독일간 '석탄철강' 분야의 협력을 중심으로 하여 조인된 파리조약(1951년)은 '경제' 및 '원자력' 분야

---

[1] *Une Constitution européenne*, 2002. Claude du Granrut, *Une Constitution pour l'Europe*(Paris : L.G.D.J, 2004), p. 27에서 재인용.

의 로마조약(1957년)과 더불어 유럽통합의 초석이 되었다. 그 후, 단일시장 완성을 위한 유럽단일협정(1987년)이 채택되었으며, 1993년 11월 1일자로 마스트리히트조약(1992년)이 발효함으로써 유럽연합(이하, 'EU' 혹은 '연합')이 발족하였다. 마스트리히트조약은 EU를 '경제공동체'로부터 '정치공동체'로 이행하기 위한 의도를 담고 있다. 즉, 유럽공동체(EC), 공동외교안보정책과 사법내무협력을 EU를 지탱하는 세 기둥(three pillars)으로 설정함으로써 보다 공고한 대내외적 정치체제를 구축하고 있다. EU의 이와 같은 노력은 1989년 베를린 장벽의 붕괴 이후 구 소연방 체제의 급속한 와해와 더불어 더욱 신속하게 진행되고 있다. 그리하여 유럽역내의 민주성 결핍과 제도의 개혁을 통하여 중동부유럽으로의 EU의 새로운 확대에 대비하여 암스테르담조약(1997)과 니스조약(2001년)을 채택하게 된다.[2]

이처럼 유럽통합에 있어 지난 15년 동안 일련의 광범위한 조약의 개정이 행해졌다. 각 개정은 회원국들의 정부 대표로 구성된 정부간 회의(intergovernmental conference : IGC)[3]에 의해 준비되었다. 1997년과 2001년의 암스테르담과 니스조약의 채택을 위해 구성된 최근의 두 IGC는 유럽의 새로운 확대에 직면하여 상당한 중요성을 가지고 있었음에도 불구하고 핵심적인 기구 개혁에 문제에 대해서는 만족할만한 대답을 제시하지 못했다. 특히 니스조약을 채택하면서 확대에 대비한 광범위한 제도적 개혁이 필요했으나 그저 최소한의 범위에 그치고 말았다. 바로 이 점이 2000년 12월에 개최된 니스 유럽이사회에서 국가 혹은 정부 수반들에 의해 정치적으로 합의된 니스조약에 부속된 '연합의 미래에 관한 선언

---

2) EU의 발전과정 및 법체제에 대해서는, 졸저, 유럽연합법(한국학술정보, 2005.2), 467p.
3) IGC는 제설립조약을 제정 또는 개정할 목적으로 행해지는 회원국 정부간 교섭을 위한 회의를 말하는데, 유럽통합의 과정에서 주요한 역할을 수행해왔다. 최근 열린 주요한 IGC는 다음과 같다. 단일유럽법(Single European Act : 1986) ; 마스트리히트조약(Treaty of Maastricht : 1992) ; 암스테르담조약(Treaty of Amsterdam : 1997) ; 니스조약(Treaty of Nice : 2001) ; 유럽헌법조약(Treaty establishing a Constitution for Europe : 2004). http://europa.eu.int/scadplus/glossary/intergovernmental_conference_en.htm (검색일 : 2005. 11. 15)

(Declaration on the future of the Union)'(일명 '니스선언')이 이미 제도 개혁의 과정에서 여전히 남아있는 문제들을 강조한 이유이다. 아래에서 살펴보는 바와 같이, 동 선언은 논의되어야 할 제도 개혁에 관한 네 가지 주제를 제시하고 있었다. 이 점에서 볼 때, 니스조약에서는 사실상 단일정치규범인 '유럽연합헌법'을 채택하기 위한 구체적 일정을 확정함으로써 유럽정치공동체의 설립 가능성을 제시하였다고 볼 수 있다.

니스선언은 유럽연합헌법을 채택하기 위한 세 단계를 설정했다. 그 결과 2002년 2월 28일자로 '유럽미래회의(Convention on the Future of Europe)'가 출범하여 그 이듬해인 2003년 6월 18일 Theasaloniki 유럽이사회에 '유럽헌법을 설립하는 조약안(Draft Treaty establishing a Constitution for Europe', 일명 '유럽헌법초안(Draft European Constitution)'을 제출하고, 유럽미래회의가 2003년 6월 18일자로 제출한 유럽헌법초안을 바탕으로 유럽이사회는 IGC[4]로 하여금 최종적으로 유럽헌법의 채택 여부에 대해 논의·결정하도록 요청하였다. 그리하여 IGC는 2003년 11월 25일자로 유럽헌법에 대한 자신의 견해를 문서 50/03 (Document ICG 50/03)으로 채택하고, 이를 유럽이사회에 제출하였다.[5] 결국 같은 해 10월 29일, 회원국 정상들은 로마에서 유럽헌법에 서명하였다. 유럽헌법은 각 회원국이 자국 헌법상 규정된 절차에 따라 비준해야 발효하게 된다.

유럽헌법은 '기한을 정함없이', 즉 '무기한으로' 효력을 발생한다.[6] 단, 동 헌법은 15개 EU 모든 회원국에 의한 그 국내 헌법적 규정에 따른 비준을 경료해야만 발효하게 된다.[7] 그 비준서는 이탈리아공화국정부에 기

---

4) http://europa.eu.int/scadplus/cig2004/index_en.htm (검색일 : 2005. 5. 13)
5) 상기 2003년 6월 18일자 유럽헌법초안은 2004년 6월 18일 유럽이사회에 의해 IGC 문서 81/04(Document IGC 81/04)로 채택되었고, 문서 85/04(Document IGC 85/04)에 의해 일부 개정·보완되었다.
6) 유럽헌법 제IV-446조
7) 유럽헌법 제IV-447조 제1항

탁된다.8) 모든 비준서가 기탁되게 되면, 2006년 11월 1일에, 기타 경우에는 마지막 비준서가 기탁된 다음 달 1일에 발효하게 된다.9)

만일 유럽헌법이 발효하게 된다면, EU 회원국의 정치적 결속력은 더욱 강화될 것이며, 또한 EU는 연방국가의 형태를 띠게 될 것이다. EU의 연방국가화는 국제관계에 중대한 변화를 가져올 것이며, 그에 따라 우리나라는 물론 미국·러시아·중국·일본 등 주요 강대국을 위시한 세계 모든 국가들의 외교관계는 EU를 중심으로 재편되게 될 것이다. 마찬가지로 유럽헌법의 채택은 비교법적 측면에서도 중요한 의의를 가진다. 주지하는 바와 같이, EU은 지역통합의 가장 발전적 형태로서 독특한 법이론과 체계를 확립하고 있다. 더욱이 EU법과 회원국의 국내법의 상하 위계관계가 공고화됨으로써 '하나의 새로운 법질서'로서 EU법체제가 정착하게 될 것이다.

2. 니스조약과 유럽헌법 제정을 위한 로드맵

1952년과 1958년 ECSC, EEC 및 Euratom의 세 공동체가 출범한 이래 네 차례의 확대와 유럽단일협정(Single European Act : SEA), 마스트리히트조약(Treaty of Maastricht), 암스테르담조약(Treaty of Amsterdam) 및 니스조약(Treaty of Nice)10) 등 여러 차례에 걸친 조약의 개정에도 불구하고 최초 세 공동체가 발족할 당시의 제도와 규범의

---

8) *Ibid.*
9) 유럽헌법 제Ⅳ-447조 제2항
   2006년 2월 16일 현재 비준 절차가 진행되고 있으며, 그 비준 현황은 다음과 같다.
   (http://europa.eu.int/constitution/ratification_en.htm (검색일 : 2006. 2. 16)).
   찬성(14) : 오스트리아, 벨기에, 사이프러스, 독일, 그리스, 헝가리, 이탈리아, 라트비아, 리투아니아, 룩셈부르크, 말타, 슬로바키아, 슬로베니아, 스페인
   반대(2) : 프랑스, 네덜란드
   진행(9) : 체코공화국, 덴마크, 에스토니아, 핀란드, 아일랜드, 폴란드, 포르투갈, 스웨덴, 영국
10) EU의 기본(설립)조약의 원문은 다음 URL을 참고하라.
   http://europa.eu.int/eur-lex/lex/en/treaties/index.htm (검색일 : 2005. 7. 11)

체계의 근간에는 크나큰 변화가 없었다. 하지만 EU는 내외적으로 많은 한계와 도전, 그리고 변화에 직면하고 있었다. 즉, 내부적으로는 공동체의 운영에 있어 위원회 - 이사회 - 유럽의회간 권한의 배분과 행사를 둘러싼 민주성의 결핍에 대한 비판이 제기되고 있었으며, 외부적으로는 중동부 유럽으로의 확대에 대비한 새로운 기구와 법제도의 정비가 시급하였다. 이러한 문제점, 특히 유럽의 미래를 위해 구체적으로 논의하고 후속적 조치를 마련하기 위한 논의가 개시되었다. 결국 유럽헌법조약을 제정하기 위한 논의가 본격적으로 시작된 것은 바로 2000년 12월 니스에서 개최된 유럽이사회(European Council)라고 할 수 있다.

니스 유럽이사회는 중동부 유럽국가로의 새로운 확대에 대비하여 유럽의 미래에 대한 보다 진지한 대화를 개시할 필요가 있다는 판단 아래 '제 조약의 개정에 관한 협정(Agreement on the revision of the Treaties)'을 체결하기로 합의하였다. 이에 유럽이사회는 '니스조약(Treaty of Nice)'에 부속된 형태로 "연합의 미래에 관한 선언(Declaration on the fu- ture of the Union)"(일명 '니스선언 : Nice Declaration')을 채택하였는데, 이 선언에 포함된 주요 내용을 간단히 살펴보면 다음과 같다.

먼저, 니스선언에는 연합의 미래를 논의하기 위한 세 단계가 예정되어 있다. 즉, 제1단계의 공개토론을 거쳐, 제2단계는 보다 구체화된 단계로서 2001년 겨울에 개최될 Laeken 유럽이사회에서 그 내용이 한정된다. 그리고 마지막으로 제3단계에서는 2004년에 개최되는 IGC에서 제 조약의 필요한 개정 내용에 대해 결정한다(니스선언 3항·7항).

다음, 니스선언은 다음과 같은 고려해야 할 네 가지 주요 이슈를 제시하였다(니스선언 제5호)

① 보충성원칙에 비추어 보아 EU와 회원국간 권한의 보다 명확한 경계를 어떻게 확립하고 감시할 것인가?

• 유럽헌법론

⟨도표 1⟩　　　　　　유럽헌법조약 제정 주요 일지

일 자	내 용
2000년 2월 14일	IGC 2000 [11] 개시
2000년 12월 7~10	Nice 유럽이사회 : "EU의 미래에 관한 니스 선언" Nice Declaration on the future of the European Union [12]
2001년 2월 26일	니스조약(Treaty of Nice) 서명
2001년 12월 15일	Laeken 유럽이사회 : "라켄선언" Laeken Declaration [13]
2002년 2월 28일	유럽미래회의(European Convention) [14] 개시
2003년 2월 1일	니스조약 [15] 발효
2003년 4월 16일	가입조약(Treaty of Accession) [16] 서명
2003년 7월 20일	유럽헌법초안 제출
2003년 10월 4일	IGC 2003/2004 [17] 개시
2004년 5월 1일	EU의 확대 [18]
2004년 6월 16~17일	Brussels 유럽이사회 [19] : 유럽헌법조약문에 대한 정치적 합의
2004년 10월 29일	유럽헌법 서명
2004-2006년	회원국에 의한 헌법 비준 [20]
2006년 11월 1일	유럽헌법 발효 예정

http://europa.eu.int/roadtoconstitution/chronology/index_en.htm
(검색일 : 2005. 7. 11)

---

[11] http://europa.eu.int/comm/archives/igc2000/index_en.htm (검색일 : 2005. 7. 11)
[12] http://europa.eu.int/constitution/futurum/documents/offtext/declaration_en.pdf
 (검색일 : 2005. 7. 11)
[13] http://europa.eu.int/constitution/futurum/documents/offtext/doc151201_en.htm
 (검색일 : 2005. 7. 11)
[14] http://european-convention.eu.int/bienvenue.asp?lang=EN&Content=
 (검색일 : 2005. 7. 11)
[15] http://europa.eu.int/comm/nice_treaty/index_en.htm (검색일 : 2005. 7. 11)
[16] http://europa.eu.int/comm/enlargement/negotiations/treaty_of_accession_2003/
 index.htm (검색일 : 2005. 7. 11)
[17] http://europa.eu.int/scadplus/cig2004/index_en.htm (검색일 : 2005. 7. 11)
[18] http://europa.eu.int/pol/enlarg/index_en.htm (검색일 : 2005. 7. 11)
[19] http://europa.eu.int/comm/councils/bx20040617/index_en.htm (검색일 : 2005. 7. 11)

② Cologne 유럽이사회의 결론에 따라 니스에서 선언된 'EU 기본권 헌장(Charter of Fundamental Rights of the European Union)'[21]의 지위는 무엇인가?
③ 그 의미의 변경없이 보다 명확한 동시에 이해가능 하도록 만들기 위하여 제 조약의 단순화는 어떻게 할 것인가?
④ 유럽건설에 있어 국내의회의 역할은 무엇인가?

그로부터 일년 후인 2001년 12월 15일, Laeken 유럽이사회는 'EU의 미래에 관한 선언(Declaration on the Future of the European Union)' (일명 '라켄선언' Laeken Declaration)을 채택하였다. 이 선언이 지향하는 바는 보다 민주적이고, 투명하며, 또 효과적인 유럽을 건설하고, 유럽시민을 위한 헌법을 채택하는 것이라고 할 수 있다. 다시 말하여, '유럽헌법을 설립하는 조약안(Draft Treaty establishing a Constitution for Europe)'을 준비하기 위하여 '유럽회의(European Convention)'를 조직하고, EU의 미래를 위한 본질적인 문제들에 대해 검토할 필요가 있었다. 이 가운데, 라켄선언은 특히 다음과 같은 네 가지 주제를 강조하

---

[20] http://europa.eu.int/constitution/futurum/ratification_en.htm(검색일 : 2005. 7. 11)
[21] OJ C 364 of 18.12.2000, p. 1.
    EU 기본권헌장의 채택 경과를 간단히 기술하면 다음과 같다.
    이 헌장의 제정은 1999년 6월 3-4일 개최된 Cologne 유럽이사회에서 처음으로 제안되어 2000년 10월 2일 그 초안이 채택되었다. 같은 달 13-14일 열린 Biarritz 유럽이사회는 전원일치로 그 초안을 승인하고 이를 유럽의회와 위원회로 송부하였다. 두 기관은 각각 같은 해 12월 4일과 5일자로 그 초안의 채택을 동의하였으며, 결국 12월 7일자로 Nice 유럽이사회는 이 헌장에 서명하였다. 이 헌장이 가지는 의의는 무엇보다 EU 역사상 처음으로 유럽시민과 EU에 거주하는 모든 사람들의 시민적, 정치적, 경제적 및 사회적 권리를 보장하는 단일한 문서라는 점이다. 이 권리는 크게 인간의 존엄성, 자유, 평등, 연대, 시민의 권리 및 정의(Dignity, Freedoms, Equality, Solidarity, Citizens' rights, Justice)의 6개 분야로 나뉘어 규정되어 있다. 또한 이 권리는 ECHR, EU 회원국들의 헌법적 전통 및 유럽사회헌장 등에 기초하고 있다. 이 헌장이 EU조약에 포함됨으로써 법적 구속력을 가지는가에 대해 Cologne 유럽이사회에서 논의되었으나 Nice 유럽이사회는 이 문제를 유럽미래회의에서 결정하기로 하였다. 참고로 EU 기본권헌장 공식 홈페이지는 다음과 같다.
    http://www.europarl.eu.int/charter/default_en.htm

고 있다.

① 연합과 회원국간 권한의 배분을 어떻게 할 것인가?
② 어떻게 하면 유럽 제 기관(European Institutions)의 행위를 보다 명확·단순화시킬 것인가?
③ 어떻게 하면 연합에 있어 보다 많은 민주성, 투명성 및 유효성을 확보할 것인가?
④ 유럽시민을 위한 헌법의 채택은 가능할 것인가?

위의 첫 번째에서 세 번째의 주제는 결국 네 번째의 '유럽헌법'의 채택의 문제로 귀결된다. 따라서 라켄선언은 제3장에서 유럽의 미래, 그 가운데서도 특히 유럽헌법을 채택하기 위한 '유럽미래회의(Convention on the Future of Europe)'의 조직과 운영방식 등에 관한 개략적인 가이드라인을 제시하고 있는 것이다.

3. 유럽미래회의와 유럽헌법초안의 채택

(1) 유럽미래회의의 의의

지난 2002년 2월 28일, '하나의 유럽(단일유럽)'의 청사진을 그려낼 '유럽미래회의(Convention on the Future of Europe(일명 유럽회의 European Convention)'가 15개월 기간을 예정으로 브뤼셀에서 개막되었다. 유럽회의의 개최는 2001년 12월의 Laeken 유럽이사회에서 의결되었으며, 인터넷 웹사이트를 통하여 유럽시민들에게 그 논의 현황을 공개하고 포럼을 통해 공개 토론 등 참여를 유도하기로 결정하였다.[22]

이 회의의 목적은 세계 상황의 변화, 유럽시민의 요구 및 EU의 미래에

---

[22] 'The Future of the European Union-Debate'란 제하의 EU가 운영하고 있는 웹사이트를 방문하면 각종 관련 자료를 열람할 수 있다.
http://europa.eu.int/futurum/index_en.htm (검색일 : 2005. 7. 11)

•제1부 연합헌법의 제정

부합하는 EU의 새로운 틀과 구조를 제안하는 것이다. 이를 위하여 유럽회의는 EU 역사상 처음으로 각 회원국 정부와 국내의회, 유럽의회 및 가입후보국 대표 등이 한자리에 모여 유럽의 미래에 대해 논의하였다. 따라서 사실상 이는 '유럽헌법'을 제정하려는 목적을 가지고 있으므로 제헌회의의 성격을 가지고 있다. 이러한 이유에서 유럽회의를 '유럽헌법회의'라고 지칭하기도 한다.

유럽 확대와 통합의 과정에서 EU는 당면한 수많은 과제들을 안고 있으며, 이들은 유럽회의에서 논의되었다. 하지만 이 가운데 해결이 쉽지 않은 난제들을 몇 가지 예로 들면, 가중다수결 표결방식의 확대, 유럽위원회 위원장의 직접선거, 유럽헌법의 제정 및 EU(연방주의)의 형태 등이었다. 그러나 이러한 문제점들은 결국 '유럽헌법'의 제정을 통하여 해결을 시도할 것이므로 유럽회의의 본질적 성격은 유럽헌법의 제정에 있다고 보아야 할 것이다.

유럽회의는 유럽헌법의 제정에 관한 15개월여의 논의 결과를 2003년 유럽이사회에 제안서의 형태로 제출하고, 그 이듬해인 2004년에 동 제안서를 바탕으로 IGC에서 최종적으로 유럽헌법의 제정 여부에 대해 논의·결정하기로 하였다. 이와 같은 과정에서 여러 기구 및 단체들이 역할을 나누어 담당하였으나 그 중에서도 유럽법이 당면한 주요 현안별로 구성된 실무단이 작성·제출한 최종보고서는 유럽헌법초안의 기본틀을 구성하고 있다.

(2) 유럽미래회의의 구조

유럽이사회는 전 프랑스 대통령 Valéry Giscard d'Estaing을 유럽회의 의장, 그리고 Giuliano Amato와 Jean-Luc Dehaene을 부의장으로 임명하였다. 유럽미래현안에 대해 논의하기 위하여, 유럽회의는 이들 외에 15인과 13인의 각 회원국 및 가입후보국 대표(1인/1국), 30인과 26인의 회원국 및 가입후보국 국내의회 대표(2인/1국), 16인의 유럽의회 대표 및 2인의 유럽위원회 대표로 구성되어 있다. 또한 3인의 경제사회이사회 대표, 5인의 지역위원회 대표, 3인의 노사대표 및 유럽옴부즈맨이 업저버로서 참가하였다.

유럽회의는 그 산하기구로서 총회(plenary sessions), 실무단(working groups), 최고상임회의(praesidium) 및 사무국(secretariat)을 두었다.

첫째, 총회는 통상적으로 브뤼셀에 있는 유럽의회 의사당건물에서 이틀동안 월 1회 개최되며, 그 회의 내용은 일반인에게 공개되었다.

둘째, 실무단은 11개 현안별로 구성되었는데〈도표 2〉, 각 현안에 대해 논의 과정을 거쳐 유럽회의에 최종보고서를 제출하였다.

〈도표 2〉 유럽회의 실무단(Working Group)의 구성

1	실무단 I	보충성(Subsidiarity)
2	실무단 II	기본권헌장/유럽인권협약(Charter/ECHR)
3	실무단 III	법인격(Legal personality)
4	실무단 IV	국내의회(National parliaments)
5	실무단 V	보충적 권한(Complementary Competencies)
6	실무단 VI	경제적 지배(Economic Governance)
7	실무단 VII	대외적 행동(External Action)
8	실무단 VIII	방위(Defense)
9	실무단 IX	단순화(Simplification)
10	실무단 X	자유, 안전 및 사법(Freedom, Security and Justice)
11	실무단 XI	사회적 유럽(Social Europe)

셋째, 최고상임회의는 유럽회의의 절차를 촉진하기 위하여 설치되었다. 이는 유럽회의 의장, 부의장, 각 2인의 유럽의회, 유럽위원회 및 국내의회 대표 및 유럽의회가 개최되는 기간 동안 유럽이사회의 의장국을 맡게 되는 스페인, 덴마크와 그리스정부의 대표 각 1인씩으로 구성되었다.

•제1부 연합헌법의 제정

또한 최고상임회의는 모든 회의시 가입후보국의 대표들에 의해 지명된 유럽회의의 위원 1인을 초청하였다.
넷째, 사무국은 유럽회의 및 하부기관의 제반 활동에 대해 지원하였다.

(3) 미래회의의 작업 과정

유럽회의의 작업은 세 단계, 즉 청취단계, 연구단계 및 작성단계(a listening phase, a studying phase and a drafting phase) 등으로 진행되었다. 유럽회의는 한달에 한번 혹은 두 번 이틀에서 사흘 동안 브뤼셀에 있는 유럽의회에서 모임을 가졌다. 최고상임회의는 회기 사이의 회의를 준비하고, 최종 단계 동안 유럽회의에서 전원합의로 모임을 갖고 제조문을 작성하였다.

유럽회의의 작업은 시민사회와 많은 접촉을 통한 청취단계부터 시작되었다. 유럽회의는 다음과 같이 다양한 수준에서 광범위한 범유럽토론을 개시했다. 즉, ① 유럽시민들의 직접적 참가를 가능케 하기 위한 인터넷 웹사이트를 구축하고, ② 회원국과 가입후보국에서 행해진 토론회는 국내 차원의 토론을 도와줬으며, 또한 ③ 경제사회이사회, 지역위원회, 사회적 파트너 및 시민단체(NGO)의 참관자들의 참가는 다양성을 확보하는데 기여하였다.

유럽회의는 특히 청소년들의 참가에 중점을 두었다. 유럽청소년회의(Young Convention)는 청소년들이 유럽의 비전을 갖게 하기 위하여 조직되었다. 이 회의는 2002년 7월 10~12일에 개최되었고, 그 제안들은 최고상임회의에 제출되었다. 또한 유럽회의의 주요 의제와 환경, 문화 및 종교 등의 주제에 대하여 시민사회와 대화하기 위하여 연락단(Contact groups)이 설립되었다.

유럽회의의 첫 번째 회기는 청취단계를 현실적으로 조직하고, 또 유럽회의의 작업방식을 채택하는데 주력하였다. 작업방식을 선택하면서 유럽회의는 최종텍스트조차도 투표에 의하지 않고 그 제안들에 대해 총의(consensus)에 의해 채택할 수 있는 방안을 마련했다.

청취단계가 끝나게 되자 유럽회의의 위원들은 그들의 비전을 정리하였으며, 텍스트에 대해 논의하고, 또 개정을 제안함으로써 서서히 최종텍스트를 작성하기 시작했다.

특정한 주제에 대한 토론을 준비하기 위해, 유럽회의는 위에서 살펴본 바와 같이 11개의 실무단을 구성하였다.

실무단들은 그 논의의 내용을 미래회의의 모든 이해당사자들에게 공개했으며, 다양한 제안에 대한 총의를 구하고 그 결과를 설명할 의무를 지고 있었다. 따라서 2002년 후반기부터 미래회의는 구체화된 연구 단계로 이행하였다.

2002년 10월, 미래회의 의장은 초안의 형태로 헌법텍스트의 구조를 브뤼셀 유럽이사회에 제출했다.[23] 최고상임회의가 헌법조약의 제1편(Part I)의 제 조문의 제1초안을 작성하는 동안 제도적 개혁과 실무단의 결과를 포함한 다양한 주제에 관한 논의는 지속되었다.

2003년 2월, 미래회의는 제 조항의 초안의 작성, 개정 및 합의에 관한 논의 등 그 작업의 최종 단계로 접어들었다. 각 총회에서 최고상임회의는 미래회의에서 논의된 새로운 조문들을 제안했다. 총의를 얻은 제안은 최고상임회의에 의해 텍스트에 포함되었다. 이리하여 차츰 헌법조약초안은 그 체제를 잡아가고 있었다.[24]

---

[23] 유럽미래회의의 실무단에 의해 제출된 최종보고서의 주요 내용에 대해서는, 졸고, "유럽헌법의 제정을 둘러싼 법적 쟁점의 검토-실무단의 최종보고서를 중심으로-", 영남법학(영남대학교 법학연구소, 제9권 제2호, 통권 제18호, 2003. 8), pp. 117-147.

[24] 유럽미래회의에서 마련 중인 유럽헌법조약의 내용을 보충하기 위한 작업의 일환으로 2002년 7월, 당시 의장이던 Romano Prodi의 주도하에 유럽위원회는 "유럽연합헌법 프로젝트(Projet de Constitution de l'Union européenne)", 일명 "페넬로프법안(Code Pénélope") 작성을 시작했다. 이 프로젝트는 Community Acquis(acquis communautaire)에 비추어 보아 기존의 제설립조약의 문언을 재정비하고, 연합의 제 목적, 제 기관 및 제 정책뿐만 아니라 유럽단일시장의 기능과 그 역할에 대해 '공동체적 방법(méthode

개정과 시간적 구속과 관련하여, 2003년 6월에 열릴 예정이었던 Thessaloniki 유럽이사회까지 제때에 미래회의의 작업을 종결시키는 것은 불가능하였다. 그러므로 미래회의는 헌법초안의 제1편과 제2편(Parts I and II)을 완성하고, 연합의 제도적 개혁에 관한 합의에 이를 수 있도록 노력하는데 중점을 두기로 결정했다. 제1편과 제2편의 최종안은 2003년 6월 20일에 유럽이사회에 제출되었다.

제3편과 제4편(Parts III and IV)은 2003년 7월에 개최된 총회에서도 여전히 논의되었다. 연합의 제 정책 및 가중다수결과 관련한 개정안은 다시 한번 논의되었고, 최종텍스트에 포함되어 2003년 7월 18일에 로마에서 이탈리아 의장에게 제출되었다.25)

작업과 토론을 개시한 지 17개월 후, 유럽미래회의는 그 임무를 완수하고, 2003년 6월 18일 Theasaloniki 유럽이사회에 유럽헌법초안을 제출하였다.

(4) 유럽헌법초안의 구성

유럽헌법초안은 전문과 네 개의 편(Part I-IV)으로 구성되어 있는데, 모두 465개조의 조문을 담고 있다.26)

---

communautaire)'으로 재구성(refondation)하고자 하였다. 유럽위원회는 그 법안을 2002년 12월 5일자로 공표하였다. 페넬로프법안에 대한 상세한 내용과 그에 대한 비판적 검토는, A. Mattera(sous la dirction de), "Pénélope" *Projet de Constitution de l'Union européenne* (Paris : Clement Juglar, 2003), 339p. 이 법안에 대한 주요 내용에 대해서는, François Lamoureux, "Le Projet Pénélope", dans dans Gérard Cohen-Jonathan et Jacqueline Dutheil de La Rochère(dir.), *Constitution euorpéenne, démocratie et droits de l'homme*, Actes du colluque des 13 et 14 mars 2003 organisé à la Sorbonne par le Centre de droit européen (CDE) et le Centre de recherche sur les droits de l'homme et le droit humanitaire (CRDH) (Brussels : BRUYLANT, 2003), pp. 43-55.

25) 유럽헌법초안의 제정 과정에서 채택 혹은 발표된 니스선언, 라켄선언 및 연합의 기관과 각 회원국 정부의 공식 입장에 관한 자료는 다음 문헌을 참고하라. Jean Touscoz, *La Constitution de l'Union européenne*(Brussels : Bruylant, 2002, 186p.

26) 유럽헌법초안의 주요 내용에 대해서는, "Outcome of the European Convention"

제1편에서는 연합의 의의 및 법적 성질에 관한 기본적 규정을 담고 있다. 즉, 연합의 정의와 목적(제1부), 기본권과 연합 시민권(제2부), 연합의 권한(제3부), 연합의 제도(제4부), 연합의 권한의 행사(제5부), 연합의 민주적 생활(제6부), 연합의 재정(제7부), 연합과 인접 환경(제8부), 그리고 연합에의 가입과 탈퇴(제9부) 등 모두 59개조로 이루어져 있다.

제2편은 연합의 기본권헌장에 관한 것으로서 전문, 존엄성(제1부), 자유(제2부), 평등(제3부), 연대(제4부), 시민권(제5부), 정의(제6부), 헌장의 해석과 적용에 관한 일반규정(제7부) 등 모두 54개조가 이에 해당한다.

제3편은 역내시장을 운영·유지하는데 있어 필요한 연합의 정책과 기능(The Policies and Functioning of the Union)에 대해 규정하고 있다. 일반적용조항(제1부), 비차별과 시민권(제2부), 내부정책과 행동(제3부), 해외국가 및 영토와의 연대(제4부), 연합의 대외관계(제5부), 연합의 기능(제6부), 그리고 공통규정(제7부) 등 342개조이다.

그리고 일반 및 최종규정(General and Final Provisions)으로 이루어진 제4편은 헌법의 채택과 비준 등에 10개조를 포함하고 있다. 또한 유럽헌법초안은 다수의 의정서와 선언을 두고 있다.[27]

(http://europa.eu.int/scadplus/european_convention/index_en.htm (검색일 : 2005. 7. 21)); 졸고, "유럽헌법의 제정을 둘러싼 법적 쟁점의 검토-유럽헌법초안을 중심으로", 영남법학(영남대학교 법학연구소, 제10권 제1호, 통권 제19호, 2004. 6), pp. 195-227; Jean-Paul JACQUE, "L'évolution des travaux de la Convention", dans Gérard Cohen-Jonathan et Jacqueline Dutheil de La Rochère(dir.), *Constitution euorpéenne, démocratie et droits de l'homme*, Actes du colluque des 13 et 14 mars 2003 organisé à la Sorbonne par le Centre de droit européen(CDE) et le Centre de recherche sur les droits de l'homme et le droit humanitaire(CRDH)(Brussels: BRUYLANT, 2003), pp. 25-42.

27) 그 선언과 의정서는 다음과 같다.
 - 연합에 있어 국내의회의 역할에 관한 의정서
 - 보충성과 비례의 원칙의 적용에 관한 의정서
 - 유럽의회에 있어서 시민대표와 시민 및 유럽이사회와 각료이사회에서의 투표가중치에 관한 의정서

4. 브뤼셀 유럽이사회와 유럽헌법의 채택

(1) 경 과

2004년 6월 17~18일, 브뤼셀에서 개최된 유럽이사회는 유럽헌법조약(Treaty establishing a Consitution for Europe, 이하 '유럽헌법')을 채택하기로 공식적으로 합의하였다. 그리하여 위의 2003년 6월 18일자 유럽헌법초안은 2004년 6월 18일 유럽이사회에 의해 IGC 문서 81/04(Document IGC 81/04)로 채택되었고, 문서 85/04(Document IGC 85/04)에 의해 일부 개정·보완되었다. 결국 같은 해 10월 29일, 회원국 정상들은 로마에서 유럽헌법에 서명하였다.[28]

향후 유럽헌법은 25개 회원국들의 헌법규정에 따라 비준 절차를 거쳐야 하며, 모든 회원국에 의해 비준되어야만 발효하게 된다. 회원국에 의한 조약의 비준 절차는 각 회원국마다 상이한데, 일반적으로 국제조약을 비준하기 위해 의회에서의 투표절차를 거치든가(the "parliamentary" method) 혹은 국민투표를 거치는(the "referendum" method) 두 가지 방법이 이용된다.[29] 마스트리히트조약, 암스테르담조약 및 니스조약과 같은 기존의 조약의 비준 과정을 보건대, 조약의 서명과 그 비준을 통한 효력까지는 통상 1년에서 2년 정도의 기간이 소요된다.

- 유로그룹에 관한 의정서
- Euratom조약의 개정에 관한 의정서
- 유럽의회에 있어서 시민대표와 시민 및 유럽이사회와 각료이사회에서의 투표가중치에 관한 의정서에 부속된 선언
- 대외행동을 위한 유럽적 서비스의 창설에 관한 선언
- 헌법설립조약의 서명의 최종행동에 관한 선언

28) 유럽통합의 상징성을 드높이기 위해 로마유럽이사회는 유럽헌법조약에 대한 서명을 1957년 EEC설립조약 및 Euratom설립조약 등 로마조약 서명을 한 장소와 동일한 곳(the same room)에서 행하였다. 이러한 면에서, 유럽헌법조약을 '하나의 새로운 로마조약(a new Rome Treaty)'이라 부르기도 한다. http://www.euractiv.com/Article?tcmuri=tcm:29-131660-16&type=News (검색일 : 2004. 11. 13)

29) 경우에 따라서는 이 두 가지 방법이 혼용되기도 한다.

(2) 유럽헌법의 구조

유럽헌법은 단일한 새로운 헌법조약으로서 지난 50년 이상 적용되어 온 모든 조약을 대체하는 것이다.30) 헌법조약은 주요 네 부분으로 나뉜다. 즉, 유럽헌법은 전문과 네 개의 편 (Part Ⅰ-Ⅳ)으로 구성되어 있는데, 모두 448개조의 조문을 담고 있다.31)

제1편에서는 연합의 의의 및 법적 성질에 관한 기본적 규정을 담고 있다. 즉, 연합의 정의32)와 목적(제1부), 기본권과 연합 시민권(제2부), 33)

---

30) 유럽헌법조약은 2004년 12월 16일자 EU 관보(Official Journal of the European Union) C 310 (http://europa.eu.int/eur-lex/lex/JOHtml.do?uri=OJ:C:2004:310:SOM:EN:HTML (검색일 : 2005. 7. 21)을 통해 공표되었다. 또한 그 원문은 다음 URL에서도 구할 수 있다.
http://europa.eu.int/eur-lex/lex/en/index.htm (검색일 : 2005. 7. 21)
유럽헌법의 편제와 조문의 표기 방법은 주의를 요한다.
먼저, 유럽헌법은 Part, Title, Chapter, Section, Subsection, Article의 순으로 편제를 하고 있다. 예를 들어, Part Ⅲ : The Policies and Functioning of the Union, Title Ⅲ : Internal Policies and Action, Chapter Ⅰ : Internal Market, Section Ⅰ : Establishment of the Internal Market, Article Ⅲ-14 … 식이다. 이를 우리나라의 편제 식으로 한다면, 편(Part), 부(Title), 장(Chapter), 절(Section), 관(Subsection), 조(Article) 등으로 지칭하는 것이 합당할 것이다.
다음, 유럽헌법은 네 개의 편(Part Ⅰ, Ⅱ, Ⅲ & Ⅳ)으로 이루어져 있는데, 각 편별로 당해 편을 나타내기 위하여 다음과 같이 표기하고 있다. 즉, 제1편은 제I-1조, 제I-2조(Article I-1, Article I-2) 등으로 표기하고, 제2편-제4편은 각각 Article Ⅱ-1, Article Ⅱ-2…, Article Ⅲ-1, Article Ⅲ-2…, Article Ⅳ-1, Article Ⅳ-2… 등으로 표기하여 혼동을 방지하고 있다.

31) 유럽헌법의 주요 내용에 대해서는, "A Constitution for Europe"(http://europa.eu.int/scadplus/constitution/index_en.htm (검색일 : 2005. 7. 21)); Hyung-bok Chae, "Assessing Legal Outcome of the European Constitutional Treaty", 유럽연구(한국유럽학회, 제20권, 2004년 겨울호), pp. 161-186; 졸고, 유럽헌법의 쟁점과 전망, 공법학연구(한국비교공법학회, 제6권 제1호, 2005. 2), pp. 3-41. 그리고 다음의 주석서도 참고하라. Marianne Dony et Emmanuelle Bribosia(Ed. par), Commentaire de la Constitution de l'Union européenne(Bruxelles: IEE, 2005), 451p.

32) 유럽헌법 제I-1조 1항은 "헌법은 … 유럽연합을 설립한다."고 규정함으로써 EC와 EU 양자간의 관계가 명확하게 정립되게 되었다. 즉, EC는 EU에 통합되어 향후 후자만이 법인격을 갖게 된 것이다. 양 기구의 법적 성질 및 상호 관계에 대해서는, Werner Schroeder(채형복 옮김), 유럽연합과 유럽공동체, 영남법학(영남대학교 법학연구소, 제10권 제2호, 통권 제20호, 2004. 12), pp. 144-184.

33) 이에 대해서는, 졸고, "유럽헌법에 있어 유럽시민권의 법적 지위", 공법학연구(한국비교공

• 제1부 연합헌법의 제정

연합의 권한(제3부),34) 연합의 제도(제4부), 연합의 권한의 행사(제5부), 연합의 민주적 생활(제6부), 연합의 재정(제7부), 연합과 인접 환경(제8부), 그리고 연합의 회원 자격(제9부) 등 모두 60개조로 이루어져 있다.

제2편은 연합의 기본권헌장에 관한 것으로서 전문, 존엄성(제1부), 자유(제2부), 평등(제3부), 연대(제4부), 시민권(제5부), 정의(제6부), 헌장의 해석과 적용에 관한 일반규정(제7부) 등 모두 54개조가 이에 해당한다.35)

제3편은 역내시장을 운영·유지하는데 있어 필요한 연합의 정책과 기능(The Policies and Functioning of the Union)에 대해 규정하고 있다. 일반적용조항(제1부), 비차별과 시민권(제2부), 역내정책과 행동(제3부), 해외국가 및 영토와의 연대(제4부), 연합의 대외관계(제5부), 연합의 기능(제6부), 그리고 공통규정(제7부) 등 322개조이다.

그리고 일반 및 최종규정(General and Final Provisions)으로 이루어진 제4편은 헌법의 채택과 비준 등에 12개조를 포함하고 있다.

또한 유럽헌법은 다음과 같은 다수의 의정서와 선언을 두고 있다. 예를 들어, 연합에 있어 국내의회의 역할에 관한 의정서 및 보충성과 비례의 원칙의 적용에 관한 의정서 등 36개의 의정서를 비롯하여, 유럽헌법의 조문과 관련한 30개의 선언 및 의정서와 관련한 20개의 선언 등 모두 50개의 선언을 첨부하고 있다.

법학회, 제6권 제2호, 2005. 6), pp. 257-278.
34) 졸고, "유럽헌법에 있어 '유럽연합(EU)의 권한'의 개념, 유럽연구(한국유럽학회, 제19권, 2004년 여름호), pp. 227-244.
35) 유럽기본권헌장에 대해서는 다음의 문헌을 참고하라. 유럽연합기본권헌장, 아시아인권헌장(광주시민연대, 프리드리히 에베르트재단, 2001), pp. 9-90; Laurence Burgorgue-Larsen, Anne Levade et Fabrice Picod(sous la direction de), *Traité établissant une Constitution pour l'Europe: Partie II La Charte des droits fondamentaux de l'Union*, Comentaire article par article, Tome 2(Bruxelles: Bruylant, 2005), 837p.

제2장 유럽미래회의 실무단 최종보고서의 주요 내용

1. Working Group Ⅰ : 보충성(Subsidiarity) 1)

보충성의 원칙(the principle of subsidiarity)은 회원국과 EU간 권한이 상호 공유될 수 있는 분야(예 : 환경)에 있어 가장 적절한 조치를 취할 수 있도록 보장하기 위하여 마스트리히트조약에 의하여 개정된 EC조약 제3B조(현 EC조약 제5조)에서 처음으로 도입되었다. 이 원칙은 조약상 제안된 행동 목표를 회원국들이 충분히 달성할 수 없고, 또한 그 제안된 행동의 규모나 효과로 인하여 EU가 더 잘 달성할 수 있는 경우에 EU가 자신의 배타적 권한의 범위에 속하지 아니하는 영역에서 그 부여받은 권한과 할당받은 목표의 범위 내에서 회원국의 국내적·지역적 차원의 문제를 해결하기 위해 적용된다. 즉, 동 원칙에 관한 규정은 만약 회원국이 개별적으로 조치를 취하는 것보다 EU 차원의 조치가 현실적으로 보다 효과적인 경우에 한하여 적용될 수 있었다. 이 후, 동 원칙의 적용은 추가적인 입법에 의해 보완되었다. 하지만 오늘날 동 원칙의 적절한 적용 여부에 대한 법적 감시는 ECJ에 의해서만 행해질 수 있을 뿐이다. 더욱이 입법행위의 채택 이후에 행해짐으로써 그 적용 과정에서 나타난 문제점에 대해서는 효과적인 대응이 용이하지 않다는 비판이 행해지고 있다.2)

이와 같은 문제점을 고려하여, 실무단은 보충성원칙의 적용에 관한 '입법'과 '심사' 과정에 관하여 다음과 같은 대안을 제시하고 있다.

첫째, 입법과정에 있어 유럽 제 기관들의 상호 협력과 견제 기능을 강화하여야 한다. 특히 회원국의 국내의회의 참가권이 보장되어야 한다. 이를 분설하면 다음과 같다.

유럽위원회는 보충성원칙에 관한 입법 제안서(이를 일명 'subsidiarity

---

1) 최종보고서 채택일자 : Brussels, 23 September 2002(CONV 286/02)
2) 보충성의 원칙에 대한 상세한 내용은, 김대순, EU법론(삼영사, 1995), pp. 210-234.

sheet'라 한다)를 각료이사회와 유럽의회에 제출할 의무가 있다. 또한 실무단은 특히 이 제안서에 대한 국내의회의 '조기경보제도(early warning system)'를 제시하고 있다. 이는 유럽위원회의 입법 제안서가 보충성원칙에 부합하지 않는다고 판단하는 경우, 절차의 개시 단계에서 국내 의회가 그들의 견해를 제시할 수 있는 제도이다(〈그림 1〉 ①단계).

〈그림 1〉

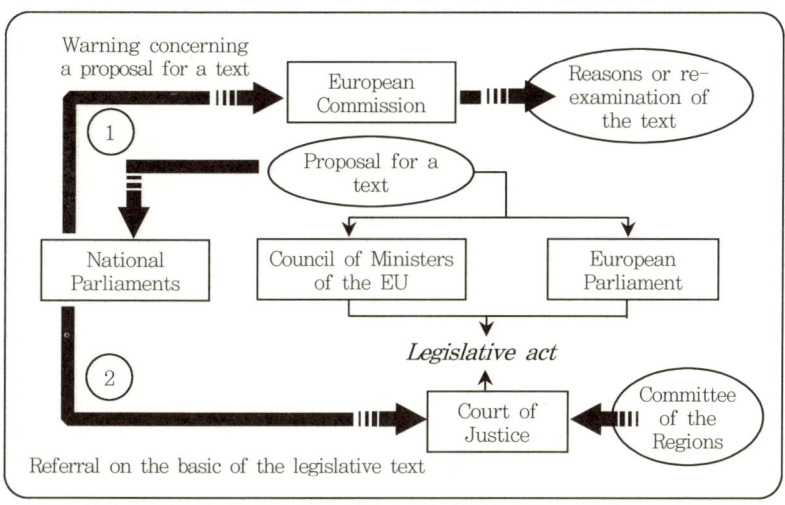

둘째, 위의 입법과정을 통하여 채택된 입법 행위에 대한 사법적 감시는 ECJ에 의해 행해진다. 통상적으로는 일반적 소송절차에 의거하여 행해지지만, 향후 채택된 법률이 보충성원칙을 위반하고 있다고 판단하는 경우 국내의회도 ECJ에 소송을 제기할 수 있다. 국내의회의 이와 같은 권한은 위에서 살펴본 '조기경보제도'에 의거한 것이다(〈그림 1〉 ②). 이 단계에서 특기할만한 사항은 국내의회만이 아니라 지역위원회도 만일 채택된 입법이 보충성원칙에 부합하지 않는 경우 ECJ에 사법적 판단을 구할 수 있다는 점이다. 본래 보충성원칙은 회원국의 국내관할사항에 대해

EU 차원에서 적용되는 것이므로 '협의기관'의 지위에 있는 지역위원회의 소송참가권을 보장한 것이라고 보여진다.

2. Working Group II : 기본권헌장/유럽인권협약(Charter/ECHR)[3]

EEC 설립조약은 주로 경제적 통합에 중점을 두고 있었으므로 기본적 인권의 보호에 관한 어떠한 일반조항[4]이나 구체적 기준 혹은 목록을 가지고 있지 않았으며, 또한 EC는 ECHR에 가입하고 있지도 않았다. 이로 인하여 유럽공동체법의 국내법에 대한 우위의 원칙을 적용하는 과정에서 자국 헌법의 기본권 규정에 반하는 공동체법을 반드시 적용해야 하는 것을 아니라는 측면에서 일부 국내법원과 마찰을 빚기도 하였다.[5] 하지만 1992년 채택된 EU조약(일명 마스트리히트조약) 공통규정 제F조 2항에서 'EU는 1950년 12월 4일 로마에서 조인된 ECHR에 의해 보장되고, 회원국에서 공통되는 헌법적 전통에서 유래하는 공동체법의 일반적 원칙으로서 기본권을 존중한다.'는 명문의 규정을 도입함으로써 판례를 통해 축적되어 온 관행이 조약 속에 수용되게 되었다. 한편, 암스테르담조약에 의해 개정된 EU조약은 제6조 1항에서 'EU는 모든 회원국에서 공통으로 인정되는 자유, 민

---

[3] 최종보고서 채택일자 : Brussels, 22 October 2002(CONV 354/02)
[4] EEC설립조약에서 기본권과 관련된 일부 조항들을 예로 들면 다음과 같다. 즉, 국적을 이유로 한 차별대우금지의 원칙(제7조, EC조약 제6조), 노동자의 자유이동(제48조–51조), 영업의 자유(제52조–제58조), 동일노동에 대한 동일임금 지급의 원칙(제119조) 등이 있으나 경제적 통합 혹은 목적 달성을 위한 부수적 요소로서 조약에 포함되었을 뿐이다. 김태천, 'EU법체계에 있어서 기본적 인권의 보호', 국제법학회논총(제45권 제2호, 통권 제88호, 2000. 12), p. 80, 각주 4).
[5] 예를 들면, 독일연방헌법재판소는 1974년에 그러한 취지의 판결을 내리고 있다(Internationale Handelsgesellschaft mbH v. Einfuhr–Und Vorratsstelle für Getreide und Futtermittel (Case 2 BvL 52/71)(Solange I) [1974] 2 CMLR 540 at 551–552). 그러나 연방헌법재판소는 1986년에 종래의 판례를 사실상 변경하여 ECJ가 기본권을 효과적으로 보호하는 한 EC법의 독일헌법에의 적합성에 대하여 판단하지 않는다고 판시했다 (Re the Application of Wunsche Handelsgesellschaft(Case 2 BvR 197/83)(Solange II) [1987] 3 CMLR 225, at 265). 회원국의 판결 태도의 변경에 대한 상세한 내용은, 김대순, 전게서, pp. 238–246.

주주의, 인권과 같은 기본적 자유의 존중 및 법의 지배의 원칙에 기초하고 있다.'고 천명함으로써 기본적 인권의 보장 원칙이 공동체법상 최상위의 성문법규범으로서 정착6)하게 되었다.

그러나 이와 같은 노력에도 불구하고, EU조약은 여전히 개별적인 인권목록과 기준을 가지고 있지 못하고 있다. 또한 ECHR을 단순히 '존중(respect)'하는데 그칠 뿐 그것을 EU조약상의 법적 권리로 편입하지 않고 있으며, 기본권 수호가 EU가 지향하는 주된 목표로 설정된 것도 아니라는 문제점과 한계는 여전히 남아 있었다.7) 기본권헌장 및 유럽인권협약에 관한 실무단의 다음과 같은 두 가지 질문은 EU가 직면한 현실 인식이 구체적으로 드러나 있다〈그림 2〉.

첫째, EU의 기본권헌장은 헌법조약 속에 포함되어야 하는가?
둘째, EU는 유럽인권협약에 가입해야 하는가?

이와 같은 질문에 대해 실무단의 대답은 아주 명확하다.

먼저, EU 기본권헌장은 제 기관과 기구 및 회원국이 EU법을 이행할 때 밀접한 관련성을 맺고 있으므로 실무단은 동헌장이 헌법조약 속에 포함된다는 전제하에 아래와 같은 견해를 제시하였다.

① EU에게 어떠한 새로운 권한도 부여되지 아니 한다.
② 헌장의 실질적 내용은 변하지 않는다. 단, EC조약과의 정합성을 유지하기 위하여 기술적인 조정은 행해질 수 있다.
③ 헌장이 헌법조약에 포함되면, 헌장은 법적 구속력을 가지게 되고, 그로 인하여 관할권의 문제가 제기된다. 비록 일부 소송에 대해 ECJ가 관할권을 가지게 될지라도 대다수의 소송에 대한 관할권은 원칙적으로 회원국의 국내법원이 가지게 될 것이다.

---

6) 김태천, ibid., p. 81.
7) Ibid.

〈그림 2〉

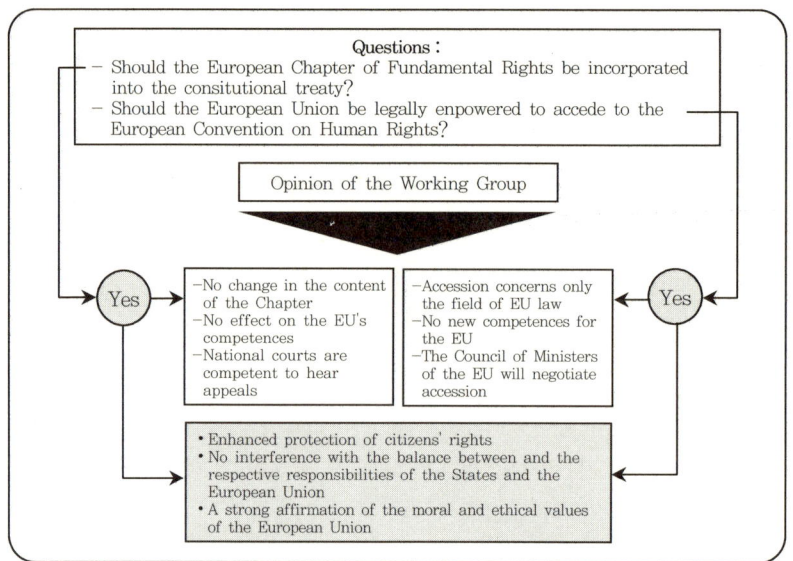

다음, EU의 유럽인권협약에의 가입에 대해서는 각료이사회가 전원일치로 그 가입 시기와 방법 등에 대해 결정하게 된다. 실무단은 가입을 위한 법적 기초에 대해 제안하고 있다. 즉, EU의 유럽인권협약에의 가입은

① 유럽시민들이 그들의 모국에서 향유하는 것과 동등한 수준의 기본권을 EU 차원에서 받을 수 있게 한다.
② 오직 EU법이 관련된 경우에만 효과를 발생한다.
③ 새로운 권한을 발생시키지는 않는다.
④ EU가 유럽심의회(the Council of Europe)의 회원이 된다는 것을 의미하지는 않는다.
⑤ 유럽인권협약을 존중하는 회원국의 개별 지위에는 영향을 미치지 않는다.

위와 같은 여러 제약 사항에도 불구하고, 만일 기본권헌장이 유럽헌법

조약에 포함되고, EU가 유럽인권협약에 가입한다면, 유럽 차원에서의 시민들의 기본권이 한층 고양된 상태에서 보호될 것이며, 또한 EU의 도덕적·윤리적 합의를 부각시키는데 일조할 것이라 보인다.

3. Working Group Ⅲ : 법인격(Legal personality)[8]

EC와는 달리 EU는 법인격을 가지지 못하고 있다. 즉, 현 EC조약 제281조는 명시적으로 '공동체는 법인격을 가진다.'고 규정하고 있는 반면, EU는 EC, ECSC, Euratom 등 기존의 세공동체에 기초하여 설립된 일종의 '정치적 실체'의 성격을 가지고 있을 뿐이다. EU가 처한 현재의 입장은 '모호성, 불분명한 정체성, 제한적 법적 권한(ambiguity, vague identity, limited legal capacity)'으로 표현할 수 있다〈그림 3〉. 하지만 EU의 법적 지위와 관련한 보다 근본적 문제는 조약 체결권 및 가입권과 밀접한 관련을 맺고 있다. EC의 경우, 단독으로 타국제법주체와 조약을 체결하거나 가입할 수도 있으나 명확한 법인격을 가지지 못한 EU는 그 권한을 행사할 수 없거나 혹은 제한적으로만 행사할 수 있을 뿐이다. 이는 종종 역외국(제3국) 및 회원국 상호간의 관계에 있어 혼동을 야기하곤 한다. 이와 같은 문제점을 해결하기 위해 실무단은 다음과 같이 권고하고 있다〈그림 4〉.

① EU는 명확한 법인격을 가져야 한다.
② 새로운 인격은 기존의 법인격을 대체해야 한다.
 실무단에 의하면, 결국 'EU를 위한 단일한 법인격(a single legal personality for the European Union)'이 헌법조약에 규정되어야 한다.

국제법의 일 주체가 됨으로써 EU는 기술적으로는 유럽을 대표하고, 조

---

[8] 최종보고서 채택일자 : Brussels, 1 October 2002(CONV 305/02)

〈그림 3〉

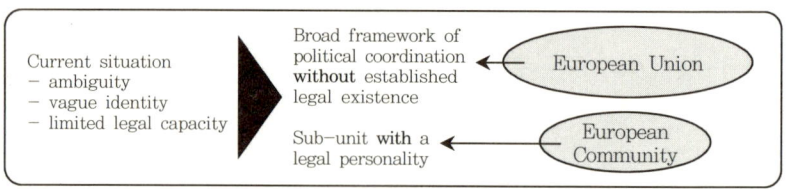

〈그림 4〉

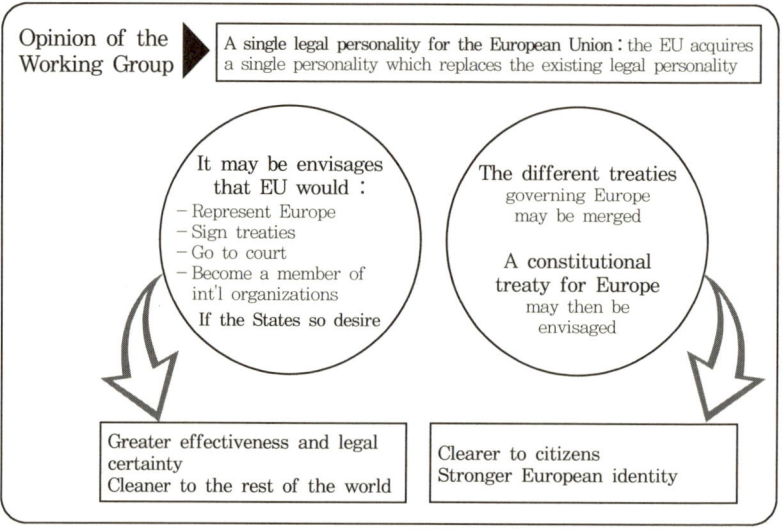

약에 서명하며, 법원에 소송을 제기 혹은 출석하며, 또한 국제조직의 회원이 될 수 있다. 더욱이 제3국과의 관계 유지가 보다 명확해지고, 그 유효성과 법적 확실성이 강화되며, 보다 효과적인 행동이 가능하게 된다. 하지만 법인격에 관한 이와 같은 여러 가능성은 '대외적 행동에 관한 실무단(Working Group Ⅶ : External action)'의 결론과 아울러 고려되어야 한다. 또한 유럽을 위한 단일한 법인격의 창설은 다양한 기본조약의 병합을 가능하게 할 것이다. 이와 같은 조약의 병합은 유럽의 정체성을

강화시키고, 유럽시민들을 위한 유럽체제를 보다 명확하게 하는데 기여할 것이다. 결국 제 조약의 병합은 유럽헌법조약을 통하여 행해질 수밖에 없을 것이다.

4. Working Gruop Ⅳ : 국내의회(National parliaments)[9]

EU 차원에서 볼 때, 유럽의회의 법적 지위는 암스테르담조약을 통하여 현저히 개선되었지만 이사회와 위원회에 비하여 상대적으로 불리한 형편에 놓여있다.[10] 이러한 사정은 회원국의 국내의회의 경우에도 동일하게 적용될 수 있다. EU의 형성 및 그 발전 과정에서 국내의회의 역할과 그 중요성에 대한 고려는 그다지 행해지지 않았던 것이다. 이와 같은 문제점을 인식하여, 실무단은 라켄선언(Laeken Declaration)과 동일 선상에서 국내의회가 EU의 적법성을 보장하는 역할을 해야 한다는 점에 중점을 두고 있다. 즉, 국내의회는 EU의 제정책 및 보충성원칙에 대해 감시하고, 또한 동의회가 유럽 수준으로 보다 밀접하게 기능할 수 있는 메카니즘을 마련하도록 제안해야 하는 것이다.

이를 위하여 실무단은 아래와 같이 제안하고 있다〈그림 5〉.

첫째, 국내의회의 역할에 관한 규정이 헌법조약에 포함되어야 한다.

둘째, 유럽위원회는 모든 협의문서와 입법안을 국내의회에 의무적으로 직접 통보해야 한다. 이와 같은 통보는 유럽의회와 각료이사회에 의해 회원국 정부에 대해 행해지는 것과 같은 시기에 이루어져야 한다. 유럽위원회에 의한 직접 통보를 통해 국내의회는 위에서 살펴 본 '조기경보제도'를 통한 보충성원칙과 유럽의 제정책을 보다 효과적으로 감시할 수 있게 된다.

---

9) 최종보고서 채택일자 : Brussels, 22 October 2002(CONV 353/02)
10) 암스테르담조약 하에서의 유럽의회를 포함한 EU 제 기구의 개혁에 관한 구체적 내용은, 졸고, '암스테르담조약과 EU 제 기구의 개혁', 국제법평론회(1999-Ⅲ, 통권 제12호), pp. 23-41.

〈그림 5〉

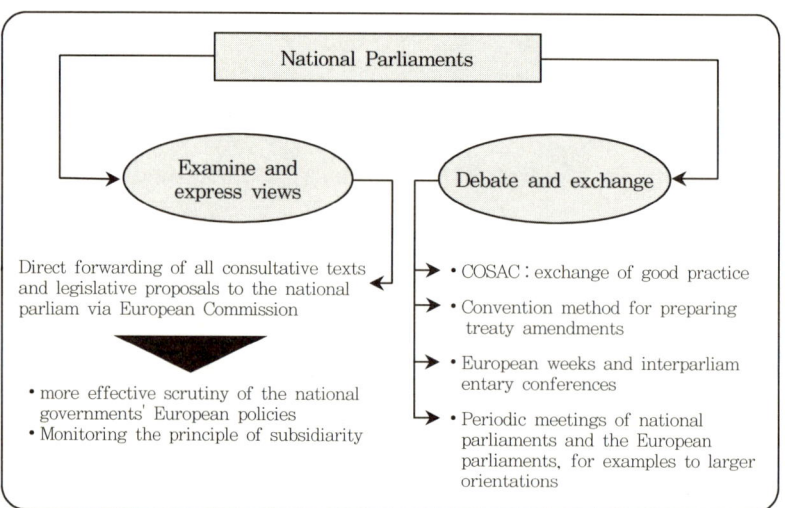

　셋째, 유럽문제에 있어 국내의회의 역할에 대해 동의회간 협력이 보다 밀접해지고, 또한 교류가 강화될 수 있다. 이를 위해서는 COSAC(Conference of Community Affairs Bodies of the Parliaments of the European Community)이 그 주된 역할을 담당한다. 특히 COSAC은 성공적인 선례를 교환할 수 있도록 노력해야 하며, 유럽의 제정책을 감시하는데 있어 국내의회를 지원하기 위한 행위준칙을 수립해야 한다.11)

---

11) COSAC은 1989년 11월 16일-17일 빠리(Paris)에서 발족하였다. COSAC은 '자유, 안전 및 사법지대'의 위상정립과 관련을 가지거나 또는 개인의 권리와 자유에 대해 직접적 영향을 미치는 모든 제안 혹은 입법행위를 심사할 수 있다. 유럽의회, 이사회 및 위원회는 COSAC에 의해 행해진 기여에 대해 통보를 받는다. 또한 COSAC은 유럽의회, 이사회 및 위원회에게 EU의 입법활동, 특히 보충성원칙의 적용, 자유, 안전 및 사법지대, 기본권과 관련한 제 문제에 관하여 적절하다고 판단되는 모든 기여를 제출한다. 하지만 COSAC에 의해 행해진 기여는 국내의회와는 어떠한 관련도 없으며, 그들의 지위를 침해해서도 아니 된다. 암스테르담조약에 부속된 'EU에 있어 국내의회의 역할에 관한 의정서(Protocole sur le rôle des parlements nationaux dans l'Union européenne)' 제3조-제6조. 이에 대한 상세한 내용은, 졸고, 'EU의 '자유, 안전 및 사법지대'에 관한 법적 고찰', 국제법학회논총(2002. 10, 제47권 제2호, 통권 제93호), p. 100.

넷째, 포괄적인 유럽정책 가이드라인을 준비하는데 있어 국내의회의 참가가 확대되어야 한다. 이를 위해서는 향후 헌법조약의 개정시 '유럽 미래회의 방식(the Convention method)'을 포함시키고, 주요 현안에 대해 국내의회와 유럽기관들간 공동회의의 형식을 포함하는 '유럽주간(European weeks)'을 조직하며, 또한 EU의 정책 방향과 전략의 수립에 관한 국내의회와 유럽의회간 정기회합(혹은 포럼)을 개최해야 한다.

5. Working Group Ⅴ : 보충적 권한(Complementary Competencies)[12]

EC조약상 보충적 권한은 제308조(ex-제235조)에 그 근거를 두고 있다. 즉, 동 조는 "공동시장을 운영하는 과정에서 공동체의 조치가 공동체의 목적을 달성하는데 필요한 경우, 이사회는 위원회의 제안에 대해 유럽의회와의 협의를 거친 후 전원일치로 의결함으로써 적절한 조치를 취해야 한다."고 규정하고 있다. 동 조에 의거하여 EU당국은 조약상 설정된 목표를 달성하기 위해 회원국의 협력 하에 일정한 지원과 조치를 취해왔던 것이다. 그러나 동 권한의 개념 및 그 적용 범위를 둘러싸고 EU당국과 회원국 정부는 자주 이견의 대립을 보여 왔다. 이에 실무단은 '보충적 권한'의 개념, 특히 보충적 권한과 기타 유형의 권한간의 관계를 재정의함으로써 그 모호성을 제거하는데 중점을 두고 있다.

실무단의 견해에 의하면, 보충적 권한[13]은 배타적인 EU의 권한과 동일한 성격을 가지는 권한이 아니다. 즉, 보충적 권한의 경우, 유럽수준에서의 지원 및 조정조치를 도입 유무를 결정함에 있어 회원국이 전권을 가지고 있다(예 : 학생교환의 확대를 위한 에라스무스프로그램).

위와 같은 제측면을 고려하여 실무단은 아래와 같은 몇 가지 견해를 표

---

12) 최종보고서 채택일자 : Brussels, 4 November 2002(CONV 375/1/02)
13) EC조약상 동 권한의 적용을 받는 분야는 고용, 교육 및 직업 훈련, 문화, 건강, 범유럽 네트워크, 산업, 연구 및 개발 등이다.

명하였다.

첫째, 그 의미를 보다 명확히 하기 위하여 '보충적 권한' 대신 '지원조치(supporting measures)'란 용어를 사용한다.
둘째, 동 조치를 위하여 회원국의 국내법률은 EU법률을 대체할 수 없다.
셋째, 동 조치는 오직 EU 및 회원국의 공동의 이해를 가지는 분야에만 적용할 수 있다.
넷째, 헌법조약은 동 권한에 관한 별도의 타이틀을 포함해야 하며, 또한 동 권한이 적용되는 개별 정책을 확정하여야 한다.
다섯째, 헌법조약상 회원국과 EU간 권한의 배분은 유연성의 정도를 방해해서는 안된다. 이는 EC조약 제308조를 계속 유지함으로써 보장될 수 있다. 하지만 이는 어떠한 상황 하에서라도 EU의 권한을 확대하는데 사용되어서는 아니 된다.

6. Working Group Ⅵ : 경제적 지배(Economic Governance)[14]

'경제적 지배에 관한 실무단'은 EU의 경제적 및 사회적 목적이 헌법조약에 포함되어야 한다고 권고하면서 통화정책과 경제정책을 명백하게 구별하기 위해 많은 노력을 기울이고 있다〈그림 8〉. 즉, 유럽통화정책에 관한 '배타적 권한'은 공동체가 가지며, 그 현실적 이행은 유럽중앙은행(European Central Bank : ECB)에 의해 행해져야 한다. 반면, 경제정책에 관한 '권한'은 회원국이 가지고 있으나 그들의 제경제정책의 조정제도를 개선할 필요가 있다. 더욱이 실무단은 어떠한 경우든 그 개선 방법은 헌법조약에 포함되어야 한다고 권고하고 있다.

비록 위의 권고는 전원일치의 합의를 얻지는 못했지만 실무단은 다음과 같은 내용을 제안하였다〈그림 6〉.

---
14) 최종보고서 채택일자 : Brussels, 21 October 2002(CONV 357/02)

<그림 6>

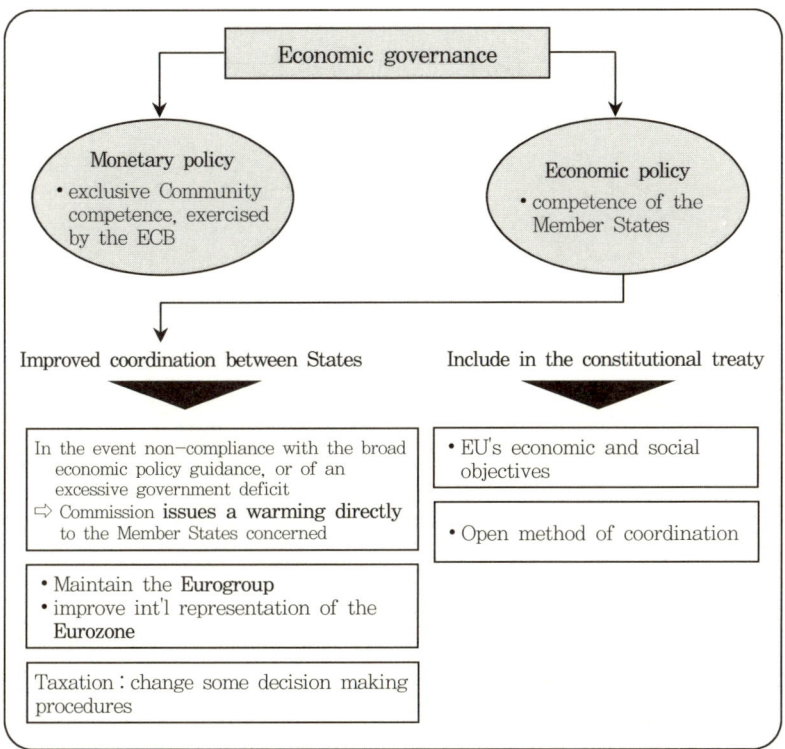

① 범경제정책가이드라인(Broad economic policy guidelines : BEPG)
BEPG는 유럽의회와의 협의를 거쳐 유럽이사회에 의해 채택되고, 유럽위원회의 역할이 강화되게 된다. 위반 회원국이 있는 경우, 위원회는 관련 회원국에 대해 직접 경고하게 되며, 유럽이사회는 위원회가 제안한 조치의 채택을 결정한다.

② 안정·성장협정(Stability and growth pact)
회원국 정부의 과도한 재정적자가 있는 경우, 위원회는 관련 회원국에 대해 직접 경고하며, 유럽이사회가 조치의 채택을 결정한다. 이

경우, 위원회의 역할이 강화되어야 한다.

③ 공개조정방식(Open method of coordination)
공개조정방식은 유효한 조정제도가 존재하지 않는 정책 분야에 유용한 제도이다. 이 방식은 투명성 확보를 위해 도입되며, 그 목적, 절차 및 그 한계 등에 대해서는 헌법조약에서 규정되어야 한다.

④ 과세(Taxation)
일부 실무단 위원들은 과세와 관련하여 다음과 같이 주장하였다. 첫째, 역내시장의 기능을 개선하기 위해서는 적정한 과세율을 정하고, 또한 간접세와 기업과세를 위한 최소기준을 도입해야 한다. 둘째, 역내시장 혹은 환경보호조치는 유럽이사회에서 가중다수결로 채택되어야 하며, 동 조치의 적용목록을 작성해야 한다.

마지막으로 유로그룹(Eurogroup)은 유지되어야 하고, 유로그룹, 유럽중앙은행 및 위원회는 상호 비공식적 회합을 가질 기회가 있어야 한다. 또한 국제조직 내에서 유로존(Eurozone)을 강화할 필요가 있다.

7. Working Group Ⅶ : 대외적 행동(External action)[15]

'대외적 행동에 관한 실무단'은 다음과 같은 두 가지 사안을 강조하고 있다.

첫째, 국제무대에서 EU는 집단적으로 행동하는 것이 더 많은 실익을 얻을 수 있다. 그동안 국제사회에서의 개별 회원국들의 어려움은 점증하고 있었으며, 또한 유럽통합의 과정은 새로운 이익과 가치의 공유를 필요로 했던 것이다.

둘째, 대외적 행동은 상이한 의사결정 및 그 이행에 의거한 국제적 합

---

[15] 최종보고서 채택일자 : Brussels, 16 December 2002(CONV 459/02)

의(조약 포함)와 절차 등 광범위한 영역을 포함해야 한다. 하지만 핵심적 행동을 위한 상이한 영역의 조정이 행해질 필요가 있다.

이를 위한 실무단의 권고 내용을 살펴보면 다음과 같다.

첫째, EU의 대외적 행동의 다양한 제측면에 대해 규정하고 있는 현 조약상 규정들을 유럽헌법에서는 단일화된 '하나의 부(a single section)'로 두어야 한다.

둘째, 유럽헌법에서는 EU의 대외적 행동의 일반적 원칙 및 목적이 정의되어야 한다. 특히, 국제적 수준에 관한 EU의 행동은 그 설립, 발전 및 확대에 의해 영향을 받은 제가치에 의거하여야 한다.

셋째, 일반적 원칙과 목적의 비호 하에 유럽이사회는 EU의 전략적 이익과 목적을 정의하고, 또한 EU와 회원국의 행동에 관한 기준을 마련해야 한다.

실무단의 권고에 따르면, 유럽헌법은 EU가 그 권한의 범위에 속하는 사안에 관한 모든 협약을 체결할 권한을 갖는다는 점을 분명히 규정해야 한다. 따라서 유럽이사회와 EU는 원칙적으로 내부적 입법 채택시 적용되는 것과 동일한 절차에 의거하여 가중다수결로 국제협약의 체결에 관한 사항을 결정할 수 있다. 또한 실무단은 공동체 기관과 행위 주체간 강화된 응집력과 유효성(enhance coherence and efficiency between institutions and actors)이 필요하다는 점을 강조하고 있다. 이를 위하여 실무단 내부에서는 여러 안이 제시되었다. 이를테면, '공동외교안보정책 고위대표자(High Representative for the CFSP[Common Foreign and Security Policy])' 및 대외관계에서의 위원회의 역할 유지, 동 고위대표자 역할의 위원회에의 편입, 대외관계를 위한 동 고위대표자와 위원회 담당위원간 역할의 '단일 책임자(a single person)'에 의한 수행 등을 들 수 있다.

각 기관에 있어 대외적 행동에 관한 강화된 응집력과 유효성이 필요하다는 점에 대해 실무단은 ① 일종의 '대외행동이사회(a specific External Action Council)' 및 ② 위원회에 의해 취급되는 모든 대외적 문제에 대해서 위원회 산하에 일종의 '핵심실무처(a focal point)'를 설립할 것을 제안하였다. 이에 더하여, ③ DG RELEX 직원, 유럽이사회 사무국 직원 및 회원국 외무부 직원들로 구성되는 일종의 '통합서비스국(one joint service)'과 회원국과 함께 'EU 외교관학교(an EU diplomatic academy)' 및 'EU 외교관(an EU diplomatic service)'을 설립한다는 점에 대해서도 합의가 이루어졌다.

의사결정방식으로서는 CFSP의 활동을 촉진하기 위하여 가중다수결을 최대한 이용하고, 그 외에도 건설적 기권(constructive abstention)과 같은 유연성 관련 조항들도 활용하게 된다. 하지만 유럽이사회가 CFSP 분야에서 가중다수결제도의 확대 적용 여부에 대해 결정하는 경우에는 전원일치에 의하여야 한다.

CFSP에 대한 유럽의회의 감독권의 행사에 대해서도 일부 수정이 행해질 전망이다. 즉, 실무단은 유럽의회에 대한 통보와 그 권고권에 관한 현 TEU 제21조는 만족할만한 수준이지만 동 조에는 상기 고위대표자에 관한 내용이 보충될 필요가 있다고 본다.

CFSP를 운영하기 위한 충분한 예산의 확보는 여전히 문제 영역으로 남아 있다. 이를 해결하기 위해서는 전체 EU 예산 가운데 국제적 수준에 있어 예측할 수 없는 위기 혹은 새로운 우선 정책을 위한 충분한 재원이 CFSP에 배정되어야 한다.

국제협약의 체결권한과 관련하여 실무단은 그 협상 및 체결에 관한 조항들이 단일한 그룹으로 유럽헌법 내에 규정되어야 한다고 주장한다. 그 협상과 체결은 협약의 주제에 따라 고위대표자와 위원회에 의해 각각 독자적으로, 혹은 양 기관에 의해 공동으로 행해질 수도 있다.

마지막으로, 대외문제에 관한 그 대표성에 대해서는 EU가 유럽의 일반적 이익과 그 지위 확보를 위한 '유일한 대표자(a single spokesperson)'가 되어야 한다.

8. Working Group Ⅷ : 방위(Defence)[16]

정치제도적 측면에서 볼 때, 유럽안전보장정책(European Security and Defence Policy : ESDP)의 발전은 괄목할만하다. 하지만 NATO와 비동맹정책 등에 대한 입장, 방위산업, 예산 및 정치제도적 상황에 따라 각 회원국의 정책은 많은 차이점을 드러내고 있기도 하다. 그동안 일부 회원국간에는 군사·방위 분야에서 밀접한 협력을 유지해왔다. 그러나 ESDP는 걸프전과 구 소연방의 해체 등 1990년대에 야기된 일련의 위협에 기초하여 발전해 왔으며, 또한 범세계적 불안정이란 상황을 고려할 필요 하에 조직되었다. 즉, EU 외부에서의 안전을 확보할 필요성이 역내의 안정을 확보할 필요성과 결합하게 되었던 것이다.

이와 같은 면을 고려하여, 실무단은 위기관리와 테러 위협에 대한 대응이란 두 가지 현안에 중점을 두고 있으나, 이외에도 군비 및 제도적 틀에 대해서도 견해를 표명하였다〈그림 7〉.

첫째, 위기 관리에 대해서는 다음과 같은 세 가지의 주된 내용이 있다.

① '군사력의 사용을 포함한 위기관리임무'인 소위 '피터스버그임무(Petersberg tasks)'[17]를 확대한다. 이에는 갈등 방지, 연합 비무

---

16) 최종보고서 채택일자 : Brussels, 16 December 2002(CONV 461/02)
17) 피터스버그임무는 1992년 6월 19일자로 행해진 피터스버그선언(Petersberg Declaration)에 제시되어 있다. 동 선언은 EU 방위군 및 NATO의 유럽적 방위를 위한 강화 수단으로서의 '서유럽연맹(Western European Union : WEU)'의 발전에 있어 중추적 역할을 담당했다. 즉, '인도적 및 구조 임무', '평화유지임무' 및 '평화유지를 포함한 위기관리시 전투 임무' 등 세 부분으로 구성된 동 선언은 WEU의 미래 발전을 위한 가이드라인을 제시하였던 것이다. 이후, 암스테르담조약은 EU조약 제17조를 통하여 이 '피터스버그임무'를 수용하였다.

<그림 7>

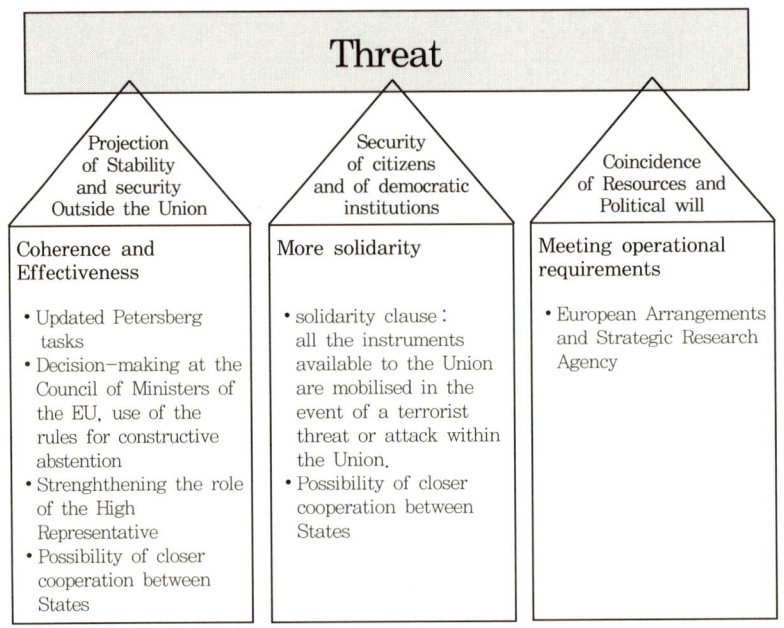

장 작전, 군사 원조, 갈등 후 안정, 대테러 전투시 제3국 당국 지원(단, 그들의 요청이 있을 경우)을 포함한다.

② 정치적 통제력에 영향을 미치지 않는 절차를 사용함으로써 작전 수행시 결집력과 유효성을 강화한다. 이를 위해서는 위기관리작전을 수행하기 위한 '정치안보위원회(Political and Secrurity Committee : PSC)'에의 권한 위임 여부에 대한 유럽이사회의 결정권한을 규정한 니스조약 제25조를 사용하거나, 위기관리시 상기 고위대표자의 역할을 강화해야 한다. 즉, 후자는 긴급 사태 발생시 유럽이사회가 부여한 권한의 범위 내에서 필요한 결정을 내릴 권한을 가지고, PSC와 언제든지 접촉할 수 있으며, 또한 조정 역할을 수행할 수 있다.

③ 의사결정과 그 행동시 유연성이 확보되어야 한다. 군사작전에 관한 의사결정은 원칙적으로 전원일치에 의하나 회원국들은 건설적 기권을 할 수 있다. 이는 작전에 참가를 원하지 않는 회원국들은 의사결정 과정에서 기권함으로써 반대 의사를 표명함이 없이 동 작전의 이행을 방해하지 않을 수 있게 된다. 또한 이와 같은 유연성의 확보는 방위 임무의 중요성을 적극적으로 지지·이행하는 회원국간 보다 긴밀한 협력 체제, 소위 '유로존 방위체제(a defence Euro-zone)'를 도입할 수 있는 가능성을 열어 두고 있기도 하다.

둘째, 보다 긴밀한 연대에 의한 대테러 위협에 대한 대응이다.

① 유럽헌법 내에 연대조항(a solidarity clause)을 포함시켜야 한다. 동 조항은 유럽시민과 민주제도를 보호하고, 회원국이 그들의 국가 영역 내에서 대테러전쟁을 수행하는 것을 지원하기 위하여 EU가 취할 수 있는 모든 조치(군사력, 경찰 및 사법 협력, 시민 보호 등)를 사용할 수 있다는 내용 등을 포함한다.

② 특정 회원국간 협력 체제를 구축한다. 현실적으로 안보 분야에 대해서는 회원국간 상이한 상황과 입장 차이가 있다. 따라서 유럽헌법은 상기 '피터스버그 임무'에서 살펴본 바와 같이 특정 회원국간 안보에 관한 긴밀한 협력 체제를 구축하고, 이에 동의하는 회원국은 자발적으로 참가할 수 있도록 한다. 이에 대해서는 유럽헌법에 별도의 의정서를 첨부하는 것이 보다 유익할 것이다.

셋째, 군비 개선을 위해서 '유럽군비전략연구소(European Armaments and Strategic Research Agency : EASRA)를 설립한다. 동 연구소는 회원국에 의한 군수조달정책의 개선을 통하여 작전에 필요한 지원을 확보하고, 방어 기술에 관한 연구를 지원하게 된다. 가입을 희망하는 회원국들은 누구나 이에 가입할 수 있으며, 또한 특정 회원국들은 특수 과제를 수행하기 위하여 특별 실무단을 구성할 수도 있다. 동 연구소는 산업 기반을 확충하고, 군사상의 지출을 최적화하는 임무를 수행하며, 또한 회원국들이 예산 분담 및 자국 군대의 전투능력에 관한 합의를 이행하도록 유도한다.

넷째, 제도적 틀을 강화와 관련하여, 실무단은 원칙적으로 현행 ESDP 분야의 제도적 틀은 그대로 유지하고, 방위 분야에서의 EU의 행동과 회원국의 노력을 조정하기 위하여 이사회는 그 권한의 범위 내에서 행동하도록 권고했다.

9. Working Group Ⅸ : 단순화(Simplification)[18]

'단순화에 관한 실무단'은 유럽법체계의 명확화와 EU 행위의 민주적 합법성 강화라는 두 가지 목적, 즉 법적 문서와 절차의 재정비에 중점을 두고 있다.

먼저, 현행 법적 문서의 형태에도 많은 변화가 예상된다.

다음 〈그림 8〉에서 보는 바와 같이, 현행 EU의 법체계상 15개의 문서 형태가 있는데, 그 본질과 효력 면에서 이들은 상당 부분 중첩되어 있으므로 통합될 필요가 있다. 더욱이 일부 문서 형태는 거의 사용되지 않고 있다. 이에 실무단은 15개의 문서 형태를 6개의 형태로 재정비해야 하며, 이들만으로도 모든 영역에 적용 가능하다고 주장하고 있다. 6개의 문서는 그 법적 구속력 유무에 따라 다음과 같이 나눌 수 있다.

첫째, EU법, 골격법, 결정 및 규칙은 구속력을 가진다.

① EU법(European Union Law) : 기존의 규칙을 대체한 것으로 EU 전역에 걸쳐 법적 구속력을 가지며, 직접적용성이 있다.

② 골격법(Framework Law) : 기존의 지침을 대체한 것으로 그 달성

---

[18] 최종보고서 채택일자 : Brussels, 29 November 2002(CONV 424/02)

<그림 8>

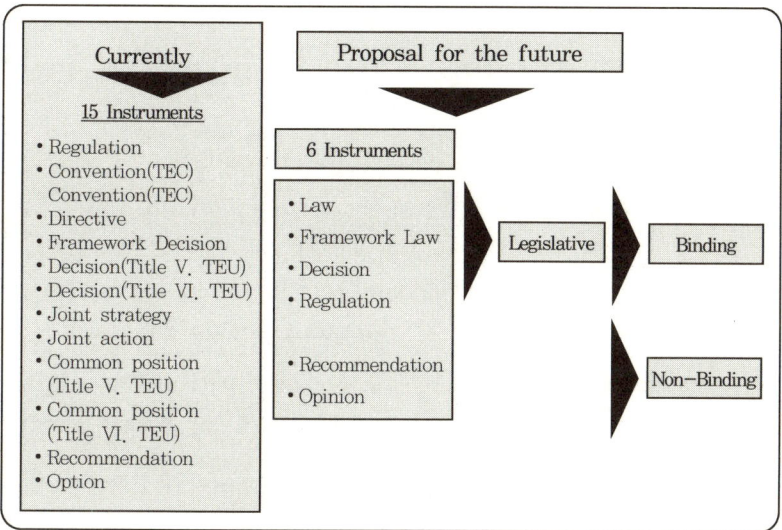

된 결과만을 구속한다.

EU법과 골격법은 유럽위원회의 제안에 의거하여 유럽이사회와 유럽의회간 공동결정절차에 의거한 입법행위(legislative acts)이다.

③ 결정(Decision) : 이는 그 수범자를 지정할 수도 혹은 하지 않을 수도 있다. 예를 들어, 특히 공동외교안보정책(Common Foreign and Security Policy : CFSP)에 적합한 유연성있는 문서의 형태라고 할 수 있다.

④ 규칙(Regulation): 이는 위임 및 이행행위(delegated and implementing acts)[19]를 규율하게 된다.

---

19) 입법행위(legislative acts), 위임행위(delegated acts) 및 이행행위(implementing acts)의 내용은 다음과 같다.
  ① 입법행위란 제 조약에 의거하여 채택되는 것으로서 본질적 요소와 기본적 정책을 포함한다.
  ② 위임행위는 위의 입법행위와 비교해볼 때 기술적 요소를 포함하고 있다. 따라서 입법행위에 의하여 사안에 따라(a case-by-case basis) 규정되며, 주로 유럽위원회의 책

• 유럽헌법론

　둘째, 위의 문서와는 달리 권고(Recommendation)와 견해(Opinion)는 어떠한 법적 구속력도 가질 수 없다.
　다음은 절차의 재정비에 관한 것으로서 향후 의사결정절차도 상당 부분에 걸쳐 단순화될 전망이다.
　실무단은 특히 유럽의회와 유럽이사회의 역할에 중점을 두고 절차의 단순화에 관한 방안을 제시하고 있다.

① 공동결정절차(the co-decision procedure) : 이 절차는 원활하게 운영되고 있으므로 가중다수결제도가 동 절차가 적용되는 모든 영역에 걸쳐 이용되어야 한다. 또한 조정위원회(the Conciliation Committee)를 구성하는데 있어 보다 유연성이 확보되어야 한다.
② 상호협력절차(the co-operation procedure) : 이 절차는 오직 의견표명을 위한 절차로 이용하든지 아니면 공동결정절차로 대체되어야 한다. 전자와 관련하여 실무단은 이 절차를 사실상 폐지하여야 한다고 보고 있다.
③ 동의절차(the assent procedure) : 이는 특정한 국제협정을 비준하는 경우에만 제한적으로 이용되어야 한다.
④ 예산절차(the budgetary procedure) : 현재 예산은 수입과 지출 면에서 각각 유럽이사회와 유럽의회가 최종 결정권한을 행사하고 있다. 실무단은 예산에 관한 절차 조항이 유럽헌법에 포함되어야 하며, 예산 지출에 관한 최종 승인 절차는 상기 단순화된 공동결정절차와 유사한 형태가 되어야 한다고 주장하고 있다. 이 견해에 따르면, 예산 절차에 있어서도 유럽의회의 권한이 한층 강화되게 된다.

　　임 하에 행해진다.
　③ 이행행위는 위의 두 행위의 이행과 관련되어 있다. 동 행위는 일반적으로 유럽위원회에 의해 행해지나 예외적으로 이사회에 의해 행해질 수도 있다.

10. Working Group X : 자유, 안전 및 사법(Freedom, Security and Justice) [20]

'자유, 안전 및 사법에 관한 실무단'이 중점을 두는 것은 마약・인신거래 및 테러에 대해 보다 유효한 대처를 통하여 자유, 안전 및 사법에 관한 진정한 유럽적 지대의 건설을 위한 공동의 법적 틀을 마련하는데 있다. 이를 위하여 실무단은 입법절차 및 다양한 상호실무협력의 강화에 관한 권고적 의견을 제시하였다.

우선 입법절차와 관련하여, 기존의 제1기둥(first pillar)과 제3기둥(third pillar) 분야로 나누어 고찰할 필요가 있다〈그림 9〉.

〈그림 9〉

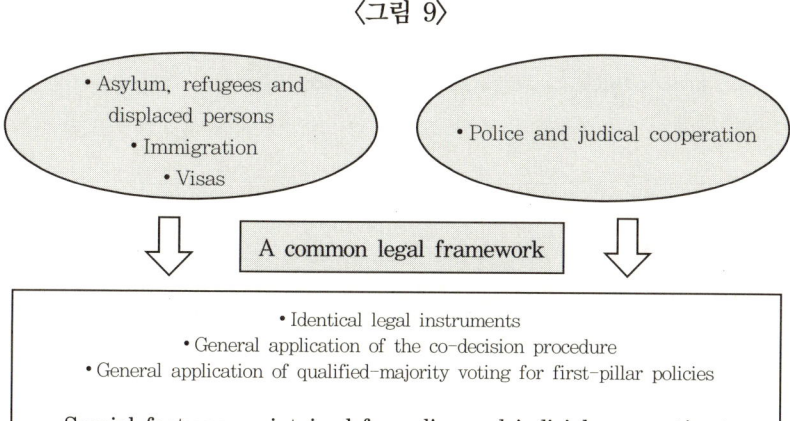

첫째, 기존의 제1기둥에 해당하는 유럽공동체(European Community : EC)의 권한 범위 내의 문제 해결을 위하여 진정한 공동망명제도의 도입을 위해 필요한 조치에 관한 일반적 법적 틀을 확립함으로써 망명, 난민

---

20) 최종보고서 채택일자 : Brussels, 2 December 2002(CONV 426/02)

및 국내실향민(asylum, refugees and displaced persons)의 문제를 해결해야 한다. 아울러 공동비자정책에 필요한 조치를 채택하기 위한 단일규정을 도입해야 한다. 실무단은 위 두 분야의 입법행위는 이민 분야와 마찬가지로 공동결정절차상 가중다수결에 의해 채택되어야 한다고 권고하였다.

둘째, 기존의 제3기둥에 해당하는 경찰·사법협력에 대해 실무단은 크게 세 가지 분야로 나누어 견해를 밝히고 있다.

① 제3기둥에 관한 특별한 법적 문서를 폐지하고 '단순화에 관한 실무단'에 의해 제시된 문서로 대체한다.
② 예를 들어, 어느 회원국에 내려진 판결이 다른 회원국의 당국에 의해 인정된 경우와 같은 상호인정원칙을 유럽헌법에 포함시킨다.
③ 형벌의 특수한 성격과 본질을 고려하여 그 헌법적 요소에 관한 최소규칙을 채택함으로써 다양한 형사법분야의 접근을 도모한다.

위 분야에 대해서도 공동결정절차가 일반적으로 적용되고, 가중다수결에 의한 투표제도가 확대되어야 한다. 그러나 회원국들의 본질적 책임과 관련한 분야에 대해서는 전원일치제가 유지된다. 또한 만일 4분의 1 이상의 회원국이 발의하는 경우, 위원회와 협력하여 회원국들은 입법주도권(the right of legislative initiative)을 행사할 수 있다.

다음은 경찰·사법협력의 강화에 관해서는 특히 입법권과 형사수사권(legislative and operational powers)의 엄격한 분리를 통해 유럽시민들의 기대가능성에 부합하는 법적 틀을 확립하여야 한다. 이를 위해서는 다음의 네 가지 분야에 대한 고려가 행해져야 한다〈그림 10〉.

① 유로폴(Europol)의 경우, 유로폴의 임무와 권한의 확대에 관한 법적 기초를 포함한 규정을 도입함으로써 현재의 유로폴의 임무에 관한 내용을 대체한다. 이 규정은 관련 회원국의 담당부서와 연계하여

• 제1부 연합헌법의 제정

<그림 10>

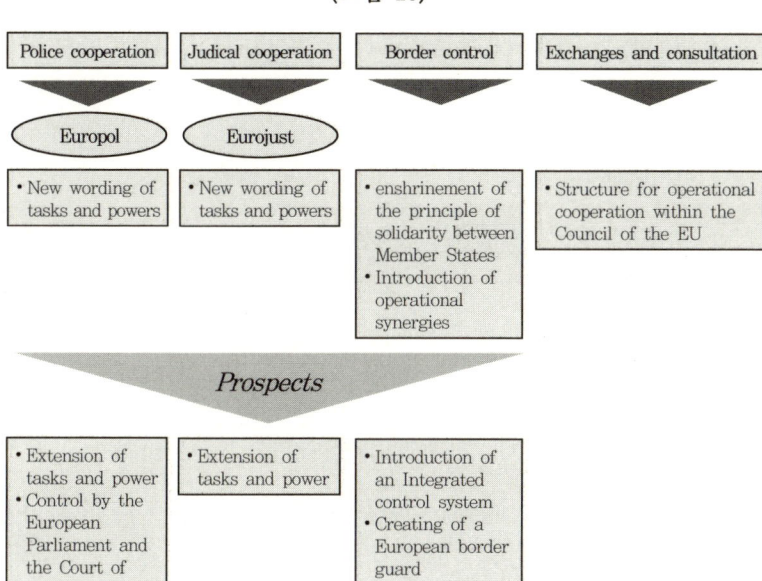

경찰협력의 틀과 그 행동 범위 내에서 유로폴의 핵심적 역할을 관한 법적 근거를 구성하게 된다. 또한 ECJ에 의한 사법적 통제와 마찬가지로 유럽의회 및 국내의회에 의한 정치적 통제 제도도 도입되게 된다.

② 위의 유로폴에 관한 내용과 마찬가지로 현재의 유로저스트(Eurojust)에 관한 내용은 그 임무와 권한의 확대에 관한 법적 기초를 포함한 규정을 도입함으로써 대체된다. 또한 상당수의 실무단 위원들은 '유럽검찰국(a European Public Prosecutor's Office)'을 신설할 것을 주장하고 있다.

③ 외부국경통제에 대해 대다수의 실무단 위원들은 장기적으로 통합시스템을 도입할 것과 '유럽국경수비대(a European border guard)'

를 설치할 것을 권고했다. 하지만 이와는 달리 공동훈련 혹은 장비의 공유와 같은 실질적 조치들은 즉시 도입되어야 한다. 또한 실무단은 외부국경통제 분야에 있어 회원국들간 재정적 연대를 포함한 연대의 원칙(the principle of solidarity)이 인정되어야 한다고 주장한다.

④ 유럽이사회에서의 협력이 강화되어야 한다. 즉, EU조약 제36조의 개정을 통해 기능적 협력을 위한 고도의 구조를 도입함으로써 상호 신뢰를 강화할 수 있는 기반을 마련해야 한다.

11. Working Group XI : 사회적 유럽(Social Europe) [21]

사회정책은 유럽통합 과정에 있어 본질적인 문제 가운데 하나였다. EC 조약은 제2조에서 "공동체는 공동시장 및 경제통화동맹을 창설하고 … 공동체 전체에 걸쳐서 조화롭고 균형 있는 경제활동의 지속적 발전, 높은 수준의 고용 및 사회보호, 남성 및 여성 사이의 평등, 지속적이고 인플레이션을 야기하지 않는 경제성장, 높은 수준의 경제활동 경쟁력 및 통합상태, 높은 수준의 환경 보호 및 질적 개선, 생활수준 및 삶의 질의 향상, 회원국 사이의 경제적·사회적 융화 및 단결 등을 촉진하는 것을 임무로 한다."고 규정함으로써 사회정책의 중요성에 대해 강조하고 있다. 일찍이 로마조약은 노동자의 자유이동(Part Ⅱ, Title Ⅲ, Chapter Ⅰ) 뿐만 아니라 사회정책(Part Ⅲ, Title Ⅲ, Chapter Ⅰ)에 관한 별도의 규정을 두고 있었다. 또한 이후에도 개별 정책에 관한 후속 입법이 행해졌다. 그러나 유럽의 새로운 확대를 목전에 두고 있는 현실에 부합하는 사회정책의 수립을 요구하는 목소리가 높아지고 있으므로 특히, 고용, 노동조건, 사회 보장 및 복지 등에 관한 전면적인 논의가 필요하게 되었다. 이에 실무

---

21) 최종보고서 채택일자 : Brussels, 4 February 2003(CONV 516/03)

단은 7개 현안 문제를 중심으로 견해를 피력하였다.

첫째, 유럽의 '기본적 가치(basic values)'에 대해 규정하고 있는 유럽헌법초안[22] 제2조는 EU 기본권헌장에 이미 포함되어 있던 사회정책에 대해서는 어떤 내용을 담아야 하는가?

유럽헌법초안 제2조는 '연합의 가치'에 대해 규정하면서 '인간의 존엄성, 기본권, 민주주의, 법치주의, 관용, 의무와 국제법 존중' 등을 그 기본 목록으로 제시하고 있다. 이처럼 동 조는 비록 간단한 목록을 제시하고 있지만 향후 연합이 지향해야 할 기본적인 유럽적 가치에 관한 본질적 내용을 담고 있다. 하지만 동 조에 대해 사회정책을 중심으로 실무단의 위원은 서로 다양한 견해를 제시하였다. 즉, ① 연대, 평등, 기회의 동등 및 민주주의에 관한 개념이 포함되어야 한다. ② 사회정의 및 사회평화에 관한 내용이 포함되어야 한다. ③ 남성과 여성간 평등은 핵심적 사안이므로 이에 대해서는 특별히 강조되어야 한다. ④ 관용과 비차별원칙에 관한 개념이 제시될 필요가 있다. ⑤ 유럽헌법초안은 지속가능한 개발 혹은 지속가능성(sustainable development or sustainability)에 관한 내용을 포함하고 있지 않으므로 이를 포함시켜야 한다. ⑥ 심지어 인간의 존엄성을 뜻하는 용어로 human dignity 대신 dignity of the person을 사용하자는 견해도 제시되었다.

이와 같은 견해를 검토한 결과, 실무단은 유럽헌법초안이 제2조에서 연합의 가치의 일목록으로 인간의 존엄성(human dignity)을 포함한 것을 환영하고, 동 조에 사회적 정의, 연대 및 평등, 특히 남성과 여성간 평등을 포함시킬 것을 권고하였다.

둘째, 연합의 기본적 목적에 대해 규정하고 있는 유럽헌법초안 제3조에는 '사회적 목적(social objectives)'이 포함되어 있는가?

---

[22] 사회적 유럽에 최종보고서는 유럽헌법초안의 채택(본장 각주 29)을 참고할 것) 이후에 제출되었으므로 동 초안의 관련 규정을 인용하고 있다.

유럽헌법초안 제3조는 연합의 일반적 목적에 대해 규정하고 있다. 실무단은 사회정책이 경제정책에 부속되지 않고 그와 동등하게 규정되어야 한다는 입장을 표명하였다. 이러한 측면에서 실무단은 '완전고용, 사회정의와 사회평화, 지속가능한 개발, 경제적·사회적 및 지역적 결속, 사회시장경제, 노동의 질, 평생교육, 사회적 귀속, 고도의 사회보호, 남성과 여성간 평등, 인종 혹은 민족적 기원, 종교 혹은 성, 장애 및 나이에 의거한 차별의 금지, 아동의 권리, 고도의 건강 및 효과적이고도 높은 질적 수준의 사회서비스 및 일반적 영리 창출 서비스(services of general interest)' 등의 촉진에 관한 목록이 유럽헌법초안 제3조에 포함되어야 한다고 권고하였다.

셋째, 사회적 문제에 관하여 연합과 공동체에게 부여된 권한을 재정할 필요가 있는가?

현재 대부분의 사회정책에 대해서는 공동체와 회원국이 그 권한을 공유하고 있다. 실무단은 일반적으로 현행 권한의 체계가 적절하다고 보고 있다. 그러나 이는 보다 명확화되어야 하고, 유럽 차원의 조치는 단일시장의 기능과 관련을 가지는 사안들에 중점을 두어야 한다고 제안하였다. 또한 실무단은 공중보건 분야에 있어서의 현행 권한을 확대하는 문제에 대해서도 견해를 피력하였다. 즉, EC조약 제16조는 "공동체와 회원국은 … 일반적 영리창출 서비스가 연합의 공유가치에서 차지하는 위상과 사회적·지역적 융화를 촉진하는데 있어서 서비스가 담당하는 역할을 감안하고 각각의 권한 범위 및 본 조약의 적용범위 내에서 상기의 서비스가 사명을 달성할 수 있는 원칙 및 조건에 기초하여 운영되도록 유의해야 한다."고 규정하고 있다. 실무단은 일반적 영리창출 서비스 분야에 있어 EU 입법을 제정하기 위해서는 EC조약 제16조를 개정할 필요가 있다고 보고, 공중보건 분야의 권한의 확대는 동 조에 비추어 보아 결정해야 한다고 권고하였다.

넷째, '개방적 조정방식(the open method of coordination)'의 역할 및 유럽헌법조약 내에서의 그 지위는 무엇인가?

실무단은 헌법조약 내에 '개방적 조정방식'을 포함시키는 것을 지지하고 있다. 이 방식은 2000년 3월 23일-24일 개최된 리스본 유럽이사회에 의해 도입되었는데, 회원국의 국내정책을 조정하는 새로운 형태의 조정방식이다. 즉, 이는 회원국 혹은 위원회의 주도로 특수 영역에 있어서의 국내적 및 지역적 다양성, 제 목적 및 방향성을 고려하여, 회원국 당국이 국내 보고서에 기초하여 그들의 지식을 향상시키고, 정보, 견해, 전문가 및 관행을 교환하며, 또한 가이드라인 혹은 권고가 될만한 혁신적 접근방식을 개선하는 것을 허용하는 방식이다. 실무단은 이러한 방식은 관련 정책과 절차를 명확화하는데 기여하므로 유럽헌법초안에 포함되어야 한다고 주장하고 있다.

다섯째, 경제정책조정과 사회정책조정의 관계는 어떻게 설정되어야 할 것인가?

경제정책과 고용정책의 상호 관계에서 볼 수 있는 바와 같이, 사회정책은 경제정책과 아주 밀접한 관계를 맺고 있다. 이러한 측면을 고려하여, 바르셀로나 유럽이사회는 BEPG 및 연간고용종합정책(the annual Employment Package)의 채택을 위한 일정은 동시에 마련되어야 한다고 결정하였던 것이다. 대부분의 실무단 위원들은 유럽의회가 경제사회정책 조정 과정에서 큰 역할을 담당해야 한다고 권고하였다.

여섯째, 현재 전원일치가 적용되는 분야에 대해 공동결정절차(co-decision)와 가중다수결제도(qualified majority voting : QMV)가 확대될 필요가 있는가?

사회정책분야에 있어 의사결정제도와 관련한 문제는 2001년 2월 26일자로 서명된 후 2003년 2월 1일자로 발효한 니스조약(Treaty of Nice)에 의해 개정된 EC조약 제136조와 제137조, 특히 후자의 내용을 살펴보아야 한다.

EC조약 제136조는 유럽의 사회정책의 일반적 목적에 관한 내용을 담고 있다. 즉, 동 조는 "공동체와 회원국은 ... 높은 고용수준을 지속적으로 유지하고 노동시장의 배제현상을 극복하기 위하여 고용촉진, 생활 및 근로 조건을 지속적으로 개선하면서도 공동체와 회원국의 상호 조화의 도모, 적절한 사회 보호, 노사간의 대화, 인적 자원의 개발 등을 목표로 삼는다."고 규정하고 있다.

또한 제137조 1항 및 3항은 제136조에서 제시된 제 목적이 어떻게 달성되어야 하는가에 관해 보다 구체적으로 규정하고 있다. 즉, 동 조에 의하면, "공동체는 제136조의 목표를 달성하기 위하여 회원국이 다음과 같은 분야에서 추진하는 활동을 지원 보완해야 한다."

① 근로자의 건강 및 안전을 보호하기 위한 작업환경의 개선
② 근로조건
③ 노동자의 사회보장 및 사회보호
④ 고용계약이 종료된 노동자의 보호
⑤ 노동자의 정보 및 상담서비스
⑥ 공동결정을 포함한 노동자 및 사용자 이익의 주장 및 집단적 방어
⑦ 공동체 영역에 합법적으로 거주하는 제3국 국민의 고용조건
⑧ 노동시장으로부터 배제된 노동자의 통합
⑨ 노동시장의 기회 및 작업장 처우에 있어서의 남성 및 여성의 평등
⑩ 사회적 배제에 대한 대처
⑪ ③항을 침해하지 않는 범위 내에서 사회보호제도의 근대화

이에 대해 이사회는 두 가지의 상이한 의사결정절차를 적용하고 있다. 즉, 상기 목록 가운데 ①-⑨항에 언급된 분야에 대한 최소요건(minimum requirements)은 가중다수결 및 유럽의회와의 공동결정절차에 의

해 지침(a Directive)의 형식으로 채택되어야 한다(EC조약 제137조 2항). 반면, ③, ④, ⑥ 및 ⑦항은 전원일치 및 유럽의회와의 협의절차에 의해 채택된다(EC조약 제137조 3항). 그러나 이 최소요건은 '임금, 단결권, 파업권, 직장폐쇄에 관한 권리' 등에는 적용되지 않으므로(EC조약 제137조 6항) 이에 대해서는 회원국의 국내기준이 적용되게 된다.

실무단은 사회정책분야에 있어 상기 제137조에 의거한 의사결정제도에 대해 그다지 상이한 의견을 제시하고 있지는 않다. 단, 사회보장과 고용관계에 대해 자동적으로 가중다수결제도를 적용하는 것에 대해 반대하는 의견이 있었으며, 또한 75% 이상의 찬성이 있으면 의결되는 '초가중다수결방식(super qualified majority voting : SQMV)'을 채택하자는 주장도 제기되었다. 그러나 이는 현행 제137조에 규정된 의결방식을 개선하자는 의견들이라고 볼 수 있다. 그 외에도 공동결정절차와 가중다수결방식을 기본적으로 전원일치제를 적용하고 있는 EC조약 제13조[23]와 제42조[24]에도 적용하자는 의견도 제시되었다.

일곱째, 연합의 민주적 생활(the democratic life of the Union)로서 다루어지고 있는 유럽헌법초안 제Ⅵ편에 규정된 사회적 동반자(social partners)의 역할은 무엇인가?

---

[23] EC조약 제13조 :
이사회는 본 조약의 기타 규정을 침해하지 않는 범위 내에서 그리고 공동체가 이사회에 부여한 권한의 범위 내에서 유럽의회와의 협의를 거친 위원회의 제출안을 전원일치의 찬성으로 의결함으로써 성, 인종, 종교 또는 신념, 장애 여부, 연령, 성적 취향(Sexual Orientation) 등의 사유에 따른 차별을 극복하기 위한 적절한 조치를 취할 수 있다.

[24] EC조약 제42조 :
이사회는 제 251조에 규정된 절차에 근로자의 자유 이동을 도모하는데 필요한 사회보장 분야 관련 조치를 취해야 한다. 이를 위해 이사회는 이주성 근로자 및 이들의 부양가족을 보호하기 위한 다음과 같은 조치를 수행해야 한다.
① 급여에 관한 권리를 취득 유지하고 급여금액을 계산하기 위한 목적으로 여러 회원국의 법률에 따라 계산되는 모든 기간의 합산 작업.
② 회원국의 영토에 거주하는 근로자에 대한 급여의 지급.
이사회는 제 251조에 규정된 절차 전체에 걸쳐서 전원일치의 찬성으로 조치를 내려야 한다.

• 유럽헌법론

　　EC조약은 사회정책분야에서의 사회적 동반자에 대해 특수한 역할을 부여하고 있다. 먼저 제138조[25]는 사회정책분야에 대한 법안을 제출하기 전에 위원회는 노사대표와 함께 그 안에 대해 협의할 의무가 있음을 규정하고 있다. 다음, 제139조[26]는 공동체와 사회적 동반자인 노사간 계약관계를 확립할 수 있는 가능성을 열어두고 있다. 제139조에 의거하여 노사간 체결된 어떠한 골격협정일지라도 지침의 형태로 이사회에 의해 채택된다. 이 절차에 의하여 다음과 같은 다섯 개의 협정, 즉 ① 부모의 동의에 관한 협정(agreement on parental leave), ② 파트타임노동에 관한 협정(agreement on part-time work), ③ 확정조건계약에 관한 협정(agreement on fixed-term contracts), ④ 민간항공에서의 이동노동자들의 노동시간편제에 관한 협정(agreement on the organization of working time of mobile workers in civil aviation), ⑤ 해상 노동자들의 노동시간편제에 관한 협정(agreement on the organization

---

25) EC조약 제138조 :
　1. 위원회는 공동체의 수준에서 노사협의를 촉진하는 직무를 수행하고, 노사 양측을 균형 있게 지원함으로써 노사 대화를 촉진하기 위한 적절한 조치를 취해야 한다.
　2. 이를 위해 위원회는 사회정책 분야에 관한 조치안을 제출하기 전에 공동체 조치안의 가능한 방향에 관하여 노사 양측과 협의해야 한다.
　3. 상기의 협의 후에 공동체 조치안이 적절하다고 판단되는 경우, 위원회는 제출안의 내용에 관하여 노사 양측과 협의해야 한다. 노사 양측은 자신들의 의견 또는 적절한 경우에 권고안을 위원회에 제출해야 한다.
　4. 노사 양측은 협의 시에 제 139조에 규정된 절차를 개시하고자 하는 의사를 위원회에 통지할 수 있다. 절차는 해당 노사 양측과 위원회가 공동으로 연장할 것을 결정하는 경우를 제외하고는 9개월을 초과할 수 없다.
26) EC조약 제139조 :
　1. 공동체 수준에서의 노사 대화는 노사 양측이 원하는 경우에 협정을 포함한 계약 관계로 발전시킬 수 있다.
　2. 공동체 수준에서 체결된 협정은 해당 노사 양측과 회원국에 특유한 절차 및 관행에 따라 이행하든가, 제 137조에 규정된 사항에 관하여 서명 당사국들이 공동으로 요청하는 경우에 위원회 제출안에 관한 이사회의 결정에 따라 이행할 수 있다. 이사회는 해당 협정에 제 137조 3항에 규정된 영역에 관한 규정이 하나 이상 포함되어 있어서 전원일치의 찬성으로 채택해야 하는 경우를 제외하고는 가중다수결로 채택해야 한다.

of working time of workers at sea)이 채택되었다. 그리고 자택근무에 관한 여섯 번째 협정(agreement on teleworking)이 이 절차에 의해 지침의 형태로 채택될 예정이다.

이와 같은 현황을 고려하여, 실무단은 유럽헌법조약초안에서는 사회적 동반자의 역할에 관한 내용이 보다 명확하게 재규정되어야 한다는 입장을 표명하였다. 즉, 보다 적절한 협의규정이 포함되어야 하고, 사회적 협정의 협상을 위하여 현행 협정의 내용이 개정될 필요가 있다고 권고하였다. 또한 노사대화과정에 있어 사회적 동반자의 특수한 지위를 침해하지 않는 범위 내에서 시민단체가 특히 사회적 배제(social exclusion) 분야 등에서 일정한 역할을 담당해야 한다.

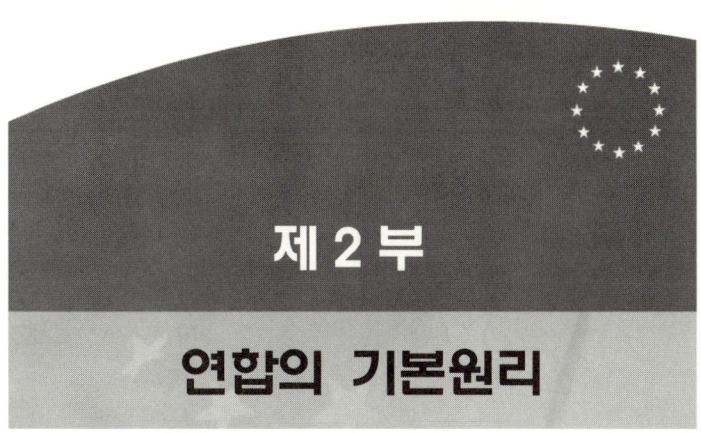

제1장 연합의 가치와 목적

1. 서 론

유럽헌법조약은 전문(preamble)을 통해 유럽의 문화적, 종교적 및 인본주의적 전통(Europe's cultural, religious and humanistic inheritance)을 상기시키는 동시에 그들의 민족적 정체성과 역사에 대한 자부심을 상기하면서 공동의 운명을 공유하기 위하여 선조들로부터 전승된 유럽인민들의 욕구를 환기하고 있다.

유럽헌법 전문은 대체적으로 기존의 제 조약 전문과 동일한 주제를 담고 있다. 하지만 인문주의, 이성 및 인민들의 민족적 정체성과 같은 일부 새로운 주제도 추가되었다. 또한 신 혹은 기독교적 가치 및 그리스-라틴의 유산(God or Christian values and the Greco-Latin heritage)에 대해서도 언급되어야 할 것인가에 대해서는 유럽미래회의에서 장시간에 걸쳐 격론을 벌였으나 이 회의의 모든 위원들이 결국 서문에서는 유럽의 '문화적, 종교적 및 인본주의적 전통'에 대해서만 언급하자는데 전원동의했다. 전문은 EC조약과 EC조약의 범주 내에서 확립된 작업에 대해 언급하고 있으며, 유럽시민들 및 국가들을 위해 유럽헌법조약 초안을 마련한 유럽미래회의 위원들에 대해서도 감사의 뜻을 표하고 있다.

헌법조약 제1편 제1부가 "연합의 정의 및 목표(Definition and objectives of the Union)"이지만 시민들은 EU의 특징있는 성질에 관한 목록을 포함한 어떠한 명확한 정의도 발견할 수 없을 것이다. 그 정의는 연합의 설립, 연합의 가치와 목표, 기본적 자유와 비차별, 연합과 회원국간 관계, 법인격 및 연합의 상징에 관한 최초 8개 조문에서 간접적으로 규정되어 있다.

제2편 제1부는 기본권(제I-9조) 및 시민권(제I-10조)을 포함한다. 또한 법적 구속력을 갖고 있지 않던 기본권헌장이 헌법에 포함되어 헌법 제2편을 구성하고 있는데, 이는 상당히 발전적인 단계라고 볼 수 있다.

2. 연합의 설립

제I-1조에서 헌법은 공동의 미래를 건설하려는 유럽시민들과 국가들의 의지를 반영하여 EU를 설립했다고 규정하고 있다. 회원국들은 제 목적을 달성하기 위하여 연합에게 권한을 부여하고, 또 연합은 그 목적 달성을 위해 회원국에 의해 채택된 제 정책을 조정해야 하며, 헌법에 의해 부여된 권한을 행사하게 되었다.

제I-1조에서 사용된 형식은 그 성질상 '헌법적(constitutional)'이다. 왜냐하면 동 조는 "헌법은 유럽연합을 설립한다(the Constitution establishes the European Union)"고 규정하고 있기 때문이다. 이는 기존의 설립조약과 대조해보면 더욱 분명하다. 즉, 기존의 설립조약에서는 그들 사이에 연합과 공동체를 설립한 것은 "고등체약국(High Contracting Parties)"이다. 국제조약에 특수한 문언 형식이 새로운 조약의 헌법적 성질을 강조하는 새로운 형식으로 대체되어 있는 것이다.

3. 연합의 가치

연합은 인간의 존엄성 존중, 자유, 민주주의, 평등, 법에 의한 지배 및 소수에 속한 자들의 권리를 포함한 인권의 존중의 가치 위에 설립된다. 제I-2조에 규정된 이 가치들은 회원국에 공통한 것이다. 또한 회원국의 사회는 다원주의 비차별, 관용, 정의, 연대 및 양성 평등이란 특징을 갖는다. 이 가치들은 특히 다음 두 가지 특수한 경우에 중요한 역할을 한다.

첫째, 제I-58조에 규정된 가입 절차상 연합의 회원국이 되고자 원하는 모든 유럽국가들은 가입 적격을 충족시키기 위해서 이 가치들을 존중해야 한다.

둘째, 어느 회원국에 의해 이 가치들이 존중되지 않는다면, 연합의 회원자격을 박탈하기 위해 회원국의 권리가 정지되게 된다(제I-59조).

기존의 제 조약과 비교해볼 때, 헌법은 새로운 가치들, 특히 인간의 존엄성, 평등, 소수자의 권리 및 회원국의 사회에 의해 지지되는 가치 등을 포함하고 있다.

4. 연합의 목표

연합의 역내외 목표에 대해 규정하고 있는 헌법 제I-3조는 EU조약 및 EC조약의 목표에 관한 제 규정을 포괄하고 있다. 이 목적들은 제 정책을 정의하고 해석하는데 있어 연합을 안내하는 견인차 역할을 해야 한다.

연합의 주요 목표들은 평화와 연합의 가치 및 인민의 복지를 증진하는데 기여할 것이다.

그 일반적 목표는 다음과 같은 보다 상세한 목표에 대한 목록에 의해 보충된다.

- 역내 국경이 없는 자유, 안전 및 사법지대

• 유럽헌법론

- 경쟁이 자유롭고 왜곡되지 않는 역내시장
- 균형있는 경제성장 및 가격안정에 기반한 지속가능한 개발
- 완전고용과 사회진보를 목표로 하는 고도의 경쟁력 있는 사회시장경제 및 높은 수준의 환경보호 및 그 질의 향상
- 과학적·기술적 진보의 촉진
- 사회적 배제와 차별에 대한 대항, 사회정의와 보호의 촉진, 양성평등, 세대간 연대 및 어린이의 권리 보호
- 경제적, 사회적 및 영토적 결속의 촉진 및 회원국간 연대

이에 덧붙여, 연합은 문화적·언어적 다양성을 존중하고, 유럽의 문화유산이 보존되고 강화되도록 보장해야 한다.

기존의 설립조약에 이미 규정된 제 목표에 비하여, 헌법은 과학적·기술적 진보, 세대간 연대의 촉진 및 어린이의 권리 보호를 추가하고 있다. 또한 경제적·사회적 결속은 영토적 측면을 필요로 한다. 그리고 문화적·언어적 다양성 및 유럽문화유산의 보존과 강화 역시 연합의 목표가 되었다.

제I-3조 4항은 연합으로 하여금 그 가치와 세계와의 관계에서 그 이익을 촉진하는데 기여할 것을 요구하고 있다. 동항은 아래에서 보는 바와 같이 공동외교안보정책과 관련된 EU조약의 제 목표 및 개발협력과 관련한 EC조약의 제 규정으로부터 차용한 것이다.

- 평화
- 안보
- 지구의 지속가능한 개발
- 인민사이의 연대 및 상호 존중
- 자유 및 공정무역
- 빈곤 타파

- 인권 보호(특히 어린이의 권리)
- 국제법의 발전(국제연합헌장의 제 원칙 존중)

헌법은 국제적 수준에서 어린이의 권리 보호를 새로운 목표로 포함하고 있다.

마지막으로, 헌법 제3편에서 제Ⅲ-115조~제Ⅲ-122조는 연합이 헌법을 이행함에 있어 의무를 다해야 하는 보다 특수한 필요조건과 관련한 규정을 포함하고 있는데, 특히 양성평등, 차별에 대한 대항, 고용과 사회보호와 관련한 필요조건, 환경과 소비자보호 및 일반 경제적 이익 가운데 서비스의 특수한 성질에 대한 고려 등이다.

5. 기본원칙

헌법 제I-4조는 연합 내에서 사람, 상품, 서비스 및 자본의 자유로운 이동을 보장하고 있으며(소위 "4대이동의 자유"), 국적을 이유로 한 모든 형태의 차별을 엄격하게 금지하고 있다.

연합과 회원국간 관계에 비추어보아 헌법조약은 제I-5조에서 기존의 제 조약의 관련 규정, 특히 국민적 정체성과 회원국의 기본적인 정치적·헌법적 구조를 존중할 의무를 도입하고 있다. 성실한 협력원칙(principle of loyal cooperation) 역시 동 조에 포함되어 있다.

헌법조약 제I-6조는 연합법(Union law)에 관한 것이다. 동 조는 부여된 권한을 행사하여 연합의 제 기관에 의해 채택된 헌법과 법은 "회원국법을 넘어선 우위에 있다(...it shall have primacy over the law of the Member States.)고 규정하고 있다. 즉, 동 조는 소위 회원국법에 대한 EU법 우위의 원칙(principle of the primacy)에 대한 것이다. ECJ에 의해 판례법 속에서 발전된 이 원칙은 EU법의 기본 원칙으로서, 또 연합의 기능에 관한 핵심적 내용으로 인정되어 왔다. 헌법은 이 원칙을 명문으로 규정함으로써 조약의 핵심적인 부분으로 통합시키고 있는 것이다.

제I-7조는 EU에게 법인격(legal personality)을 부여하고 있다. 유럽공동체와 유럽연합이 통합됨으로써 새로운 연합이 연합과 회원국간 권한의 분할에 관한 합의 없이 현재 유럽공동체가 하고 있는 것과 동일한 방식으로 국제협정을 체결할 권리를 갖게 되었다.

6. 연합의 상징

제I-8조는 연합의 상징에 관한 목록을 제시하고 있다.

- 연합의 깃발은 푸른색 바탕에 12개의 금빛 별들이 둥근 원의 형태를 띠어야 한다.
- 연합찬가(the anthem of the Union)는 루드비히 반 베토벤의 제9번 교향곡 "Ode to Joy"를 사용한다.
- 연합의 모토는 "다양성 속의 통합(United in diversity)"이다.
- 연합의 통화는 유로(the euro)를 사용한다.
- 유럽통합계획을 개시한 로베르 슈망에 의해 1950년에 행해진 선언(일명 "슈망선언")을 기념하기 위한 유럽의 날(Europe day)은 연합 전역에서 5월 9일날 개최된다.

헌법은 새로운 상징을 만들어내지 않았다. 그 대신 이미 EU에 의해 사용되고 있어 일반 시민들에게 친숙한 상징들에게 헌법적 지위를 부여하였다.

7. 기본권

기본권의 보호에 관하여, 헌법은 의미 있는 진전을 이끌어 냈다. 제I-9조는 EU조약에 규정되어 있던 기본권 보장의 내용을 수용하고, '인권 및 기본적 자유의 보호에 관한 유럽협약(European Convention for the Protection of Human Rights and Fundamental Freedoms, 이하 'ECHR' 또는 '유럽인권협약')' 및 회원국의 공통적인 헌법적 전통에 대해 언급하고 있다. 또한 동 조는 연합이 유럽인권협약에 공식적으로 가입할 수 있는 길을 열었다. 따라서 기본권은 일반적 원칙으로서 연합법의 한 부분을 형성하게 되었다.

하지만 비록 연합이 유럽인권협약에 가입한다고 할지라도 연합과 연합법의 특수한 성질을 유지해야 하고, 또 동협약과 관련하여 회원국의 특수한 상황에 영향을 미쳐서는 안된다. 게다가 만일 연합이 유럽인권협약에 가입할 경우 유럽연합 사법재판소와 유럽인권재판소(European Court of Human Rights)의 관계가 강화될 것이므로 두 재판소간 주기적인 대화가 행해질 필요가 있다.

이에 덧붙여, 헌법조약은 2000년 12월에 니스 유럽이사회에서 엄숙하게 선언된 유럽기본권헌장을 헌법 제2편에서 포함하고 있다. 따라서 EU는 연합 자신, 그 기관 및 부속 기구뿐만 아니라 회원국에 대해서도 법적으로 구속력을 가지는 기본권 목록을 필요로 한다. 헌법에 동헌장의 포함 여부는 연합과 회원국간 타협의 대상이 될 수 없다.

헌법에 동헌장이 포함됨으로써 모든 시민들은 그들의 권리를 보다 확실하게 보장받을 수 있게 되었다. 또한 헌장은 노동자의 사회적 권리, 자료(데이터)의 보호, 생명윤리 또는 보다 양질의 행정서비스를 받을 권리(the right to good administration) 등 유럽인권협약에는 포함되어 있지 않은 권리도 포함하고 있다.

제2장 연합의 권한

1. 서 론

EC설립조약에 의하여 EC에게 부여된 권한은 EC(EU)법질서에 있어 주춧돌(pierres angulaires)의 역할을 담당하고 있다. 유럽사법재판소(European Court of Justice : ECJ)는 공동체 권한의 불가침성을 보장[1]하는 한편, 이를 발전시키기 위해서도 많은 노력을 했는데,[2] 특히 1963년 2월 5일자 Van Gend en Loos 판결에서 "EC는 국제법의 새로운 질서를 구성한다. 따라서 회원국들은 그들의 주권적 권리를 제한해야 한다…"는 점을 강조했다.[3] 이처럼 EC에게 부여된 권한은 EC법과 회원국 국내법과의 관계에 있어 EC법 우위와 직접효과의 원칙을 확립하는데 실질적인 기여를 했다.[4]

현행 EC법상 권한의 문제는 크게 네 분야로 나누어 검토될 수 있다. 즉, EC조약에 의해 공동체에게 부여된 배타적 권한으로서 명시적·묵시적 권한, EC조약 제308조에 의거한 보충적 권한, 공동체와 회원국간 권한의 경합, 그리고 보충성 원칙에 의거한 권한의 행사의 문제가 이에 해당한다. 그러나 유럽헌법에 의하면, 그동안 확립된 권한의 개념과 그 행사는 많은 변화를 겪게 될 전망이다.

유럽헌법은 전문과 연합의 의의 및 법적 성질, 기본권헌장, 역내시장을 운영·유지하는데 있어 필요한 연합의 정책과 기능(The Policies and Functioning of the Union) 및 일반·최종규정(General and Final

---

1) Arrêt de la Cour du 14 décembre 1971, Commission c. République française, aff. 7/71, Rec. p. 1003.
2) Arrêt de la Cour du 31 mars 1971, *Commission c. Conseil*, "AETR", aff. 22/70, Rec. p. 263.
3) Arrêt de la Cour du 5 février 1963, *Van Gend en Loos*, aff. 26/62, Rec. p. 3.
4) Arrêt de la Cour du 15 juillet 1964, *Costa c. Enel*, aff. 6/64, Rec. p. 1141.

Provisions)의 네 개의 편(Part Ⅰ-Ⅳ)으로 구성되어 있다. 이 가운데 연합의 권한과 관련한 규정은 제1편에 속해 있는데, 권한의 일반적 성질(제3부)과 연합에 의한 그 권한의 행사(제5부)로 나뉘어 있다.

유럽헌법에 있어 연합의 권한의 문제는 EU의 법인격과 직접적인 관련을 가진다. 현행 EU법체계에 의하면, EC와는 달리 EU는 법인격을 가지지 못하고 있다. 즉, 현 EC조약 제281조는 명시적으로 '공동체는 법인격을 가진다.'고 규정하고 있는 반면, EU는 EC, ECSC, Euratom 등 기존의 세공동체에 기초하여 설립된 일종의 '정치적 실체'의 성격을 가지고 있을 뿐이다. EU가 처한 현재의 입장은 '모호성, 불분명한 정체성, 제한적 법적 권한(ambiguity, vague identity, limited legal capacity)'으로 표현할 수 있다. 하지만 EU의 법적 지위와 관련한 보다 근본적 문제는 조약 체결권 및 가입권과 밀접한 관련을 맺고 있다. EC의 경우, 단독으로 타국제법주체와 조약을 체결하거나 가입할 수도 있으나 명확한 법인격을 가지지 못한 EU는 그 권한을 행사할 수 없거나 혹은 제한적으로만 행사할 수 있을 뿐이다. 이는 종종 역외국(제3국) 및 회원국 상호간의 관계에 있어 혼동을 야기하곤 한다.

이와 같은 문제점을 해결하기 위해, 유럽헌법은 제I-1조에서 "공동의 미래를 건설하기 위한 유럽 시민들과 국가들의 의지를 반영하여 이 헌법은 회원국들이 공동으로 가지고 있는 목적을 획득하기 위한 권한을 부여한 '유럽연합(the European Union)'을 설립한다."(1항 전단)고 규정하고, "연합은 '법인격'을 가진다(The Union shall have legal personality)"(제I-7조)는 점을 천명하고 있다. 이리하여 연합은 EC를 비롯한 기존의 법인격들을 대체하게 되고, 연합만이 유일한 법인격을 가지게 되는 것이다.5) 이로써 EC와 EU간 권한의 행사에 있어서의 '모호성'이 사라지고,

---

5) 그 법적 지위에 따른 효과는 다음과 같다. 즉, 국제법의 일 주체가 됨으로써 연합은 유럽을 대표하며, 조약에 서명하며, 법원에 소송을 제기 혹은 출석하며, 또한 국제조직의 회원이 될 수 있다. 더욱이 제3국과의 관계 유지가 보다 명확해지고, 그 유효성과 법적 확실성이

향후 EU만이 대내외적인 권한의 주체가 되게 되었다.

본 장에서는 유럽헌법에 규정된 연합의 권한의 개념에 대해 중점적으로 분석하고자 한다. 이를 위하여, 연합의 권한이 가지는 의의에 대해 검토한 후 개별 권한의 개념에 의거하여 그 주요 내용을 쟁점별로 살펴보기로 한다.

2. 연합의 권한의 기본원칙

유럽헌법은 연합이 행사할 수 있는 권한에 대한 기본원칙을 두고 있다.

첫째, 연합의 권한은 유럽헌법에서 나오므로 그 권한의 한계는 일종의 '권한 부여 원칙(the principle of conferral)'에 의해 규율된다(제I-11조 1항 전단). 이 원칙에 비추어 볼 때, 원칙적으로 연합은 헌법상 규정된 제 목적을 달성하기 위하여 헌법에서 회원국에 의해 부여된 권한의 한계(범위) 내에서 행동해야 한다. 그러나 헌법에서 연합에게 부여하지 않은 권한은 회원국에게 있게 된다(제I-11조 2항). 이에 해당하는 권한은 연합과 회원국이 공유하게 된다. 전자를 '배타적 권한(exclusive competence)', 후자를 '공유 권한(competence shared)'이라 한다(제I-12조 1항·2항).

유럽헌법은 EC조약과는 달리 보다 직접적이고 명확하게 연합의 권한의 權原에 대해 규정하고 있다. 양자의 관련 규정을 비교해보면, 그 차이점은 확연히 드러난다.

EC조약 제5조 : "공동체는 본 조약에서 부여하고 있는 권한과 조약에

강화되며, 보다 효과적인 행동이 가능하게 된다. 하지만 법인격에 관한 이와 같은 여러 가능성은 대외적 행동의 내용과 아울러 고려되어야 한다. 또한 유럽을 위한 단일한 법인격의 창설은 다양한 기본조약의 병합을 가능하게 할 것이다. 이와 같은 조약의 병합은 유럽의 정체성을 강화시키고, 유럽시민들을 위한 유럽체제를 보다 명확하게 하는데 기여할 것이다. 결국 제 조약의 병합은 유럽헌법조약을 통하여 행해질 수밖에 없는 것이다.

서 위임하고 있는 목표의 범위 내에서 활동한다(The Community shall act within the limits of the powers conferred upon it by this Treaty and of the objectives assigned to it therein)."

유럽헌법 제I-11조: "연합의 권한의 한계는 권한 부여 원칙에 의해 규율된다(The limits of Union competences are governed by the principle of conferral)."

그동안 연방헌법과는 달리 'EC를 설립하는 제 조약에는 권한을 행사할 수 있는 제 조건을 규율하는 일반원칙이 없다'는 비판이 제기되었다. 권한의 부여에 대한 일반조항이 없는 이유는 공동체에 위임된 통합의 목적에 의해 설명되곤 하였다. 이에 대해 Vlad Constantinesco 교수는 "사실, 설립조약의 기초자들에 의해 선택된 경제통합은 공동체의 개입 분야에 따라 그 수준이 달라질 수 있는 개념이다"고 말하면서, "권한의 부여에 대한 일반조항의 도입은 설립조약의 경제적 목적과는 양립할 수 없는 것이었다. 즉, 그 조항의 도입은 '너무 엄격'하여 틀림없이 통합을 이유로 모든 회원국들을 망설이게 만들 것이다."고 주장하였다.6) 이러한 관점에서 볼 때, EC조약 제5조의 내용이 갖는 그 내재적 한계를 이해할 수 있다. 동 조에 의하면, 막연히 '공동체는 EC조약에서 부여하고 있는 권한과 조약에서 위임하고 있는 목표의 범위 내에서 활동한다'고 규정함으로써 과연 EC조약이 부여하고 있는 권한이 무엇인지, 또 위임하고 있는 목표와 그 범위가 무엇인지에 대한 별도의 해석이 필요한 것이다. 결국 권한 부여에 대한 일반조항의 부재로 인해 '정책 대 정책' 혹은 '분야 대 분야'별로 공동체에 부여된 권한의 기준을 개별적으로 마련하지 않을 수 없었던 것이다.7)

---

6) Constantinesco, Vlad, *Compétence et pouvoirs dans les Communautés européennes*, Paris: L.G.D.J., 1974, pp. 89–90.
7) Dony, Marianne, *Droit de la Communauté et de l'Union européenne*, Bruxelles: Institut d'Etudes Européennes, 2001, p. 93.

이에 반해, 유럽헌법 제I-11조는 보다 분명한 태도를 취하고 있다. 즉, '연합의 권한의 한계는 권한 부여 원칙에 의해 규율된다'고 함으로써 연합의 권한은 유럽헌법에 의거하여 행사될 수 있고, 그 한계는 '권한 부여의 원칙(the principle of conferral)'에 의해서만 규율될 수 있다고 규정함으로써 'EC를 설립하는 제 조약에는 권한을 행사할 수 있는 제 조건을 규율하는 일반원칙이 없다'는 비판을 수용하고 있는 것이다. 물론 과연 동 조에서 규정한 '권한 부여의 원칙'이 무엇인가에 대한 논란은 여전히 남을 것이고, 이에 대해서는 아래에서 살펴보는 연합의 권한의 제 유형에 대한 개념과 그 해석을 통해 규명해야 한다고 생각된다.

둘째, 연합에 의한 권한의 사용은 보충성 및 비례(균형성)의 원칙(the principles of subsidiarity and proportionality)에 의해 규율된다(제I-11조 1항 후단). 아래에서 살펴보는 바와 같이, 보충성의 원칙에 의거하여, 배타적 권한에 포함되지 않은 영역에서 연합은 오직 만약 의도된 행동의 제 목적이 중앙 혹은 지역 및 지방적 차원에서 회원국에 의해 충분히 달성될 수 없고, 반면 제안된 행동의 규모 혹은 효과를 이유로 유럽 차원에서 보다 더 달성될 수 있는 경우에 행동하게 된다(제I-11조 3항). 또한 비례의 원칙에 의하여, 연합의 행동의 내용과 형식은 헌법의 제 목적을 달성하는데 필요한 정도를 넘어서는 아니 되며, 제 기관은 유럽헌법에 부속된 '보충성 및 비례의 원칙의 적용에 관한 의정서'에 규정된 비례의 원칙을 적용하여야 한다(제I-11조 4항). 이처럼 유럽헌법은 아래의 '권한의 유형'에 열거된 권한의 행사를 규율하기 위한 장치로 '보충성원칙'과 '비례의 원칙'을 두고 있다. 이에 대해서는 관련 내용 속에서 상세하게 분석하기로 한다.

3. 연합의 권한의 유형

유럽헌법은 위와 같은 기본원칙이 적용되는 연합의 권한을 크게 여섯 가지의 유형으로 분류하고 있다. 이는 유럽당국과 회원국간의 권한의 행사라는 측면에서 볼 때, 유럽당국에 의한 배타적 권한, 유럽당국과 회원국간 권한이 상호 공유되는 공유 권한, 조정권한, 공동외교안보정책을 이행할 권한 및 지원행동으로 나눌 수 있다. 또한 유럽헌법은 이와 같은 권한을 보충하기 위한 유연성조항을 두고 있다. 아래에서는 그 유형별 권한의 주요 내용에 대해 검토하기로 한다.

(1) 배타적 권한

권한의 첫 번째 유형은 회원국들의 이익을 위하여 연합이 독자적으로 행동하는 것이 허용되는 배타적 권한(exclusive competence)이다. '배타적 권한'이란 개념은 ECJ의 판례를 통해 처음으로 사용되었는데, 이 권한이 적용되는 분야에 대해서는 오직 연합만이 법적으로 구속력 있는 행위를 제정하고 채택할 수 있다. 그 결과, 회원국은 연합에 의해 권한이 부여된 경우에 한하여 그 행사가 가능하며, 혹은 연합에 의해 채택된 행위를 이행해야 한다(제I-12조 1항). 이러한 측면에서, '배타적 권한'은 '생득적 배타적 권한(compétences exclusives par nature)'이라고 불리기도 한다.[8]

배타적 권한이 적용되는 분야는 관세동맹, 역내시장의 운영에 필요한 경쟁규칙의 확립, 유로를 채택하고 있는 회원국을 위한 통화정책, 공동어업정책에 있어 해양생물자원의 보전 및 공동통상정책 등인데(제12조 1항), 이를 분설하면 다음과 같다.

① 1967년 7월 1일부터 유럽역내관세가 폐지되고 제3국에 대한 대외

---

8) *Ibid.*, p. 97.

공동관세정책이 실시되게 되었다. 이리하여 공동체 당국만이 관세정책에 관한 배타적 권한을 행사할 수 있게 되었다.9)

② EEC의 설립 이래 역내시장에서의 공정한 거래질서를 확보하기 위한 경쟁규칙이 마련되었으며, 유럽헌법도 제3편 제3부 제1장 역내시장(Internal Market)에서 사람과 서비스, 물품의 자유이동, 자본과 결제 및 경쟁규칙 등을 두고 있다. 이는 역내단일시장을 구성하고 운영하기 위한 기본적 내용에 해당하는 것이므로 유럽당국의 배타적 권한 하에 두게 된 것이다.10)

③ 1999년 1월 1일부터 통화정책을 수립하고 실시할 권한은 유럽중앙은행이 배타적으로 행사할 수 있을 뿐이다.

④ 1978년 이후부터 공동어업정책의 차원에서 해양생물자원의 보전정책은 회원국으로부터 공동체 당국으로 전적으로 귀속되게 되었다.11)

⑤ 공동체의 일반적 통상이익을 방어하기 위할 목적으로 채택한 공동통상정책에 있어서는 자국의 이익을 보호하기 위하여 회원국들은 일방적 및 독자적으로 조치를 취할 권한을 행사할 수 없고, 오직 공동체 당국만이 배타적 권한을 행사할 수 있다.12)

그러나 연합에 의한 배타적 권한의 행사는 만일 연합이 그 임무를 해태하는 경우에는 규범적 흠결을 초래할 가능성이 있다. 이와 같은 상황이 야기되는 경우, 회원국들은 연합을 배제하고 독자적인 조치를 취할 권한을 행사할 수 있는가? 이에 대한 ECJ의 입장은 명확하다. ECJ는 만일

---

9) Voy. Arrêt de la Cour du 10 décembre 1968, *Commission v. Italie*, aff. 7/68, Rec. p. 423.
10) 2003년도의 유럽헌법초안에서는 '역내시장의 운영에 필요한 경쟁규칙의 확립'에 관한 사항은 배타적 권한의 적용 영역에 포함되어 있지 않았으나(유럽헌법초안 I-12조 1항) 유럽헌법 I-13조 (d)호에서 추가적으로 도입되었다.
11) Arrêt de la Cour du 14 juillet 1976, *Kramer*, aff. jtes 3, 4 & 6/76, Rec. p. 1279.
12) Avis de la Cour du 11 novembre 1975, avis 1/75, Rec. p. 1355; arrêt de la Cour du 15 décembre 1976, *Donckerwolcke*, aff. 41/76, Rec. p. 1937.

연합 당국이 행동하지 않는 경우, 회원국은 적절한 조치를 취할 수 있으나 유럽위원회와 반드시 협의해야 할 의무가 있다고 판단하였다.[13] 반면, 연합의 권한의 배타적 성격은 연합이 그 특정권한의 일부를 회원국에게 위임하는 것을 방해하지는 않는다. 이때, 회원국은 연합의 대리인으로 특정 분야에 개입할 권한을 행사하게 된다. 단, 개입의 조건은 명확하게 한정되어야 한다.[14]

(2) 공유 권한

두 번째 유형은 공유 권한(competence shared)으로서 연합이 회원국과 함께 그 권한을 공유하게 된다.[15] 따라서 연합과 회원국은 법적으로 구속력 있는 행위를 제정하고 채택할 권한을 가지고, 또한 회원국은 연합이 그 권한을 행사하지 않거나 혹은 행사를 중지한 범위에까지 그들의 권한을 행사하게 된다(제I-12조 2항). 이러한 측면에서, '공유 권한'은 '실행적 배타적 권한(compétences exclusives par exercice)'이라고 불리기도 한다.[16]

이 공유 권한은 역내시장, 제3편(Part III)에 정의된 사회정책, 경제적, 사회적 및 지역적 통합, 해양생물자원의 보전을 제외한 농어업, 자유, 환경, 소비자보호, 운송, 범유럽운송네트워크, 에너지, 자유, 안전 및 사법지대 및 제3편(Part III)에 정의된 공중보건과 관련된 공동안전 등의 분야에 적용되게 된다(제I-14조 2항).

---

13) Voy. Arrêt de la Cour du 5 mai 1981, AFF. 804/79, *Commission c. Royaume-Uni*, Rec. p. 1045.
14) Voy. Arrêt de la Cour du 15 décembre 1976 précité; arrêt du 18 février 1986; aff. 174/84, *Bulk Oil*, Rec. p. 559.
15) 그동안 이 권한은 일반적으로 '경합적 권한(compétences concurrentes)'이란 용어로 지칭되었으나 그 용어의 부적절함은 여러 학자들에 의해 지적되고 있었다(Kovar, Robert, "Comtétences des Communautés européennes", *Juris-Clqsseures: Europe*, Fasc. 420, p. 11). 유럽헌법은 이를 '공유 권한'으로 지칭하고 있다.
16) Dony, Marianne, *op. cit.*, p. 98.

(3) 조정권한

연합은 경제 및 고용 분야에 있어 국내정책을 조정(coordination of national policies)할 수 있는 권한을 행사할 수 있다(제I-12조 3항). 이 권한에 의거하여 유럽당국은 회원국간 협력을 도모하고, 또 필요한 경우에는 회원국들의 행동을 보충하고 지원하게 된다. 따라서 이 권한의 행사의 범위 내에서는 유럽당국은 어떠한 경우라 할지라도 회원국들이 가진 고유한 권한을 박탈하지 아니한다. 하지만 이는 회원국들이 전적으로 자유로이 이 권한을 행사할 수 있다는 것을 의미하는 것은 아니다. 이를테면, 회원국들은 여하한 경우에도 유럽헌법상 보장된 국적에 의거한 차별의 금지(le principe de non-discrimination) 및 상품, 사람, 서비스 및 자본의 자유이동에 관한 원칙 등 유럽헌법상 보장된 기본원칙은 준수해야 하는 것이다.

이 권한에 의거하여 연합은 경제 및 고용정책을 위한 가이드라인을 채택함으로써 동 정책에 있어 회원국들의 조정(coordination)을 보장한다(제I-15조).

(4) 공동외교안보정책을 이행할 권한

연합은 회원국들의 연대에 의거하여 공동방위정책(common defense policy)의 점진적인 틀을 포함한 공동외교안보정책(common foreign and security policy : CFSP)을 정의하고 이행할 권한을 가진다(제I-12조 4항). 이 규정에 의거하여, CFSP에 대한 유럽당국의 권한의 행사의 여지가 보다 확대되었다고 볼 수 있다. 그러나 CFSP에 관한 유럽헌법의 관련 규정을 살펴보면, CFSP에 관한 한 여전히 회원국의 결정권이 강하게 작용하고, 유럽당국의 이에 대한 권한은 한정적으로 밖에 행사될 수밖에 없다는 것을 알 수 있다. 즉, 유럽헌법 제III-300조에 의하면, "이 장(Chapter II CFSP)에서 언급된 유럽결정들(european decisions)

은 전원일치로 행동하는 각료이사회에 의해 채택되어야 한다."고 규정하고 있다. 이 점에서 볼 때, 의결방식에 관한 한 유럽미래회의는 어떠한 진전도 이끌어내지 못한 셈이다. 만일 연합의 추가적인 확대가 행해지는 경우, 과연 향후 25개 이상의 모든 회원국들의 '전원일치'를 이끌어 내는 것이 현실적으로 용이할 것인가란 점에 대해서는 의구심을 떨칠 수 없다.

(5) 지원행동

EC조약상 보충적 권한(Complementary Competencies)은 지원행동(supporting action)으로 대체되었다.

EC조약상 보충적 권한은 제308조(ex-제235조)에 그 근거를 두고 있다. 즉, 동 조는 "공동시장을 운영하는 과정에서 공동체의 행동이 공동체의 목적을 달성하는데 필요하고, 뿐만 아니라 본 조약이 이를 위하여 필요한 권한을 정하고 있지 않은 경우에 이사회는 위원회의 제안에 대해 유럽의회와의 협의를 거친 후 전원일치로 의결함으로써 적절한 조치를 취해야 한다."고 규정하고 있다. 동 조에 의거하여 유럽당국은 조약상 설정된 목표를 달성하기 위해 회원국의 협력 하에 일정한 지원과 조치를 취해왔던 것이다. 따라서 보충적 권한은 조약상 정해진 제 목적을 달성하기 위하여 공동체기관에게 부여된 권한을 행사하는 과정에서 나타난 흠결사항을 보완하기 위한 제도적 장치 가운데 하나였던 것이다. EC조약 제308조에 의거하여 보충적 권한을 행사하기 위해서는 다음과 같은 조건이 충족되어야 한다.

먼저, 채택되어야 할 행동은 '공동체의 목적을 달성'하기 위한 것이어야 한다. EC조약 제2조 및 제3조는 공동체가 달성해야 할 제반 목적에 대해 규정하고 있는데, 제308조는 이를 보다 명확하게 한정시키고 있다고 보아야 한다. 즉, 채택되어야 할 행동은 '공동시장의 기능 수행에 있어(dans le fonctionnement du marché commun)'[17] 필요한 것이어야 하는 것이다.

다음, 예정된 행동은 추구하는 목적을 달성하는데 필요한 것이어야 한다. 그 필요성 유무를 판단하는데 있어서는 정치·경제적 및 기술적 기준뿐만 아니라 법적 기준을 고려하여 공동체기관이 광범위한 권한을 행사하게 된다. 그러나 유의할 사항은 비록 공동체기관이 이와 같은 재량권을 행사한다고 하여 사법적 통제를 받지 않는다는 것은 아니라는 점이다.

마지막으로, EC조약 제308조에 규정된 권한은 상당히 제한적이라는 사실을 염두에 두어야 한다. 다시 말해서, 제308조는 새로운 목적을 추가하거나 기존의 목적을 변경할 수도 없고, 또 제도 혹은 규정을 변경하거나 폐지할 수도 없다. 이에 대한 전형적인 예로 '공동체의 유럽인권협약 가입'에 관한 1996년 3월 28일자 ECJ의 견해 2/94[18]를 들 수 있다. ECJ는 공동체의 유럽인권협약 가입 유무에 대한 법적 근거로 EC조약 제308조를 원용할 수 없다고 판단하였다. 공동체의 동 협약에의 가입은 기본적 인권 보장 체제에 관한 본질적 변경을 초래하기 때문이라는 것이 그 주된 이유였다.

그러나 동 권한의 개념 및 그 적용 범위를 둘러싸고 유럽당국과 회원국 정부는 자주 이견의 대립을 보여 왔다. 이에 유럽미래회의에 의해 구성된 '보충적 권한에 관한 실무단'(Working Group V : Complementary Competencies)'은 '보충적 권한'의 개념, 특히 보충적 권한과 기타 유형의 권한간의 관계를 재정의함으로써 그 모호성을 제거하는데 중점을 두었다.

---

17) Cf, EC조약 제2조: '공동시장을 설립함으로써(par l'établissement d'un marché commun)' 및 제3조 h): '공동시장의 기능 수행에 필요한 조치에 있어(dans la mesure nécessaire au fonctionnement du marché commun)'
18) Avis de la Cour du 28 mars 1996, *Adhésion de la Communauté à la convention de sauvegarde des droits de l'homme et des liberté fondamentales*, Avis 2/94, Rec. 1996 p. I-1759.

실무단의 견해에 의하면, 보충적 권한은 배타적인 EU의 권한과 동일한 성격을 가지는 것이 아니다. 즉, 보충적 권한의 경우, 유럽수준에서의 지원 및 조정조치의 도입 유무를 결정함에 있어 회원국이 전권을 가지고 있다(예 : 학생교환의 확대를 위한 에라스무스프로그램).

위와 같은 제측면을 고려하여 실무단은 아래와 같은 몇 가지 견해를 표명하였다.

첫째, 그 의미를 보다 명확히 하기 위하여 '보충적 권한' 대신 '지원조치(supporting measures)'란 용어를 사용한다.

둘째, 동 조치를 위하여 회원국의 국내법률은 EU법률을 대체할 수 없다.

셋째, 동 조치는 오직 EU 및 회원국의 공동의 이해를 가지는 분야에만 적용할 수 있다.

넷째, 헌법조약은 동 권한에 관한 별도의 타이틀을 포함해야 하며, 또한 동 권한이 적용되는 개별 정책을 확정하여야 한다.

다섯째, 헌법조약상 회원국과 EU간 권한의 배분은 유연성의 정도를 방해해서는 안된다. 이는 EC조약 제308조를 계속 유지함으로써 보장될 수 있다. 하지만 이는 어떠한 상황 하에서라도 EU의 권한을 확대하는데 사용되어서는 아니 된다.

실무단에서의 위와 같은 논의를 바탕으로 EC조약상 보충적 권한에 관한 사항은 유럽헌법에서는 다음과 같이 내용을 가지게 되었다.

'보충적 권한'이란 용어는 '지원행동(supporting action)'이란 용어로 대체되었다. 이 때, '지원행동'이란 '연합이 회원국의 권한을 대체함이 없이 그들의 행동을 지지하고, 조정하며 혹은 이행하기 위한 조치를 취할 권한'의 의미로 해석된다(제I-12조 5항). 지원행동은 연합 및 회원국이 공동의 이해를 가지는 분야, 이를테면, 사람의 건강보호·증진, 산업, 문화, 관광, 교육·청소년·스포츠·직업훈련, 시민보호 및 행정협력 등에 대해 취해진다(제I-17조 2항). 그리고 아래에서 살펴보는 유연성조항(제17조)에 의하여, 연합에 의해 채택된 법적으로 구속력 있는 행동은 회원국의 국내 법률 혹은 규정의 조화를 시도할 수 없다(제I-18조 3항). 따라서 지원행동에 관한 국내법률은 연합법에 의해 대체되지 않는다.

(6) 유연성조항

마지막으로, 권한의 유형과는 별도로 유연성조항(flexibility clause)은 그 권한의 분류를 보충하는 역할을 한다.

연합의 권한을 행사할 수 있는 범위와 방식은 제3편(Part III)의 개별분야의 특수 규정에 의해 정해지게 된다(제I-12조 6항). 만일 연합에 의한 행동이 헌법에 의해 규정된 제 목적의 하나를 달성하기 위하여 제3편(Part III)에서 정의된 제 정책의 틀 내에서 필요하다는 점이 드러나거나, 또 헌법이 그 필요한 권한을 규정하고 있지 않다면, 위원회로부터의 제안과 유럽의회의 동의 후에 전원일치로 행동하는 각료이사회는 적절한 조치를 취해야 한다(제I-18조 1항). 또한 제I-11조 3항에 규정된 보충성의 원칙을 감시하기 위한 절차를 사용하여, 유연성 조항에 의거한 제안에 대해 위원회는 회원국의 국내의회로 하여금 주의를 환기시켜야 한다(제I-18조 2항). 지원행동에 대해 적용되는 것과 마찬가지로 유연성 조항에 의거하여 채택된 제 규정은 유럽헌법이 조화를 배제하고 있는 경우에는 회원국의 법률 혹은 규정과의 조화를 시도할 수 없다(제I-18조 3항)는 점에 대해서는 위에서 살펴본 바와 같다.

4. 연합의 권한과 보충성 및 비례의 원칙

(1) 권한과 보충성원칙의 관계

보충성의 원칙(the principle of subsidiarity)은 회원국과 EU간 권

한이 상호 공유될 수 있는 분야(예 : 환경)에 있어 가장 적절한 조치를 취할 수 있도록 보장하기 위하여 마스트리히트조약에 의하여 개정된 EC조약 제3B조(현 EC조약 제5조)에서 처음으로 도입되었다. 이 원칙은 조약상 제안된 행동 목표를 회원국들이 충분히 달성할 수 없고, 또한 그 제안된 행동의 규모나 효과로 인하여 EU가 더 잘 달성할 수 있는 경우에 EU가 자신의 배타적 권한의 범위에 속하지 아니하는 영역에서 그 부여받은 권한과 할당받은 목표의 범위 내에서 회원국의 국내적·지역적 차원의 문제를 해결하기 위해 적용된다. 즉, 동 원칙에 관한 규정은 만약 회원국이 개별적으로 조치를 취하는 것보다 EU 차원의 조치가 현실적으로 보다 효과적인 경우에 한하여 적용될 수 있었다. 이후, 동 원칙의 적용은 추가적인 입법에 의해 보완되었다. 하지만 오늘날 동 원칙의 적절한 적용 여부에 대한 법적 감시는 ECJ에 의해서만 행해질 수 있을 뿐이다. 더욱이 입법 행위의 채택 이후에 행해짐으로써 그 적용 과정에서 나타난 문제점에 대해서는 효과적인 대응이 용이하지 않다는 비판이 행해지고 있다.[19]

이와 같은 문제점을 고려하여, 유럽미래회의에 의해 설치된 '보충성에 관한 실무단(Working I : Subsidiarity)'은 보충성원칙의 적용에 관한 '입법'과 '심사' 과정에 관하여 다음과 같은 대안을 제시하였다.[20]

첫째, 입법과정에 있어 유럽 제 기관들의 상호 협력과 견제 기능을 강화하여야 한다. 특히 회원국의 국내의회의 참가권이 보장되어야 한다. 이를 분설하면 다음과 같다.

유럽위원회는 보충성 원칙에 관한 입법 제안서(이를 일명 'subsidiarity sheet'라 한다)를 각료이사회와 유럽의회에 제출할 의무가 있다. 또한 실무단은 특히 이 제안서에 대한 국내의회의 '조기경보제도(early warning system)'를 제시하고 있다. 이는 유럽위원회의 입법 제안서가 보충성원

---

19) 보충성의 원칙에 대한 상세한 내용은, 김대순, 전게서, pp. 210-234.
20) 최종보고서 채택일자 : Brussels, 23 September 2002(CONV 286/02)

칙에 부합하지 않는다고 판단하는 경우, 절차의 개시 단계에서 국내 의회가 그들의 견해를 제시할 수 있는 제도이다.

둘째, 위의 입법과정을 통하여 채택된 입법 행위에 대한 사법적 감시는 ECJ에 의해 행해진다. 통상적으로는 일반적 소송절차에 의거하여 행해지지만, 향후 채택된 법률이 보충성원칙을 위반하고 있다고 판단하는 경우 국내의회도 ECJ에 소송을 제기할 수 있다. 국내의회의 이와 같은 권한은 위에서 살펴본 '조기경보제도'에 의거한 것이다. 이 단계에서 특기할 만한 사항은 국내의회만이 아니라 지역위원회도 만일 채택된 입법이 보충성원칙에 부합하지 않는 경우 ECJ에 사법적 판단을 구할 수 있다는 점이다. 본래 보충성원칙은 회원국의 국내관할사항에 대해 EU 차원에서 적용되는 것이므로 '협의기관'의 지위에 있는 지역위원회의 소송참가권을 보장한 것이라고 보여진다.

앞에서 분설한 바와 같이, 유럽헌법에서는 '보충성원칙(the principle of subsidiarity)'은 '연합의 권한'에 대한 제1편 제3부 제I-11조 3항에서 '비례의 원칙(the principle of proportionality)'과 더불어 권한 행사의 기본원칙의 하나로서 규정되어 있다. 보충성원칙이 문제되는 것은 연합의 '배타적 권한'보다는 주로 '공유 권한'에 관한 분야이다.

유럽헌법 제I-11조 3항은 위에서 언급한 보충성 원칙의 적용에 대한 현 EC조약 제5조의 내용을 그대로 수용하고 있다. 따라서 보충성원칙은 제안된 행동 목표를 회원국들이 충분히 달성할 수 없고, 또한 그 제안된 행동의 규모나 효과로 인하여 연합이 더 잘 달성할 수 있는 경우에 연합이 자신의 배타적 권한의 범위에 속하지 아니하는 영역에서 그 부여받은 권한과 할당받은 목표의 범위 내에서 회원국의 국내적·지역적 차원의 문제를 해결하기 위해 적용된다. 또한 연합의 기관들(the Union Institutions)은 헌법에 부속된 '보충성 및 비례의 원칙의 적용에 관한 의정서'에 규정된 바에 따라 보충성의 원칙을 적용해야 한다. 이는 국내의회의 경우에도 동일하다. 즉, 국내의회는 동 의정서에 규정된 절차에 부합하여 보충성의 원칙을 적용해야 한다(제I-11조 3항).

(2) 권한과 비례의 원칙의 관계

비례(균형성)의 원칙은 EC법의 법원으로 인정되는 '법의 일반원칙 (general principles of law)'의 핵심적인 목록의 하나로 자리매김하고 있는데, 유럽헌법에 의하면, 비례의 원칙은 보충성원칙과 더불어 향후 연합의 권한의 행사에 대한 가장 적절한 통제장치로서의 역할을 하게 될 것이다.

EC법상 비례의 원칙은 공동농업정책(Common Agricultural Policy : CAP)에 관해서 규정하고 있는 EEC조약 제40조 제3항에서 직접적으로 유래한다. 즉, 동 조에 의하면, 농업시장의 공동조직은 "조약 제39조에 정의된 제 목적을 달성하기 위하여 모든 필요한 조치를 취할 수 있다."고 규정하고 있다.[21] 한편, ECJ도 다수의 판례를 통하여 이 원칙을 확인하고 있는데, Forges de Thy-Marcinelle et Monceu c. Commission 판결[22]에서, "제 기관은 그들의 권한을 행사하는데 있어 경제주체들에게 부과한 책임이 당국이 실현하고자 하는 목적을 달성하는데 필요한 범위를 초과하지 않도록 주의하여야 한다."고 판시하였다. 또한 Denkavit Nederland c. Hoofdproduktschap voor Akkerbouwprodukten 판결[23]에서도, "비례의 원칙은 공동체 제 기관의 행위는 추구하는 목적을 달성하기 위하여 적절하고 필요한 범위를 벗어나서는 안된다."고 그 태도를 분명히 하였다.

---

21) Voy. Spitzer, J.-P., "Les principes généraux de droit communautaire dégagés par la Cour de justice des Communautés européennes," *Gazette du Palis, Doctrine* (1986(2e sem.)), pp. 734-735.
22) Arrêt de la Cour du 18 mars 1980, *Forges de Thy-Marcinelle et Monceu c. Commission*aff. jtes 26 et 86/79, Rec. p. 1093.
23) Arrêt de la Cour du 17 mai 1984, *Denkavit Nederland c. Hoofdproduktschap voor Akkerbouwprodukten*, aff. 15/83, Rec. p. 2171 et s.

위의 판결례 등을 통하여 볼 때, 비례의 원칙은 유럽당국의 과도한 개입에 대하여 개인의 권리를 보호하는 역할을 한다는 것을 알 수 있다.24) 물론 비례의 원칙을 적용하기 위해서는, 우선 개인적 이익과 공공이익 및 유럽당국의 자유재량권 행사간 갈등이 야기되어야 하며, 또 이들 간에 상관관계가 있어야 한다.25) 이와 같은 조건을 충족하는 범위 내에서, 유럽의 일반적 이익에 비추어보아 추구하는 목적을 달성하기 위하여 필요한 조치를 제외하고는 유럽당국은 사인에게 의무를 부과할 수 없다고 할 것이다.

제3장 연합의 회원자격

1. 서 론

헌법은 연합의 회원자격을 규율하는 규칙과 가입 절차에 대해 조금 변경을 가했다. 헌법은 모든 가입 후보국들에 의해 존중되어야 할 연합의 가치와 관련된 다수의 새로운 기준을 도입했다. 가입 절차는 현행 제 조약의 규정을 유지하고 있다.

만일 어느 회원국이 연합의 기본적 가치를 침해한 경우에 당해 회원국의 권리의 일부를 박탈할 수 있는 가능성과 관련된 규칙(단, 이사회에서의 의결에 필요한 다수결은 예외)에 대해서는 어떠한 변경도 가하지 않았다.

한편, 헌법은 처음으로 연합으로부터 자진하여 탈퇴할 수 있는 '자발적 탈퇴조항(voluntary withdrawal clause)'을 도입했다. 이 조항이 핵심적인 변경사항이다.

---

24) Hartley, T.C., *European Community Law*, Second Ed., Clarendon Law Series, London : Oxford, Clarendon Press, 1989, p. 146.
25) Neri, S., "Le principe de proportionnalité dans la jurisprudence de la Cour relative au droit communautaire agricole," *RTDE* 17(1981), p. 654.

2. 회원국 자격기준과 가입 절차

제I-2조는 "연합은 그 가치를 존중하는 모든 유럽국가들(all European States)에게 개방되며, 또 다함께 그 (가치를)를 향상시킬 것을 약속한다."고 규정하고 있다.

자격기준과 가입 절차는 헌법 제I-58조에 규정되어 있다. 기존 제 조약의 규칙과 비교하여 헌법은 주요한 내용에 대해서는 어떠한 변경도 하지 않았다. 제I-58조는 "연합은 제I-2조에 언급된 연합의 가치를 존중하는 모든 유럽국가들에게 개방된다."고 규정하고 있다. 그러나 동 조는 기존 제 조약에 비하여 인간의 존엄성과 평등 및 소수에 속한 자들에 대한 권리를 포함하여 다수의 보충 기준을 포함하고 있다. 또한 동 조는 회원국 사회는 "다원주의, 비차별, 관용, 정의, 연대 및 양성 평등(pluralism, non-discrimination, tolerance, justice, solidarity and equality between women and men)"의 특징 위에 서있어야 한다는 것을 강조하고 있다.

헌법은 가입절차를 포함하고 있다. 모든 가입 요청은 이사회에서 전원일치로 의결되어야 하고, 절대다수결(absolute majority)로 행동하는 유럽의회의 승인을 받아야 한다. 가입 조건 및 합의는 모든 회원국과 가입 후보국간의 합의에 기속된다.

3. 연합의 정지 및 연합의 회원국으로서의 권리

기존의 제 조약은 만일 어느 회원국이 연합의 기본적 가치를 심각하게, 또 지속적으로 위반했다는 증거가 확실하다면(EU조약 제7조), 연합의 회원자격을 정지시킬 수 있는 가능성에 대해 규정하고 있다. 이 경우, 이사회는 기타 권리와 마찬가지로 투표할 권리를 정지시킬 수 있다.

헌법은 제I-59조에 규정된 이 규칙에 대해 어떠한 근본적 변경도 가하지 않았다. 단, 절차상 독립적 인사들의 자문("현자위원회 [the Committee of the Wise"])은 삭제되었다. 이 분야에 의사결정수단으로 사용되는 특별다수결이 유럽이사회, 이사회 및 유럽의회에서의 투표에 적용된다.

4. 자발적 탈퇴

기존의 제 조약은 연합으로부터 탈퇴하기를 원하는 회원국을 위한 어떠한 조항도 포함하고 있지 않았으며, 항구적 기간 동안 체결되었다. 이와 관련된 유일한 선례는 1985년에 있었던 그린랜드의 탈퇴이다. 하지만 헌법은 자발적 탈퇴조항을 도입했으며, 이는 상당히 의미 있는 개선된 내용이라고 할 수 있다(제I-60).

탈퇴는 어느 때라도 행해질 수 있고, 헌법 또는 기타 조건의 개정에 기속받지도 않는다. 탈퇴를 원하는 회원국들은 유럽이사회에 통지하기만 하면 된다. 연합은 당해 회원국과 함께 탈퇴 조건이나 당해국과 연합간 향후 관계 등 탈퇴협약의 내용에 대해 협상을 하게 된다. 적용절차는 제III-325조에 규정되어 있다. 각료이사회는 연합을 대표하여 유럽의회의 동의를 얻은 후 가중다수결로 이 협정을 체결한다. 탈퇴 회원국의 대표는 그 논의 또는 투표에 참가할 수 없다는 점에 주의를 요한다.

헌법은 탈퇴협정에 규정된 날로부터, 또는 협상이 실패한 경우, 탈퇴 요청이 유럽이사회에 통지된 후 2년이 되는 날로부터 당해국에 적용되지 않는다. 유럽이사회는 전원일치로, 또는 관련 회원국과의 합의로 이 기간을 연장할 수 있다. 이는 비록 연합이 탈퇴에 동의하지 않는다고 할지라도 탈퇴는 효력을 발생할 수 있다는 것이다는 것을 의미한다. 그러므로 이 자발적 탈퇴조항은 주요한 변경 사항인 것이다.

연합으로부터 탈퇴한 어느 회원국은 제I-58조에 언급된 일반적 가입절차없이 다시 가입할 수도 있다.

• 제2부 연합의 기본원리

제4장 민주생활

1. 서 론

헌법 제1편 제6장(제I-45조~제I-52조)은 연합의 "민주생활(Democratic life)"에 관한 규정을 담고 있다. 이 장은 모두 8개의 조문, 즉 민주적 평등 원칙, 대의제 민주주의, 참여민주주의, 투명성, 문서에 대한 접근, 개인자료의 보호, 유럽 옴부즈맨 및 사회적 동반자와 교회의 역할 등을 포함한다. 또한 이 장은 유럽시민권에 관한 제I-10조, 그 시민권과 관련된 권리인 기본권헌장에 관한 제II-99조~제II-106조 및 역시 이 주제를 다루고 있는 제III 125조~제III-129조와 연관지어 검토해야 한다.

헌법은 유럽시민권과 관련된 제 권리를 재확인하고, 처음으로 연합의 민주적 기초에 대해 정의하고 있다. 이들은 다음과 같은 세 가지 원칙, 즉 민주적 평등, 대의제 민주주의 및 참여민주주의 위에 기초하고 있다. 또한 제6장은 그 동안 기존의 제 조약 체제하에서 논의되었던 투명성, 문서에 대한 접근 및 유럽옴부즈맨의 역할 등의 문제에 대해서도 규정하고 있다.

2. 유럽시민권

유럽헌법 제I-10조는 연합시민권에 대해 규정하고 있다. 이에 대한 상세한 내용은 장을 달리하여 검토하기로 한다.

3. 대의제 민주주의와 민주적 평등

민주적 평등과 대의제 민주주의의 원칙에 대한 규정의 포함은 유럽시민들에게 새로운 권리를 부여하는 것은 아니고, 기존의 제 조약의 정신에 부합하는 제 원칙을 재확인하는 의미를 가진다. 따라서 시민들은 유럽 차원에서는 유럽의회를 통하여 직접적으로 대표되고, 유럽이사회와 각료이사회에 그들의 대표를 파견하는 국내 정부는 유럽시민들에 의해 선출되는 국내의회에 대해 책임을 진다.

4. 참여민주주의 원칙

참여민주주의는 연합이 활동하기 위한 기반이 되는 원칙의 하나가 되었다. 이 분야에서의 주요한 혁신은 시민들의 발의권(right of citizens' initiative)이 포함된 것이다. 제I-47조는 다수의 회원국으로부터 최소 1백만명 이상의 서명을 받은 청원이 헌법, 특히 기본권헌장에 부합된다면 입법발의로서 위원회에 제출될 수 있다. 하지만 이와 같은 시민들의 발의는 입법제안으로 채택할까 여부를 결정할 수 있는 위원회의 발의권에 영향을 미칠 수 없다.

이와 같은 한계에도 불구하고, 시민들의 발의권은 혁신적인 내용의 하나이다. 처음으로 참여민주주의의 관념이 유럽정치영역 속으로 포함되었기 때문이다. 이를 통하여 "유럽에서의 민주적 결핍"에 대해 불만을 갖고 있던 유럽시민들이 그들의 목소리를 직접 전달할 수 있는 수단을 갖게 된 것이다. 이 제도는 유럽 제 기관에 대한 권한의 배분을 보다 명확하게 하고, 또 입법행위를 단순화시키는데 일조를 하게 되었다.

참여민주주의의 개념은 다른 중요한 측면도 갖고 있다. 동일한 조문은 제 기관에게 대표적인 협회 및 시민사회와 함께 개방적이고, 투명하며, 또 정기적인 대화를 유지해야 하며, 또한 관련 당사자와 함께 폭넓은 협의를 할 것을 요구하고 있다.

제I-47조와는 별도로 '민주생활'에 관한 제목은 아래에서 보는 바와 같이 기존의 제 조약을 통해 현재 논의가 되고 있는 다수의 규정을 포함하고 있다.

- 긴밀성의 원칙(principle of priximity ; 제 결정은 시민들을 대상으

● 제2부 연합의 기본원리

로 가능한 한 공개적으로, 또 밀접하게 채택되어야 한다), 유럽정당들의 역할 및 유럽옴부즈맨은 변경되지 않은 형태로 제I-46조 및 제I-49조에 규정되었다.

- 제 기관의 절차의 투명성과 관련하여, 제I-50조는 유럽의회 및 각료이사회가 입법행위안에 대해 검토하고 투표할 때 공개적으로 회합을 가질 것을 명백하게 요구하고 있다. 동 조는 연합의 부수적 기구의 문서에 대한 접근권에도 확대 적용된다. 이 점은 유럽의회, 위원회 및 이사회의 문서에 대해서만 언급하고 있는 EC조약과 관련 규정과는 대별된다.
- 마지막으로, 개인신상자료의 보호(protection of personal data)를 다루고 있는 제I-51조는 EC조약의 해당 조문(제288조)의 내용을 그대로 수용하고 있고, 또한 개인신상자료의 생성 및 자유 이동과 관련한 개인의 보호에 대한 지침 95/46(Directive No 95/46/EC on the protection of individuals with regard to the processing of personal data and on the free movement of such data)의 규정을 포함하고 있다.

헌법은 최초로 사회적 파트너와 교회의 역할에 대해서도 규정하고 있다. 제I-48조는 연합은 노사간 대화를 용이하게 하고 그들의 자율성을 존중하면서 사회적 파트너의 역할을 인정하고 촉진해야 한다고 규정하고 있다. 또한 사회적 대화를 함에 있어 '성장과 고용에 관한 사회적 삼자(노·사·정)회담(Tripartite Social Summit for Growth and Employment)'의 역할을 되풀이하고 있다.

제I-52조는 암스테르담조약의 결과물로 IGC에 의해 채택된 "교회 및 non-confessional organizations의 지위에 관한 선언(Declaration on the status of churches and non-confessional organizations)"의 제 규정을 수용하고 있다. 헌법은 교회와 종교협회의 정체성과 특수한 기여에 대해 공식적으로 인정하고 있는 것이다.

> 제5장 유럽시민권

1. 서 론

　유럽'경제'공동체(European 'Economic' Community : EEC)에서 볼 수 있는 바와 같이, 유럽의 통합은 정치·사회문화적 측면보다는 경제적 측면에 중점을 두고 진행되었다. 로마조약은 일찍이 사람의 자유로운 이동의 보장에 관한 규정을 두고 있었지만, 엄밀한 의미에서는 '정치·사회문화적 주체'로서의 시민에 대해서가 아니라 '경제주체'로서의 노동자와 법인의 자유로운 이동에 대해 규율하고 있었던 것이다. 이러한 맥락에서 본다면, 회원국(혹은 유럽공동체)의 시민들은 그 자유롭게 이동할 권리만이 아니라 정치·사회문화적 권리를 행사하는데 있어서는 일정한 제약 하에 놓여 있었던 셈이다.

　유럽시민권(European Citizenship; citoyenneté européenne)의 개념은 1984년 Fontainebleau 유럽이사회에서 공식적으로 처음 사용되었지만, 그에 관한 규정은 마스트리히트조약에 의해 처음으로 도입되었다. 즉, 마스트리히트조약에 의해 개정된 EC조약 제8조(현 EC조약 제17조)는 '연합시민권(citizenship of the Union)'을 창설한다. 회원국의 국적을 가진 모든 사람은 연합의 시민이 된다.'(1항)고 함으로써 비로소 '유럽시민권'에 대해 명시적으로 규정하였다. 이 후, 암스테르담조약에 의해 일부 내용이 수정·보완되었다. 이를테면, 마스트리히트조약에서는 '연합시민권'과 '국가적 시민권'간의 상호관계에 관한 명시적 규정을 두고 있지 않았다. 그러나 암스테르담조약은 '연합시민권은 국가적 시민권을 보충하는 것이고, 이를 대체할 수 없다'(현 EC조약 제17조 1항 후단)고 하여 양자의 상호관계를 명확히 하였다.[1]

---

[1] 유럽시민권의 개념과 그 상세한 내용에 대해서는, 김은경, 유럽연합시민권의 법적 개념과 그 의미, 유럽연구(제17권, 2003년 여름), pp. 305-326. 그리고 유럽통합 과정에서 유럽

한편, EC조약은 제18조~제22조에서 상기 제17조상의 연합시민권의 구체적 목록을 제시하였으며, 유럽헌법도 이를 수용하여 연합시민권은 크게 다음과 같은 네 가지의 권리로 구성된다고 규정하고 있다(제I-10조 2항).

① 회원국의 영토 내에서 자유롭게 이동하고 거주할 권리
② 회원국의 국민과 동등한 조건 하에 유럽의회 및 그들이 거주하고 있는 회원국의 지방선거에서의 선거권과 피선거권
③ 본인의 국가가 대표되고 있지 않는 제3국에서 다른 회원국의 외교·영사에 관하여 다른 회원국의 회원과 동일한 조건 하에서 보호받을 권리
④ 유럽의회 청원권, 유럽옴부즈맨 요청권 및 헌법상 모든 언어로 연합의 기관 및 기구에 질의하고, 같은 언어로 회신받을 권리

이처럼 유럽헌법에서도 기존 조약상 인정되고 있는 유럽시민권의 권리 내용을 거의 그대로 수용하고 있을 뿐 별다른 차이는 없다. 하지만 유럽헌법에 관한 논의가 진행되면서 기존의 유럽시민권의 권리로서의 법적 성격에 많은 변화가 있었다. 그 가운데 특히 유럽시민권의 부여 조건으로서의 국적에 대한 문제와 유럽시민권의 구체적 목록에 대해 분석될 필요가 있다. 그리고 유럽시민권제도의 문제점에 대해 검토하고, 그 개선방안을 제시하기로 한다.

2. 유럽시민권의 부여 조건 : 회원국의 국적

유럽시민권을 부여하기 위한 선결조건으로 유럽의 시민이라고 할지라도 하나 이상의 회원국 국적을 취득하고 있어야 한다는 것이다. 유럽헌법

시민권을 둘러싸고 전개되는 다양한 논의에 대해서는, 한국유럽학회 유럽시민권연구단, 다양성과 정체성의 모색 : 통합유럽과 유럽시민권(높이깊이, 2004), 463p.

제I-10조 1항 1문은 '어느 회원국의 국적을 가진 모든 사람은 연합의 시민권을 보유한다(Toute personne ayant la nationalité d'un Etat membre possède la citoyenneté de l'Union)'고 규정함으로써 이를 명확히 하고 있다. 이 점은 유럽시민권에 대해 최초로 규정한 마스트리히트조약에 의해 개정된 EC조약도 동일한 입장을 취하고 있다. 하지만 동 조약 제8조 1항 2문은 단순히 '어느 회원국의 국적을 가진 모든 사람은 연합의 시민이 된다(Est citoyen de l'Union toute personne ayant la nationalité d'un Etat membre.)고만 규정하여 '연합시민권'과 '국가적 시민권'간의 상호관계에 관한 명시적 규정을 두고 있지 않았다. 이 문제는 암스테르담조약에 의해 비로소 해결되게 되었다. 즉, 암스테르담조약에 의해 개정된 EC조약은 비로소 '연합시민권은 국가적 시민권을 보충하는 것이고, 이를 대체할 수 없다(La citoyenneté de l'Union complète la citoyenneté nationale et ne la remplace pas.)'(EC조약 제17조 1항 후단)고 하여 양자의 상호관계를 명확히 하였던 것이다. 유럽헌법도 이를 대체로 수용하고 있다. 하지만 유럽헌법은 '연합시민권은 국가적 시민권에 부가되며, 이를 대체할 수 없다(La citoyenneté de l'Union s'ajoute à la citoyenneté nationale et ne la remplace pas.)'(유럽헌법 제I-10조 1항 2문)고 규정하고 있다. 이는 연합시민권은 국가적 시민권에 '부가된다(s'ajouter à)'고 함으로써 연합시민권은 국가적 시민권을 '보충한다(complète)'고 규정한 암스테르담조약보다도 양자의 관계를 한층 명확히 하고 있다.

위와 같이 연합시민권과 국가적 시민권과의 상호 관계를 명확하게 정립하려는 시도는 마스트리히트조약에서 유럽헌법에 이르기까지 계속되고 있다. 그러나 여전히 소위 '이중시민권(la double citoyenneté)'의 문제, 즉 어느 회원국에 소속된 자는 유럽시민권과 국가적 시민권이란 두 개의 시민권을 소유하게 되어 이로 인해 양자의 상호관계는 어떠한가에 대한 문제는 여전히 해결되지 못한 채로 남아 있다. EC조약상 연합시민

●제2부 연합의 기본원리

권에 관한 규정의 문언에 의하면, 관련 조항들은 국적과 시민권 개념의 분리를 의도하고 있다고 평가할 수 있다.2) 그러나 상기 유럽헌법 제I-10조 1항 후단에서 연합시민권은 국가적 시민권에 '부가'되고, 이를 '대체할 수 없다'고 규정하고 있다. 이에 따르면, 연합시민권은 회원국의 국적에 의거하여 부여되는 국가적 시민권에 부가되어 취득될 수 있을 뿐 이를 대체할 수 없다고 양자의 관계와 그 한계를 명확하게 한정하고 있다. 결국 유럽헌법도 유럽시민권의 취득을 위한 법적 연결점으로 '국적'을 전제조건으로 하고 있는 셈이다.

그렇다면 국적을 전제로 한 유럽시민권의 취득이란 문제는 유럽헌법상 '국적을 이유로 한 모든 차별은 금지된다(toute discrimination exercée en raison de la nationalité est interdite)'고 규정한 제I-4조 및 제Ⅲ-123~124조상의 '비차별주의(non-discrimination)'와 양립가능한가?

유럽헌법 제I-4조는 '사람, 상품, 서비스, 자본의 이동의 자유 및 설립(개업)의 자유는 헌법의 제 규정에 비추어 보아 연합에 의해, 또한 그 역내시장에서 보장된다.'(1항)고 하면서, '헌법의 적용 영역에 있어 … 국적을 이유로 한 모든 차별은 금지된다.'(2항)고 함으로써 기본적 자유와 비차별주의의 상호관계에 대한 명확한 기준을 제시하고 있다. 더욱이 유럽헌법 제Ⅲ-123~124조에서는 보다 구체적으로 시민권과 비차별주의의 상호관계에 대해 규정하고 있다. 즉, 유럽법 혹은 유럽골격법(loi ou loi-cadre européenne)은 상기 제I-4조 2항상의 '국적을 이유로 한 차별의 금지'를 규율할 수 있고(제Ⅲ-123조), 각료이사회는 유럽법 혹은 유럽골격법을 이용하여 성, 인종 혹은 민족의 기원, 종교 혹은 신앙, 장애자, 나이 혹은 성적 지향에 의거한 모든 차별에 대항하기 위하여 필요한 조치(les mesures nécessaires)를 취할 수 있다(제Ⅲ-124조 1항). 또

---

2) Vlad Constantinesco, Robert Kovar & Denys Simon(sous la direction de), *Traité sur l'Union européenne(signé à maastricht le 7 février 1992) Commentaire article par article*(Economica, 1995), p. 130.

한 각료이사회는 회원국들을 지원하기 위한 이와 같은 조치를 정의하고, 장려조치에 대한 기본원칙을 확립할 수도 있다(제Ⅲ-124조 2항).

위 규정들을 살펴보아도 국가적 시민권과 유럽시민권을 둘러싼 '이중시민권'에 대해 직접적으로 규율한 내용은 발견할 수 없다. 유럽시민권을 취득하기 위해서는 여전히 회원국의 국적이 그 전제조건이며, 단 '그 국적에 따른 차별적 대우는 금지된다'고 하는 원칙적 기준만을 제시하고 있을 뿐이다. 결국 유럽시민권의 취득에 있어 국적에 따른 차별적 대우의 금지에 대한 문제는 각료이사회의 광범한 재량범위 아래 놓인 셈이다. 아래에서 살펴보는 바와 같이, 연합시민권은 주로 유럽시민들의 정치적 권리의 행사와 그 보장을 주된 내용으로 하고 있으므로 회원국들의 동의와 협조 없이는 사실 그 원활한 실시와 보장이 어려운 것이 현실이다. 더욱이 유럽헌법 제Ⅲ-124조 1항 2문에 의하면, 각료이사회에 의한 상기 '필요한 조치'는 유럽의회의 동의를 얻은 후 '전원일치'에 의하여 채택되게 된다. 시민권의 보장 영역에 있어 유럽의회의 동의 절차를 둔 것은 환영할 만한 일이지만 각료이사회의 '전원일치'에 의한 의사결정절차를 둔 것은 여전히 아쉬움으로 남는다.

3. 유럽시민권의 내용과 문제점

유럽헌법 제Ⅲ-10조 2항은 연합시민권의 구체적 내용에 대해 규정하고 있다. 동 조에 의하면, 연합의 모든 시민은 유럽헌법에 의해 규정된 권리를 향유하고, 또 의무의 구속을 받게 된다. 보다 구체적으로는, 연합의 모든 시민들은 자유롭게 이동하고 거주할 권리, 선거권과 피선거권, 제3국에서 외교적 보호를 받을 권리 및 유럽의회 청원권, 유럽옴부즈맨 요청권과 헌법상 모든 언어로 연합의 기관·기구에 대한 질의권·회신권 등을 향유하게 되고, 그에 상응하는 의무의 구속을 받게 되는 것이다.[3] 헌법상 보장된 이 권리는 헌법과 그 적용을 위해 채택된 제 규정에 의해 정의된

• 제2부 연합의 기본원리

제 조건과 한계의 범위 내에서 행사된다(유럽헌법 제I-10조 3항). 아래에서는 보다 상세하게 유럽시민권의 구체적 내용과 문제점에 대해 검토하기로 한다.

(1) 자유롭게 이동하고 거주할 권리

유럽헌법 제I-10조 2항에 의해 보장되는 연합시민권의 첫 번째 목록은 '회원국의 영토 내에서 자유롭게 이동하고 거주할 권리'이다(Cf. 유럽헌법 제II-105조).

이 권리는 연합시민권의 고유한 권리로서 처음 인정된 것은 아니다. EC조약 제14조 2항은 "사람의 … 자유로운 이동은 … (EC)조약의 제 규정에 따라 보장되는 내부 국경이 없는 지역"으로서 유럽단일시장의 설립을 의도하고 있다. 하지만 이 경우의 자유로운 이동이 보장되는 '사람'은 원칙적으로 노동자(EC조약 제39조~제42조), 자영업자(EC조약 제43조~제49조) 및 그 가족들에 한정된다. 이와 관련하여 다음과 같이 수혜의 대상이 되는 직업별로 개별 2차입법이 채택되어 EC조약 관련 규정이 가지고 있는 흠결사항을 보완함과 아울러 자유롭게 이동하고 거주할 권리로서의 유럽시민권을 보충하고 있다.

① 유급 노동자(les travilleurs salariés)
 - 공동체 역내에서의 노동자들의 자유로운 이동과 관련한 1968년 10월 15일자 이사회 규칙 1612/68 [4]
 - 고용 이후 일회원국의 영역에 체류할 노동자들의 권리와 관련한

---

3) Cf. 유럽위원회가 유럽시민권에 대해 발표한 다음의 보고서를 참고하라. 유럽위원회 제1차 보고서(Premier rapport sur la citoyenneté de l'Union: COM (93) 702 final du 21 décembre 1993) & 제2차 보고서(Deuxième rapport de la Commission européenne sur la citoyenneté de l'Union)
http://europa.eu.int/comm/internal_market/fr/update/report/citfr.htm#2
4) JOCE L 257, p. 2.

1970년 6월 29일자 위원회 규칙 1251/70 [5)]
- 회원국들의 노동자들과 그 가족들이 공동체 역내에 이동하고 체류하는데 있어 제한의 철폐와 관련한 1968년 10월 15일자 이사회 지침 68/360 [6)]

② 비유급 노동자(les travilleurs non salariés)
- 비유급 경제활동이 종료된 이후 기타 회원국의 영역에 체류할 일 회원국의 시민의 권리와 관련한 1974년 12월 17일자 이사회 지침 75/34 [7)]

③ 설립(개업)의 자유를 향유하는 서비스 수령자
- 개업 및 서비스 제공에 있어 공동체 역내에서 회원국 국민들의 이동과 체류의 제한 철폐와 관련한 1973년 5월 21일자 이사회 지침 731/148 [8)]

④ 공공질서·공공안전·공중보건을 이유로 한 서비스공급의 자유 제한
- 공공질서·공공안전·공중보건을 이유로 외국인들의 이동과 체류의 제한이 정당화되는 특별조치의 조정에 관한 1964년 2월 25일자 이사회 지침 54/221 [9)]
- 상기 지침 54/221을 적용함에 있어 고용 종료 후 일 회원국 영역에 체류하고자 하는 노동자의 권리에 관한 1972년 5월 18일자 이사회 지침 72/194 [10)]
- 비유급 노동의 종료 후 기타 회원국의 영역에 체류하고자 하는 일 회원국 국민의 권리에 대한 상기 지침 64/221의 적용을 확대하는 1974년 12월 17일자 이사회 지침 75/35 [11)]

---

5) JOCE L 142, p. 24.
6) JOCE L 257, p. 13.
7) JOCE L 14, p. 10.
8) JOCE L 172, p. 14.
9) JOCE L 56, p. 850.
10) JOCE L 121, p. 32.

⑤ 비교적 최근에 아래의 세 가지 지침이 채택되었다.
- 직업활동이 종료된 후 유급 및 비유급 노동자의 체류권에 관한 1990년 6월 28일자 이사회 지침 90 및 90/365 [12]
- 학생의 체류권에 관한 1993년 10월 29일자 이사회 지침 93/96 [13]

하지만 위와 같은 2차입법에도 불구하고, 현실적으로 연합시민의 입국 및 체류권은 여전히 상당히 복잡한 법률에 의해 규율되고 있는 실정이다. 즉, 입국과 체류에 필요한 충분한 자료를 제출할 수 없는 연합의 시민들은 자유롭게 이동하고 거주할 권리를 향유할 수 없는 것이다. 이와 같은 제한의 법적 근거는 EC조약 제18조 1항에서 발견할 수 있다. 즉, 동 조 동항에 의하면, "모든 연합 시민은 **본 조약에서 규정하고 있는 규제사항 및 조건, 이를 시행하기 위해 채택하는 조치 등의 범위 내에서 회원국 영토 안에서** 자유롭게 이동 거주할 수 있는 권리를 가진다(Toute citoyen de l'Union a le droit de circuler et de séjourner librement sur le territoire des Etats membres, **sous réserve des limitations et conditions prévues par le présent traité et par les dispositions prises pour son application**)."(강조부분은 필자가 처리함)고 규정하고 있다. 다시 말하여, 현 EC조약상 유럽시민들의 자유로운 이동과 거주의 자유는 동 조약이 규정하고 있는 규제사항 및 조건, 이를 시행하기 위해 채택하는 조치 등의 범위 내에서 향유될 수 있으므로 불완전하고 제한적인 자유라고 볼 수 있다.

이에 반해 유럽헌법은 이에 대한 별다른 제한을 두지 않고, 상당히 폭넓은 이동과 거주의 자유를 인정하고 있다.

먼저, 유럽헌법 제I-10조 2항은 "연합의 모든 시민은 헌법에 의해 규정

---

11) JOCE L 14, p. 14.
12) JOCE L 180, p. 26 & 28.
13) JOCE L 317, p. 59.

된 모든 권리를 향유하고, 또 그 의무에 기속된다"고 규정하면서, 그 향유할 수 있는 권리로서 '회원국의 영토 내에서 자유롭게 이동하고 거주할 권리'를 들고 있다. 이로서 '자유롭게 이동하고 거주할 권리'는 유럽헌법에 의거하여 보장되는 연합시민들이 누리는 당연한 기본적 권리로 자리매김하게 되었다고 판단된다.

다음, 유럽헌법 제Ⅲ-125조에서는 연합시민들의 자유롭게 이동하고 거주할 권리에 대해 보다 구체적으로 규정하고 있다. 즉, 모든 연합 시민들을 위하여 자유이동과 거주권의 실행을 보다 용이할 필요가 있다면 각료이사회는 유럽법 혹은 유럽골격법을 통하여 이 목적을 달성하기 위한 조치를 채택할 수 있다. 단, 이 때, 유럽헌법이 이에 대한 조치를 채택할 권한을 부여하고 있는 경우에는 예외로 한다(1항). 마찬가지로 유럽헌법이 달리 규정하고 있지 않다면, 각료이사회는 유럽법 혹은 유럽골격법을 통해 여권, 신분증, 체류증(거주허가증) 및 이와 유사한 서류, 사회보장 혹은 사회보호와 관련한 조치를 채택할 수 있다. 이 경우에도 각료이사회는 유럽의회와의 협의 후 전원일치로 행동해야 한다(2항).

이처럼 유럽헌법은 자유롭게 이동하고 거주할 자유는 헌법상 보장된 유럽시민의 당연한 기본적 권리로 인정하고 있다. 물론 유럽법 혹은 유럽골격법을 통하여 이 목적을 달성하기 위한 조치를 채택할 수 있는(… peut établir …) 것은 각료이사회에게 달려 있고, 그 채택을 위해서는 '전원일치'에 의해야 한다. 이 점은 당해 분야에 대한 조치를 채택하는 과정에서 여전히 회원국들의 입장이 강하게 반영되리라는 것을 보여준다. 하지만 비록 관련 조치를 채택하기 위해서는 반드시 유럽의회와의 협의를 거쳐야 한다. 이 절차를 둠으로써 그나마 유럽헌법은 유럽의회를 통해 각료이사회의 권한 남용과 자의적 판단을 제어하기 위한 최소한의 장치를 마련하고 있다고 볼 수 있다.

(2) 선거권과 피선거권

유럽헌법 제I-10조 2항에 의해 보장되는 연합시민권의 두 번째 목록은 '유럽시민들의 선거권과 피선거권'이다. 즉, 다른 회원국에 거주하고 있는 유럽시민들은 회원국의 국민과 동등한 조건 하에 유럽의회 및 그들이 거주하고 있는 회원국의 지방선거에서의 선거권과 피선거권을 갖는다(유럽헌법 제III-126조).

유럽시민에 대한 유럽의회 및 지방선거에서의 선거권과 피선거권의 부여 여부는 국가주권과 불가분리의 관계에 있었으므로 연합의 시민의 지위와 관련하여 가장 민감한 문제 중의 하나였다. 이동의 자유를 향유하는 연합시민들에 대한 선거권 및 피선거권이 오직 지방 및 유럽의회선거에 대해서만 부여된 것만 보아도 알 수 있다. 더욱이 EC조약 제19조 1항·2항 후단에서 선거권과 피선거권은 "이사회가 위원회의 제안에 대해 유럽의회와의 협의를 거친 후 전원일치의 찬성으로 의결함으로써 채택하게 될 세부 절차에 따라 행사한다."고 하면서, 또한 그 세부 절차에는 "특정 회원국에 특유한 문제와 같은 정당한 사유에 기초한 적용유보조항을 둘 수 있다."고 규정하고 있다. 결국 이사회는 '전원일치'에 의해 이 권리에 대한 세부절차를 의결할 수 있을 뿐만 아니라 회원국들은 자국의 특유한 문제와 결부되는 경우에 '적용유보조항'을 둘 수도 있게 됨으로써 '이중안전장치'를 하고 있는 셈이다. 이와 같은 내용은 유럽헌법에 있어서도 별다른 차이를 보이고 있지 않다. 하지만 이사회-유럽위원회-유럽의회 세 기관 간의 관계에 대해 유럽헌법 제III-126조에서는 각료이사회가 EC조약과는 달리 유럽위원회의 제안을 요함이 없이 당해 사안에 대해 단지 유럽의회와의 협의 후 전원일치로 의결한다고 규정하고 있다. 이 규정이 적용되는 분야가 유럽의회 및 유럽시민들이 거주하고 있는 회원국의 지방선거에서의 선거권과 피선거권에 관한 것이므로 반드시 유럽의회와 협의를 거치도록 하고 있다고 판단된다.

상기 EC조약 제19조에 의해 부여된 권리의 실행을 위해 이사회는 아래의 두 가지 지침을 채택하였다.

① 국적국이 아닌 다른 회원국에서 거주하는 연합 시민을 위하여 유럽의회의 선거권 및 피선거권의 이행방법을 정하는 1993년 12월 6일자 이사회 지침 93/109 [14)]
② 국적국이 아닌 다른 회원국에서 거주하는 연합 시민을 위하여 지방선거권 및 피선거권의 이행방법을 정하는 1994년 12월 19일자 이사회 지침 94/80 [15)]

이 지침들은 선거권과 피선거권에 관한 공통원칙을 정하고 있는 반면, 다수의 문제점도 안고 있다.

첫째, 지침은 회원국들간 상이한 선거제도를 유럽차원에서 조화시키려는 시도를 하고 있다. 그 전형적인 예가 자국 국민과 다른 회원국 국민간에 존재하는 국적에 의거한 차별을 금지하고 있다. 위에서 보는 바와 같이, 비록 지방 및 유럽의회 선거권과 피선거권에 한정되고 있지만 이 권리를 행사하는데 있어 국적에 의거한 권리의 행사는 제한되지 않는다.

둘째, 지침은 다른 회원국에 거주하고 있는 시민들에게 그 회원국의 국민들과 동등한 조건 하에 선거권과 피선거권을 부여하고 있다. 하지만 유럽의회 선거의 경우, 이중 투표는 금지된다.[16)] 즉, 다른 회원국에 거주하고 있는 시민들은 거주국 혹은 본국 가운데 어디서 선거권과 피선거권을 행사할 것인지를 선택해야 하는 것이다. 그 후 이 선택의 의무는 지침 94/80에 의해 일부 개정되어 다른 회원국에 거주하는 국민들이 선거권을

---

14) JOCE L 329, p. 34.
15) JOCE L 368, p. 38. 이 지침은 오스트리아, 핀란드 및 스웨덴의 가입으로 1996년 5월 13일자 이사회 지침 96/30으로 개정되었음. JOCE L 122, p. 14.
16) 이 금지는 1976년 9월 20일자 이사회 결정 76/787에 부속된 '직접보통선거에서 유럽의회의 대표를 선출하기 위한 협정'(JOCE L 278, p. 1, 1983년 2월 1일자 이사회 결정으로 개정됨, JOCE L 33, p. 15)에서 유래한다.

•제2부 연합의 기본원리

행사할 수 있는 가의 여부에 대해 자율적으로 그 조건을 정할 수 있게 되었다.

셋째, 지침은 연합 시민들이 거주국의 국적을 가지고 있는가에 상관없이 동일한 대우를 하고 있다. 다시 말하면, 선거권은 그들의 거주기간을 고려하여 결정하며, 또 선거인명부의 등재도 차별적으로 취급되어서는 안된다. 그러나 만일 본국에서 유럽의회 선거권이 박탈된 경우, 거주국에서도 그 권리는 당연히 박탈된다. 이 점에서 본다면, 유럽시민들의 선거권과 피선거권의 선택의 자유는 회원국들에게 맡겨져 있다고 볼 수 있다.

(3) 제3국에서 외교적 보호를 받을 권리

유럽헌법 제I-10조 2항에 의해 보장되는 연합시민권의 세 번째 목록은 '제3국에서 외교적 보호를 받을 권리'이다. 즉, 연합시민은 본인의 국가가 대표되고 있지 않는 제3국에서 다른 회원국의 외교·영사에 관하여 다른 회원국의 국민들과 동일한 조건 하에서 보호받을 권리를 가진다. 각료이사회는 유럽법을 통해 외교적 보호를 용이하게 하기 위하여 필요한 조치를 채택할 수 있고, 역시 유럽의회와의 협의 후 의사결정을 하게 된다(유럽헌법 제III-127조. Cf. 유럽헌법 제II-106조). 이 경우, 위에서 살펴본 자유롭게 이동하고 거주할 권리와 선거권 및 피선거권에서와는 달리 그 의사결정에 있어 반드시 '전원일치'를 요구하고 있지 않다. 이 권리는 제3국에서 자국민이 다른 회원국에 의해 외교적 보호를 받는 것이기 때문에 회원국들로서도 구태여 전원일치에 의한 의사결정제도에 의지할 필요가 적은 까닭이다.

하지만 이처럼 이 권리가 가지는 그 실용적 의미가 상당함에도 불구하고, 현실적으로는 여전히 이론적인 수준에 머물러 있는 실정이다. 현재까지도 회원국들은 연합시민들의 외교적·영사적 보호권에 관한 그들간의 최소한의 공동기준에 대해 합의하고 있지 못한 것이다. 따라서 사고, 중대

질병, 체포, 구금 및 폭력 등에 의한 피해 등의 경우, 연합시민들이 영사적 보호를 받는 것은 현실적으로 많은 어려움이 따르게 된다. 이와 같은 문제점을 해결하기 위해 두 가지 결정이 채택되었는데, 외교적·영사적 대표에 의한 연합시민들의 보호에 관한 1995년 12월 19일자 결정 95/533[17])과 영사업무에 의해 채택되어야 할 실시 방법에 관한 결정이 바로 그것이다. 하지만 이 두 결정 역시 모든 회원국들이 그 적용에 필요한 절차를 채택해야만 효력을 발생하게 된다. 마찬가지로 1996년 6월 25일자 결정에 의해 '임시여행증의 교부에 관한 규칙(les régles d'établissement d'un titre de voyage provisoire)'[18])이 채택되었으나 이 역시 동일한 이유로 아직 효력을 발생하고 있지 못하다.

(4) 유럽의회 청원권, 유럽옴부즈맨 요청권 및 연합의 기관·기구에 대한 질의권·회신권

유럽헌법 제I-10조 2항에 의해 보장되는 연합시민권의 네 번째 목록은 '유럽의회 청원권, 유럽옴부즈맨 요청권 및 연합의 기관·기구에 대한 질의권·회신권'이다. 즉, 연합시민은 유럽의회 청원권, 유럽옴부즈맨 요청권 및 헌법상 모든 언어로 연합의 기관 및 기구에 질의하고, 같은 언어로 회신 받을 권리를 가진다(Cf. 유럽헌법 제III-128조).

이 권리는 EC조약 제207조 3항 및 제255조에 규정된 일반 대중의 문서이용권(접근권)과 아울러 연합시민들의 유럽통합 과정 참가를 보장하기 위한 것이다. 또한 이 권리는 유럽의 역할과 기능에 대한 일반 대중의 견해를 수용하기 위한 것이기도 하다. 특히 유럽헌법 제I-10조 2항은 '개방원칙과 시민들의 입장을 최대한 존중하여 내려진 결정에 의거하여 유럽인민들간 가장 긴밀한 연합을 창설'하겠다는 'EU조약' 제1조의 '긴밀성의 원

---

17) JOCE L 314, p. 73.
18) 96/409/PESC, JOCE L168, p. 4.

칙(principe de proximité)의 취지를 반영하고 있다. 따라서 ECJ를 비롯한 사법기구에의 접근과 더불어 연합시민들은 비사법기구에 대한 청원절차로서 유럽의회에 대해 제기하는 청원권과 옴부즈맨, 그리고 연합 기관과 기구에 대한 질의권 및 회신권을 향유할 수 있는 것이다.

1) 유럽의회에 대한 청원권

유럽의회에 대한 청원권은 "모든 연합시민은 ... 유럽의회에 청원할 수 있는 권리를 가진다."고 규정하고 있는 마스트리히트조약에 의해 개정된 EC조약 제8d조에 의해 명확하게 알려졌지만 사실 1953년부터 현실적으로 존재하고 있던 제도였다. 즉, '유럽석탄철강공동체 의회(Assemblée CECA)'는 내부규칙 제156조~제158조에서 청원에 관한 규정을 두고 있었던 것이다.

청원을 제기할 수 있는 자와 그 요건에 대해서는 유럽헌법 제III-334조 (Cf. 유럽헌법 제II-104조)에서 규정하고 있다. 즉, 청원을 제기할 수 있는 자는 연합의 시민, 회원국에 거주하거나 사무소를 등록하고 있는 자연인 및 법인이다. 청원의 요건은 '연합의 활동 범위에 속하는 문제(sur un sujet relevant des domaines d'activité d'Union)'여야 한다. 또한 청원의 주체는 당해 청원과 '직접적으로 관련이 있어야(concerner directement)' 한다. 청원의 절차와 형식에 대해서는 유럽헌법은 별다른 규정을 두고 있지 않다. 반면 이에 대해 '유럽의회절차규칙(règlement de procédure du Parlement européen)' 제156조 2항은 청원자의 이름, 직업, 국적 및 주소를 적도록 요구하고 있다.

유럽의회 '청원위원회(Commission des pétitions)'가 발간하는 연례보고서에 따르면, 대다수의 청원이 사회·환경문제와 관련되어 있음을 알 수 있다. 청원자들의 국적에 의한 청원 비율은 유동적이나 독일국적을 가진 청원자가 상대적으로 많다.[19]

2) 유럽옴부즈맨 요청권

유럽차원에서 처음으로 옴부즈맨이 임명된 것은 1995년 7월 12일이었으며, 그 법적 근거는 "모든 연합시민은 ... 옴부즈맨제도를 이용할 수 있다."고 규정한 마스트리히트조약에 의해 개정된 EC조약 제8d조였다.

옴부즈맨제도를 이용할 수 있는 자와 그 요건에 대해서는 유럽헌법 제Ⅲ-335조(Cf. 유럽헌법 제Ⅱ-103조)에서 규정하고 있다. 위의 청원권과 마찬가지로 옴부즈맨제도를 이용할 수 있는 자는 연합의 시민, 회원국에 거주하거나 사무소를 등록하고 있는 자연인 및 법인이다. 이 제도의 이용요건은 '연합의 기관, 기구 혹은 부속 기구의 잘못된 활동(cas de mauvaise administration dans l'action des institutions, organes ou organismes de l'Union)'과 관련된 문제이여야 한다. 단, ECJ 및 일심재판소가 심사하고 있는 사항에 대해서는 옴부즈맨제도를 이용할 수 없다(제Ⅲ-335조 1항; 제Ⅱ-103조 후단).

옴부즈맨은 혐의사실이 소송절차의 대상이거나 소송절차에 계류 중인 경우를 제외하고는 자발적으로 또는 자신에게 직접 제출되거나 유럽의회 의원을 통해 제출된 민원에 기초하여 근거가 있다고 판단되는 조사활동을 자신의 직무수행 조건에 따라 수행할 수 있다. 옴부즈맨은 공동체의 기관, 기구 혹은 부속기구가 잘못된 활동을 수행했다고 확정하는 경우에 이 문제를 해당 기관에 회부해야 하며, 해당 기관은 3개월 기간 이내에 자신의 의견을 옴부즈맨에게 통지해야 한다. 다음에 옴부즈맨은 유럽의회 및 해당 기관에 보고서를 제출해야 한다. 민원을 제기한 사람에게도 조사결과를 통지해야 한다. 그리고 옴부즈맨은 연례 조사결과 보고서를 유럽의회에 제출해야 한다(제Ⅲ-335조 1항).

옴부즈맨은 유럽의회의 선거가 있는 후에 의회의 임기와 동일한 임기

---

19) 청원위원회의 활동에 대한 상세한 내용은 다음 사이트를 참고할 것.
http://www.europarl.eu.int/committees/peti_home.htm

로 선임되고, 연임할 수 있다. 옴부즈맨은 그 직무수행에 필요한 조건을 더 이상 이행하지 않거나 중대한 위법행위를 범한 경우에 한하여 유럽의회 요청에 따라 ECJ의 사법적 판단에 의해서만 해임될 수 있다(제Ⅲ-335조 2항)고 규정함으로써 그 신분을 두텁게 보호하고 있다.

또한 옴부즈맨은 완전히 독립적인 지위에서 직무를 수행한다. 따라서 옴부즈맨은 직무수행과 관련하여 다른 기관으로부터 지시를 구하거나 받을 수 없을 뿐만 아니라 유급 여부를 불문하고 임기 중에 다른 직업에 종사할 수 없다(제Ⅲ-335조 3항).

민원이 제기되게 되면, 옴부즈맨들은 독립적으로 조사절차를 진행하게 된다. 하지만 옴부즈맨들은 과연 공동체의 기관과 기구들이 '잘못된 행동'을 했는가에 대해 조사만 할 수 있을 뿐 그 시정을 강제할 수 있는 권한은 가지고 있지 못하다. 다만, 관련 기관과 기구들이 시정조치를 취하지 않을 때에는 유럽법 차원의 사법절차를 이용하여 소송을 제기할 수 있다.

3) 본인이 선택한 언어로 연합의 기관·기구에 대한 질의권·회신권

연합시민들은 헌법상 모든 언어 중 하나를 사용하여 연합의 기관 및 기구에 질의하고, 같은 언어로 회신 받을 권리를 가진다(유럽헌법 제I-10조 2항 d)). 다시 말하면, 연합시민들은 누구나 본인이 선택한 언어로 연합의 모든 기관·기구에 대해 질의하고, 또 같은 언어로 회신을 받을 권리를 향유할 수 있다.

이 권리는 '연합 기관의 업무의 투명성(Transparence des travaux des instituions de l'Union)'에 관한 유럽헌법 제I-50조와 직접적인 관련을 맺고 있다. 동 조에 의하면, '선의의 지배(une bonne governance ; good governance)를 증진하고, 시민사회의 참가를 보장하기 위하여, 연합의 기관, 기구 및 부속기구는 개방의 원칙을 가능한 최대한 존중하는 차원에서(dans le plus grand respect possible du principe d'ouverture) 활동한다.'(1항)고 연합의 제 기관이 그 업무를 수행하는데 있어서 견지해야 할 투명성원칙에 관해 선언하고 있다. 이 원칙에 의거하여 '연합의 시민, 회원국에 거주하거나 등록 사무소가 있는 모든 자연인 또는 법인 등은 연합의 기관, 기구 및 부속기구의 문서를 이용할 수 있는 권리를 가진다.'(3항)[20]고 함으로써 연합시민들의 문서이용권을 보장하고 있다.[21] 문서이용에 관한 일반원칙과 그 한계는 유럽법에 의해 정해지게 되며(3항), 각 기관, 기구 및 부속기구는 그 이용에 관한 내부규칙을 채택해야 한다(4항 ; Cf. 제III-399조 1항 1문).

문서에 대한 접근권은 보다 넓은 의미에서 모든 연합시민들이 그 자신이 선택한 언어를 사용하여 질의하고, 회신을 받을 권리와도 밀접한 관련을 갖고 있다(Cf. 유럽헌법 제II-102조). 청원권 및 옴부즈맨 요청권과 마찬가지로 질의권 및 회신권에 있어서도 이 권리의 주체는 '모든 연합시민들(les citoyens de l'Union)'로서(유럽헌법 제I-10조 2항) '연합의 모든 기관(예, 유럽의회, 유럽이사회, 각료이사회, 위원회, ECJ, 감사원)과 협의기구(경제사회이사회, 지역위원회, 유럽투자은행)'에 대해 이 권리를 행사할 수 있다.

마지막으로 연합시민들은 '헌법상 모든 언어 중 하나를 사용하여(dans une des langues de la Constitution)'(유럽헌법 제I-10조 2항 d)) 질의권 및 회신권을 행사할 수 있는데, 이 때 헌법상 언어의 범위는 어디까지일까? 이에 대해 유럽헌법 제IV-448조를 원용할 수 있다. 동 조는 총 21개의 언어를 들고 있으나 이것은 단지 '예시(un exemplaire unique)'

---

20) 연합시민들이 이용할 수 있는 문서는 ECJ와 유럽중앙은행에서 발행한 것도 포함된다. 단, 이들 기관이 행정적 기능(fonctions administratives)을 수행한 문서에 한한다. 유럽헌법 제III-399조 1항 2문. 이에 반해, 유럽의회와 각료이사회는 입법절차와 관련된 문서의 공표를 보장함으로써 시민들이 자유롭게 문서에 접근할 수 있도록 해야 한다. 유럽헌법 제III-399조 2항.
21) 관련 사례로서 다음의 사건 참고. 1998년 6월 17일자 일심재판소 판결, T-174/95, *Svenska Journalistförbundets c. Conseil*, Rec., p. II-2289; 1998년 3월 3일자 명령, T-610/97, *Carlsen e.a. c. Conseil*, Rec., p. II-485.

에 불과하다고 볼 수 있다. 따라서 동 조에 열거된 이외의 소수민족의 언어를 사용해서도 질의하고 회신을 받을 수 있다고 보아야 한다. 그럼에도 불구하고, 과연 현실적으로 이에 대해 얼마나 적절한 회신을 해줄 수 있는지 여전히 의문이 남는 점은 부인할 수 없다.

4. 유럽시민권 제도의 문제점과 개선방안

본 장에서는 유럽헌법에 규정된 연합 시민권의 법적 지위에 대해 주요 쟁점별로 검토하였다. 연합시민권은 마스트리히트조약에서 처음으로 도입한 이래 지난 10여년 동안 유럽 시민들의 법적 지위만이 아니라 유럽 혹은 유럽인들의 정체성 향상에 많은 기여를 해왔다. 아래에서는 결론적으로 볼 때 유럽시민권제도가 가진 장단점에 대한 검토를 통해 그 개선방안을 모색하고자 한다.

첫째, 연합시민권은 기본권으로 인정되는가에 관한 것이다. 유럽헌법은 제1편 제2부에서 '기본권과 연합시민권(Partie I, Titre II-Les droits fondamentaux et la citoyeenté de l'Union)'이란 제하에 제I-9조에서 '기본권', 제I-10조에서 '연합시민권'에 대한 기본규정을 두고 있다. 하지만 이 체제만을 가지고는 과연 유럽헌법에 있어 연합시민권이 기본권의 기본목록에 포함되는지, 또 양자의 관계는 어떠한가에 대해서는 명확하게 파악할 수 없다. 제I-9조와 제I-10조 어디에도 이에 관한 명시적인 규정을 두고 있지 않기 때문이다. 이를 파악하기 위해서는 '연합의 기본권헌장'에 대한 유럽헌법 제2편(Partie II)을 살펴볼 필요가 있다. 즉, 유럽헌법은 제2편 5부에서 '시민권'이란 제하에 제II-99~제II-106조를 통해 본문에서 검토한 연합시민권의 구체적 목록에 대한 별도의 조문을 두고 있다. 이와 같은 측면에서 볼 때, 비록 기본권과 연합시민권에 관한 명시적인 규정은 없다고 할지라도 후자는 전자에 포함된다고 볼 수 있다. 따라서 연합시민권은 유럽헌법상 기본권적 지위를 획득했다고 판단된다.

둘째, 이중국적의 문제이다. 유럽헌법은 국가적 시민권과 유럽시민권의 연결점으로 회원국의 '국적'을 설정하고 있다. 따라서 유럽시민권을 취득하기 위해서는 '하나 이상의 회원국의 국적' 취득이 전제되어야 하는 것이다. 이처럼 국적에 의한 유럽시민권 취득의 제한은 제3국 국민이나 정치적 소수자(예 : 정치적 망명자, 난민)의 역내에서의 자유로운 이동을 제한할 수 있다는 비판을 면할 수 없다. 현재로서는 적어도 EU이 완전한 연방제는 아니라 할지라도 유럽헌법의 제정 취지는 결국 연방제를 전제로 한 정치공동체의 설립을 염두에 두고 있다. 그럼에도 불구하고, 국가적 시민권을 유럽시민권 취득의 전제조건(국가적 시민권 > 유럽시민권)으로 설정한 점은 아쉬움으로 남는다. 따라서 적어도 정치적 소수자들에 대해서만이라도 이 조건을 완화하여 '국가적 시민권 ≥ 유럽시민권'의 등식이 성립될 수 있도록 해야 할 것이다.

셋째, 유럽시민권의 적용 대상이 되는 분야에 대해 각료이사회에서 '전원일치제'의 의사결정방법을 적용하는 것 역시 재고되어야 할 문제이다. 물론 위의 이중국적과 관련한 문제에서도 살펴보았듯이, 유럽시민권이 회원국 차원에서 수용되고 실행되기 위해서는 회원국들의 동의가 필요하다. 하지만 25개국으로 확대된 EU에서 전원일치제는 의사결정 기간을 지연시키고 그 절차의 유효성을 침해할 우려가 있고, 유럽헌법은 제III-396조에서 '일반입법절차'에 대해 규정하면서 가중다수결을 주된 의사결정방식으로 채택하고 있다. 또한 그동안 전원일치제는 주로 '헌법적 조치' 사항에 대해서 적용되었다. 과연 유럽시민권이 '헌법적 조치'에 해당되는 사안인가에 대해서는 견해가 다를 수 있으나 유럽시민들의 정치적 권리를 보장하기 위하여 도입된 이 제도에 전원일치제를 적용하는 것은 무리가 있다고 본다. 향후 유럽시민권에 대한 의결에는 가중다수결제도가 적용되는 것이 바람직할 것이다.

제 3 부
연합의 기관

제1장 연합의 기관 : 그 제도적 틀을 중심으로

1. 서 론 : 유럽헌법의 제도적 틀

현행 EU의 기본기구체제는 6대 기관(유럽의회, 각료이사회, 위원회, ECJ, 회계감사원, 유럽중앙은행) 및 기타 3대 주요 부차기구(유럽경제사회이사회, 지역위원회, 유럽투자은행)로 구성되어 있다. 하지만 유럽헌법은 이를 대폭 개편했다. 즉, 유럽헌법은 기관(institutions)을 '제도적 틀(the institutional framework)에 속하는 기관'과 '기타 기관(other institutions)'으로 구분하고, 이에 속하지 않는 기구는 '부수적 기구(advisory bodies)'에 포함시켰다.

제도적 틀에 대해 규정하고 있는 것은 헌법조약 제I-19조이다. 동 조는 "제도적 틀은 유럽의회(European Parliament), 유럽이사회(European Council), 각료이사회(Council of Ministers), 유럽위원회(European Commission) 및 유럽연합사법재판소(Court of Justice of the European Union)를 포함한다."고 규정하고 있다. 즉, 유럽헌법은 이들 5대

기관만이 제도적 틀에 포함된다는 것을 명시하고 있을 뿐 그 개념에 대해서는 명확하게 언급하고 있지 않다. 이 규정에 의거하여, 유럽이사회는 자격이 충분한 기관으로서 인정되게 되었지만 반대로 회계감사원(Court of Auditors)은 기본적 제도적 틀에 포함되지 못하고 말았다. 즉, 후자는 유럽중앙은행과 마찬가지로 "기타 기관 및 부수적 기구(Other institutions and advisory bodies)"라는 제하에 형식적으로는 기관의 지위를 갖지만 제4부 제2장(Chapter II of Title IV)에서 분리되어 언급되고 있다. 다섯 개의 핵심 기관들(유럽의회, 유럽이사회, 각료이사회, 유럽위원회 및 ECJ)과는 별도로 두 개의 장(chapters)으로 분리된 이와 같은 새로운 표현방식은 그들의 의무 수행에 있어 기타 기관들과는 완전하게 독립된 두 개의 부차적 기관(회계감사원 및 유럽중앙은행)의 형식을 띠고 있다〈표 1〉.

〈표 1〉 유럽헌법상 기구의 구조

현 행		유럽헌법		비 고
명 칭	유 형	명 칭	유 형	
기 관	유럽위원회 (각료)이사회 유럽의회 ECJ 회계감사원	제도적 틀	유럽위원회 유럽이사회 각료이사회 유럽의회 ECJ	기관을 제도적 틀과 기타 기관으로 분리
		기타 기관	회계감사원 유럽중앙은행	
부수적 기구	지역위원회 경제사회이사회	부수적 기구	지역위원회 경제사회이사회	별다른 변화 없음

결국 기관으로 분류된 것은 모두 일곱 개의 기구이다. 이 일곱 개 가운데 네 개의 핵심기관(유럽의회, 유럽이사회, 각료이사회 및 위원회)과

관련한 규정에 대해 실질적인 변경이 행해졌으나 ECJ의 경우에는 단지 일부 규정에 대해서만 변경이 행해졌다. 기타 EU 기관 및 기구의 경우, 지역위원회(Committee of the Regions : COR) 및 경제사회이사회(European Economic and Social Committee : EESC) 위원들의 임기가 연장된 것 외에는 거의 어떠한 개정도 행해지지 않았다. 마찬가지로 헌법은 EC조약에 부속된 기존의 의정서에 포함되어 있는 제 기관의 소재지에 대해서도 어떠한 변경도 하지 않았다. 또한 헌법은 상호 성실한 협력(제I-19조 및 제III-397조)을 해야 하는 제 기관간 협의와 협력의 개념은 변경을 가함이 없이 그대로 수용했다.

본 장에서는 유럽헌법상 제도적 틀에 속하는 5대 기본기관의 법적 지위와 역할에 대해 분석하고자 한다. 이 가운데서도 현행 제도에 비해 많은 변경이 가해진 유럽의회, 유럽이사회, 각료이사회 및 유럽위원회 등 4대 기관에 대해 보다 상세하게 검토하기로 한다. 이에 비해 ECJ는 현 제도와 그리 큰 차이점이 없으므로 간략하게 언급한다. 그리고 이 기관들의 주요 특징 및 의의에 대해 분석하고자 한다.

2. 유럽의회

(1) 일반 규정

유럽의회와 관련하여 헌법에 의해 도입된 개혁은 다음과 같은 두 가지 주제, 즉 ① 연합의 의사결정절차에서 의회의 권한 확대 및 ② 회원국간 새로운 의석 배분 제도의 창출에 중점이 맞춰져 있다. 기타 기관의 경우와 마찬가지로 헌법은 예견가능성을 높일 목적으로 헌법조약의 첫 번째 편(제1편, the first part)에서, 그것도 단일 조문(제I-20조)으로 의회와 관련한 가장 중요한 규칙을 정하고 있다.

이처럼 의회와 관련한 일반 규칙을 정하고 있는 것은 헌법조약 제I-20

조이다. 헌법은 입법 및 예산 기능을 의회와 각료이사회에게 부여하고 있다. 그리하여 의회는 이 두 가지 기능면에서 각료이사회와 함께 동등한 입장을 가지게 되었다. 게다가 의회는 헌법에서 규정된 바와 같이 정치적 통제와 협의 기능(예를 들어, 위원회 또는 예산 집행 통제)을 가지고 있다.

또한 헌법에 의하면, 향후 위원회의 위원장은 유럽이사회의 제안에 의거하여 행동하는 그 위원들의 다수결로 유럽의회에 의해 선출되게 된다.1) 이와 같은 개정 의도는 유럽선거와 의회의 중요성을 강화하고, 또한 의회에 대해 위원회 위원장의 책임성을 보다 명확하게 하고자 함이다.

(2) 의회의 구성

헌법조약은 유럽의회 의원들을 선출하기 위한 유럽선거(European elections)를 위한 절차에 대해서 어떠한 변경도 가하지 않았다. 이 선거는 보통, 직접, 자유 및 비밀선거에 의하여 행해지고, 유럽시민들은 5년 임기의 의원들을 선출한다(제I-20조). 제III-330조에서 헌법은 현재까지 그 사례는 없지만 향후 유럽선거는 모든 회원국에서 통일된 절차에 따라 행해져야 한다고 규정하고 있다. 법 혹은 골격법을 통해 이에 필요한 조치를 마련해야 한다.

헌법조약은 니스조약에 정해진 현행 의석수보다 늘려 최대 의석수를 750석으로 정하고 있다. 회원국당 최소 의석수는 6석으로서 이는 인구가 가장 적은 회원국 시민들에 대해서도 그들의 정치적 의견이 유럽의회에서 대표될 수 있는 기회를 부여하기 위하여 도입되었다. 반대로 회원국당 최대 의석수는 96석인데, 헌법조약에서 처음으로 규정되었다. 헌법은 회원국당 최대·최소 의석수를 구체적으로 정함으로써 기존의 제 조약에 기술

---

1) 이 제안은 유럽의회 의원 선거(소위 '유럽 선거(the European elections)')의 결과를 참작해야만 한다.

된 전통을 깨뜨리고 있다.2) 게다가 헌법조약은 유럽의회 의원들이 감각적 비례제도(degressively proportional)에 의해 선출된다고 하는 의석할당규칙(allocation rule)을 확립하고 있다(제I-20조).

2009년 유럽의회선거(European Parliamentary elections) 이전에 유럽이사회는 유럽의회의 제안과 그 동의에 의거하여 의회의 구성에 관한 결정을 전원일치로 채택해야 한다. 따라서 그 구성에 관한 새로운 규칙은 유럽의회의 제안에 의거하게 됨으로써 의회 자신이 그 구성에 지대한 영향을 미치게 되었다. 이러한 면에서 볼 때, 만일 연합의 새로운 확대가 행해진다고 할지라도 헌법을 개정할 필요는 없으며, 위와 동일한 절차를 거쳐 의석을 배분하면 충분할 것이다.

(3) 입법절차

헌법은 연합의 입법절차를 상당할 정도로 단순화시켰다. 현행 '공동결정절차(co-decision procedure)'를 모델로 한 '일반입법절차(ordinary legislative procedure)의 도입(제I-34조 및 제III-396조)'은 유럽의회에게 각료이사회와 동등한 입법권한을 주게 될 것이다. 유럽법 및 유럽골격법은 제III-396조의 절차에 따라 유럽의회 및 각료이사회에 의해 채택된다. 헌법은 이 입법절차를 상당히 많은 조문에 적용하여 그 영역을 확대함으로써 유럽의회에 대해 보다 많은 의사결정 권한을 부여하였다. 특별절차에 따라 채택되는 특정 유럽법과 유럽골격법에 대해 헌법은 유럽의

---

2) 현행 제도는 유럽의회의 의석 수를 인구 비례로 정하고 있다. 예를 들어, 인구 규모가 가장 적은 룩셈부르크는 6석인데 비하여 인구가 가장 많은 독일에게는 99석을 배정하고 있다. 이 제도는 인구 규모가 적은 회원국들에 의해 많은 비판을 받아왔다. Cf. EC조약 제190조 2항. 특히 2004-2009년도 유럽선거에 적용되는 니스조약에 첨부된 'EU의 확대에 관한 의정서(Protocole sur l'élargissement de l'Union européenne)' 제2조 1항을 참고하라. 그리고 2004-2009년 의원들에 대한 보다 상세한 내용, 즉 니스조약 및 신입회원국과 함께 체결한 가입조약에 규정된 의석의 배분이 '연합의 기관 및 부수적 기구와 관련한 과도규정에 관한 의정서(Protocol on the transitional provisions relating to the institutions and bodies of the Union)'에 규정되어 있다.

회가 문제의 행위에 대해 협의 혹은 승인해야 한다고 규정하고 있다.

예산절차(제Ⅲ-403조 ~ 제Ⅲ-409조)에 있어서도 의회의 권한은 한층 강화되었다. 즉, 예산절차도 일반입법절차에 따라 의회와 이사회간 단 한차례의 독회와 조정만 거치면 된다. 게다가 강제비용과 비강제비용(compulsory and non-compulsory expenditure)[3]간 묶은 구별은 폐지되었는데, 이는 의회의 영향력이 전 예산 영역으로 확대되었다는 것을 의미한다. 이전에는 비강제비용만이 의회에 의해 최종적으로 승인되어야 했을 뿐이다.[4]

3. 유럽이사회

(1) 일반 규정

헌법조약은 연합의 일 기관으로 유럽이사회를 설립[5]했으며, 각료이사회와 대별되는 보다 명확하게 정의된 역할을 부여했다. 따라서 제I-21조는 연합의 발전에 있어 유럽이사회의 역할에 대한 정의를 다음과 같이 반복하고 있다. "유럽이사회는 연합에 대해 그 발전에 필요한 자극을 주고,

---

[3] 강제비용이란 연합의 예산에 있어 제설립조약 또는 조약에 따라 채택된 조치로 인해 필수적으로 발생하는 비용을 말하고, 비강제비용이란 필수적으로 발생하지 않는 비용을 말한다. 현행 예산 절차 및 위 두 비용의 차이점에 대한 설명은 다음 URL을 참고하라. http://www.europarl.eu.int/factsheets/1_4_3_en.htm (검색일 : 2005. 11. 15)

[4] 위에서 검토한 내용 외에도 유럽헌법은 제Ⅲ-330조~제Ⅲ-340조에서 유럽의회에 대한 보다 특별한 규칙들을 정하고 있다(유럽선거, 작업 방법, 연회기, 임시조사위원회, 시민청원권, 유럽옴부즈맨의 역할, 절차규칙의 채택, 위원회에 대한 징계 등). 하지만 그 내용들은 기존의 제 조약에 규정된 내용과 별반 차이가 없다.

[5] 1960년대부터 비정기적으로 모임을 가졌으나 1974년부터 보다 정기적으로 개최되던 유럽이사회는 유럽통합에서 핵심적인 역할을 수행했다. 유럽이사회의 성격과 역할은 실제적인 경험을 통하여 점진적으로 확립되었다. 유럽이사회는 단일유럽법에서 처음으로 언급되었으나 기관으로 확립되지는 못했다. EU조약(Treaty on European Union)은 연합의 발전을 위해 필요한 추진력을 제공하는 것이 유럽이사회의 역할이라고 정의하고, 일반정책가이드라인을 제시했다. 게다가 EU조약은 공동외교안보정책(Common Foreign and Security Policy : CFSP) 및 경제통화동맹(Economic and Monetary Union : EMU)과 관련하여 유럽이사회에게 특수한 역할을 부여했다.

그 일반적인 정책적 목표 및 그를 위한 우선순위를 정한다." 연합의 대외행동에 관하여, 헌법은 유럽이사회가 연합의 전략적 이익과 목표를 제시할 것이라고 규정하고 있다(제Ⅲ-293조). 그러나 제정책의 실제적 이행은 기타 기관들(위원회, 유럽의회, 이사회)의 책임 하에 놓여있다. 그럼에도 불구하고, 유럽이사회는 공동외교안보정책에서 보다 실제적인 역할을 수행하게 된다.

또한 헌법은 보다 헌법적 성질을 가지는 특정 결정이 유럽이사회에 의해 채택될 것이라고 규정하고 있다. 예를 들어, 유럽의회의 구성(제I-20조), 이사회 의장제의 순번에 관한 배정(제I-24조), 위원회의 구성을 위한 동등한 순환방식에 따른 순번제도(제I-26조), 연합의 제가치에 대한 심각하고 지속적인 위반시 당해 회원국의 권리 제한(제I-59조) 및 전원일치투표의 법적 기초로부터 가중다수결투표로의 전환(제Ⅳ-445조) 등과 관련한 결정이 이에 해당한다.

유럽이사회는 유럽의회에 대해 위원회 위원장의 후보자 1인을 제안하고(제I-27조), 위원회 위원장의 동의하에 연합외무부장관을 임명하는(제I-28조) 등 임명권에 대해 핵심적 역할을 한다.

헌법은 유럽이사회가 입법 기능을 행사하지 않는다는 점을 명확하게 지적하고 있다. 모든 유럽법 혹은 유럽골격법은 대부분의 경우에 유럽의회와 연대하여 각료이사회에 의해 채택되어야 한다. 그러나 유럽이사회는 헌법에 명확하게 정의된 경우 언제든지 입법행위에 대해 논의할 것을 요청할 수 있다. 이를 소위 '긴급제안절차(emergency brake procedure)'라 한다.

마지막으로, 헌법은 유럽이사회의 제 결정이 헌법에 달리 규정하는 것을 제외하고는 총의(consensus)에 의해 채택된다고 규정하고 있다.[6]

---

[6] 이 외에도 유럽이사회와 관련하여 헌법 제Ⅲ-341조를 살펴볼 필요가 있다. 동 조는 유럽이사회가 유효하게 기능하는데 필요한 내용을 담고 있다. 특히 그 투표권에 관하여, 유럽이사회의 위원들은 기타 위원들의 이익을 위해 투표권을 위임받을 수 있다(1항 전단). 또

(2) 유럽이사회의 구성

유럽이사회는 회원국의 국가 원수 또는 정부수반, 의장 및 위원회 위원장으로 구성된다. 연합 외무부장관도 그 활동에 참가한다. 유럽이사회 위원들은 의제에 따라 필요하다면 각료 한 명, 또 위원회 위원장의 경우에는 위원회 위원 한 명의 조력을 받을 수 있다(제I-21조). 유럽의회의 의장도 유럽이사회에 초대받을 수 있다(제III-341조).

유럽이사회는 세 달에 한번 의장에 의해 소집된다. 필요하다면, 의장은 유럽이사회의 특별회의를 소집한다(제I-21조).

(3) 유럽이사회 의장

유럽미래회의는 매 6개월씩 순환하여 의장직을 수행하는 기존의 제도를 대체하는 상설 유럽이사회 의장제를 마련하기 위한 가능성에 대해 오랫동안 논의했다. 유럽미래회의에서 논의되고 IGC에서 확인한 합의 사항은 유럽이사회 작업의 일관성을 유지하고, 연합의 범위 내에서 기관의 균형을 무력화함이 없이 그 정책을 발전시킬 보다 명확하게 정의된 권한을 가진 의장을 임명하자는 것이었다. 이처럼 유럽미래회의에 의해 제안된 바와 같이, 헌법조약은 현재 윤번제로 운영되고 있는 유럽이사회의 의장직7)을 상설 의장제로 변경하였다.

제I-22조에 의하면, 유럽이사회의 의장은 동 이사회에 의해 가중다수결로 선출되며, 2년 6개월 동안 그 임기를 수행하게 된다. 만일 비리 또는 중대한 과실이 있는 경우에는 동일한 절차에 의해 유럽이사회에 의해

한 출석 중인 위원 본인 또는 대리인이 기권한다고 할지라도 전원일치를 필요로 하는 유럽이사회의 의결의 성립을 방해할 수 없다(1항 후단). 유럽이사회는 그 절차 규칙의 제정시 단순다수결로 결정한다(3항. 또한 유럽이사회는 각료이사회 사무국의 보좌를 받으며, 그 자신의 사무국은 두지 않는다(4항).

7) 현재는 유럽이사회 의장은 회원국명을 표기함에 있어 영문 알파벳 순서에 따라 6개월씩 윤번제로 운영되고 있다.

해임된다(1항).

유럽이사회 의장은 다음과 같은 임무를 수행한다.

- 유럽이사회의 업무를 주재하고 추진한다.
- 위원회의 위원장과 협력하여, 또 일반직무이사회(General Affairs Council)의 업무에 의거하여 그 준비와 계속성을 보장한다.
- 유럽이사회 내에서 결속과 총의(consensus)가 촉진되도록 노력한다.
- 매 회의 후 유럽의회에 보고서를 제출한다.

그리고 유럽이사회 의장은 그 수준 및 그 능력 내에서 연합 외무부장관의 권한을 해함이 없이 공동외교안보정책과 관련한 문제에 관하여 연합의 대외적 대표성을 보장한다(제I-22조 2항).

마지막으로 헌법은 유럽이사회 의장은 개별 국가의 지시를 수행할 수 없다고 규정하고 있다(제I-22조 3항). 따라서 현재와 같이 회원국의 국가원수 혹은 정부수반이 유럽이사회의 의장이 되는 것은 사실상 불가능할 것이다. 그러나 유럽이사회 의장이 다른 유럽 기관의 범위 내에서 동일한 시기에 다른 지시를 수행하는 것까지 방지하지는 못할 것이다. 이와 같은 측면에서 볼 때, 만일 회원국들이 원한다면, 향후 유럽이사회 의장과 유럽위원회 위원장의 기능이 통합될 가능성도 배제할 수 없다.

4. 각료이사회

(1) 일반 규정

회원국을 대표하는 기구인 이사회의 개혁은 유럽미래회의와 IGC 논의의 핵심 사항이었다.[8] 헌법조약은 이 기관에 영향을 미치는 중대한 내용

---

[8] 유럽미래회의와 IGC에서 논의된 사항에 대해서는 다음 URL를 각각 참고하라.
유럽미래회의 : http://europa.eu.int/scadplus/european_convention/council_en.htm

들을 도입하였다.

헌법 제I-23조는 각료이사회(Council of Ministers, 이하 '이사회')의 주요한 작업 내용 및 그 구성에 대해 규정하고 있다. 이사회는 유럽의회와 함께 법률을 제정하고, 예산을 수립한다. 또한 이사회는 헌법에 규정된 바에 따라 정책의 수립 및 조정기능을 수행한다(1항). 기존의 제 조약에 의해 이사회에게 부여된 집행권한은 언급되어 있지 않지만 그에 대해서는 이행행위(implementing acts)에 관한 제I-37조에 찾아볼 수 있다. 사실, 일반규칙에 따라 행위의 이행을 위한 책임은 위원회와 관련되어 있다. 즉, 이사회 임무는 충분히 정당화된 경우 및 공동외교안보정책(CFSP) 분야에만 한정된다.

헌법상 달리 규정되어 있지 않다면, 이사회의 결정은 가중다수결에 의해 채택된다(제I-23조 3항). 현재에는 제 조약상 달리 규정되어 있지 않다면, 이사회는 그 위원들의 단순다수결로 그 결정을 채택한다. 따라서 제 조약이 전원일치 또는 가중다수결을 언급하고 있는 경우는 좀처럼 없다. 현행 의사결정제도와는 달리 유럽헌법조약은 가중다수결투표를 일반규칙으로 삼고 있다. 그 결과, 이사회 의사결정과 관련한 조문에서 가중다수결투표에 관한 내용은 모두 삭제되었다.

헌법은 각 회원국당 한 명의 각료급 대표로 구성된다는 이사회의 구성에 관한 기존의 규정을 그대로 채택했다(제I-23조 2항 전단). 그리고 해당대표는 자신이 대표하는 회원국의 정부를 구속하는 행동을 하고, 투표권을 행사할 권한이 있다(제I-23조 2항 후단). 다만, 이에 대해서는 제III-343조에 규정된 바와 같이 다른 회원국에 대한 투표권 위임의 가능성이 제외된다.[9]

(검색일 : 2005. 9. 6)
 IGC : http://europa.eu.int/scadplus/cig2004/debates1_en.htm (검색일 : 2005. 9. 6)
9) 이 외의 주요 변경 사항은 다음과 같다.
 ① 헌법조약 제III-342조~제III-345조는 이사회와 그 내부 작업과 관련한 기타 규정

•제3부 연합의 기관

(2) 이사회의 구성

현행 제 조약에서는 명문의 규정을 두고 있지 않지만 유럽헌법조약은 기존의 관행에 따라 이사회는 다양한 구성으로 설치된다(제I-24조 1항)고 규정하고 있다. 특히 헌법에는 두 종류의 이사회, 즉 일반직무이사회(General Affairs Council)와 외무이사회(Foreign Affairs Council)에 대해 언급되어 있다. 이는 현행 일반직무·대외관계이사회(General Affairs and External Relations Council)를 업무에 기초하여 분할한 것이다. 그 업무에 대해 분설하면 다음과 같다.

먼저, 헌법은 다양하게 구성되어 있는 이사회 작업의 일관성을 보장하기 위하여 일반직무이사회를 설치한다고 규정하고 있다(제I-24조 2항 전단). 다양한 이사회의 회의가 열리면, 이사회는 유럽이사회 의장 및 위원회와 연대하여 유럽이사회의 회의를 준비하고, 그 회의가 지속되도록 보장해야 한다(제I-24조 2항 후단).

다음, 외무이사회는 유럽이사회의 전략적 결정에 따라 연합의 대외적 행동을 마련하고, 연합의 행동의 일관성을 보장한다(제I-24조 3항). 외무이사회는 연합외무부장관에 의해 주재된다. 또한 유럽헌법은 제I-24조에 의하면, 유럽이사회는 이사회의 회의시(예: 재정경제직무각료들(Ministers of Finance and Economic Affairs)) 이사회의 다른 구성 목록을 정하는 유럽결정을 가중다수결로 채택한다(제I-24조 4항).

이사회는 법률안에 대해 심의 또는 표결할 때는 공개회의를 연다. 이 목적을 위하여 이사회의 각 회의는 2부로, 즉 연합의 입법행위에 관한 심

(투표 절차, 내부 조직, 이사회 사무국 등)을 포함하고 있다. 이 조항들은 주로 EC조약 제202조~210조의 내용을 일부 변경하여 수용하고 있다.
② 현행 EC조약 제205조에 규정된 이사회에서의 투표가중치는 폐지되었다는 점은 주의를 요한다. 헌법은 가중다수결 및 2009년 11월 1일부터 적용되는 회원국과 인구를 고려하는 이중다수결(double majority)을 도입했다.
③ 헌법의 발효일과 2009년 11월 1일 사이의 과도기간 동안에는 헌법은 니스조약에 의해 설립된 제도가 유지되는 연합의 기관 및 부속기구에 관한 의정서를 언급하고 있다.

의를 하는 회의와 입법행위와 관련이 없는 회의로 구분된다(제I-24조 6항). 이리하여 이사회의 입법 및 집행 기능은 보다 명확하게 분리되게 되었고, 그 작업 역시 보다 투명하게 되었다.

(3) 이사회 의장

헌법조약은 이사회의 구성상 의장직은 외무이사회를 제외하고 유럽이사회의 유럽결정에 의해 정해진 조건에 일치하여 균등순환방식에 따라 이사회에서 회원국의 대표에 의해 수행된다고 규정하고 있다(제I-24조 7항). 그리고 외무이사회는 연합외무부장관에 의해 주재된다.

헌법은 이와 같은 균등순환방식이 어떻게 행해지는가에 대해서는 특정하고 있지 않다. 하지만 이에 관한 규칙은 가중다수결로 행동하는 유럽이사회에 의해 채택된 유럽결정으로 설립될 것이다(제I-27조 7항). 이 방식은 헌법의 개정없이 변경될 가능성도 있다. 한편, IGC는 이와 같은 결정의 내용에 대해 동의했는데, IGC의 최종의정서(Final Act)에 첨부된 선언(Declaration on Article I-24(7) concerning the European Council decision on the exercise of the Presidency of the Council)에 포함되어 있다. 즉, 이사회 의장은 18개월 동안 3개 회원국으로 구성된 그룹들에 의해 수행된다. 그 그룹들은 연합의 범위 내에서 다양성과 지리적 균형을 고려하여 회원국간 동등한 순환방식에 의거하여 운영된다. 그룹의 각 위원은 6개월 동안 순환하여 의장이 된다. 그리고 그 그룹의 다른 위원들은 그들의 공동 프로그램의 기초 위에서 모든 책임을 지고 의장을 보좌한다. 유럽이사회는 헌법이 서명되면 곧 이 결정의 준비를 시작해야 하고, 6개월 내에 정치적 합의에 이르러야 한다.

5. 유럽위원회

(1) 일반규정

헌법은 위원회의 기능을 확정하고, 그 위원의 수와 관련한 기존의 규칙을 보충하고 있다. 유럽미래회의와 IGC에 의해 검토된 가장 핵심 주제 중 하나였던 위원회의 구성은 니스조약에 의해 제안된 모델에 의거하고 있다. 하지만 위원회 부위원장의 1인이 되는 외무부장관직의 신설을 제외하면 큰 변화는 없다.

헌법조약은 법안 발의(제안)권, 집행 기능, 공동체법의 적용 감독, 예산 집행 및 계획의 운영 등 위원회의 본질적 기능에 대해 다시 한번 확인하고 있다(제I-26조). 또한 위원회는 공동외교안보정책 분야를 제외하고 대외적으로 연합을 대표하며, 연합의 년간 및 다년간 계획을 준비한다는 점에 대해서도 명확히 밝히고 있다(1항). 헌법은 위원회의 집단책임원칙(principle of collective accountability)과 의회에 대한 책임에 대해서도 규정하고 있다(8항). 위원회의 임기는 5년이며(3항), 완전히 독립하여 책임을 다해야 한다(7항).

제I-26조, 제I-27조 및 제I-28조는 위원회의 구성(제I-26조), 위원장의 선출과 역할(제I-27조) 및 외무부장관의 기능(제I-28조)에 관하여 헌법에 의해 도입된 새로운 내용을 포함하고 있다. 그리고 EC조약의 위원단(College)의 내부조직에 관한 기타 규정과 마찬가지로 그 임명, 교체 및 퇴직은 제III-347조~제III-352조(제3편 제6장 '연합의 기능')에 포함되어 있다.

(2) 구 성

헌법은 투표권이 있는 13명의 위원들과 투표권이 없는 1명의 위원으로 위원회 위원단을 구성하자[10]는 유럽미래회의 위원들의 제안을 받아들이지 않았다. 그 대신, 헌법은 니스조약에 제시된 것과 유사한 해결법을 채택했다. 즉, 위원회는 각 회원국당 1명의 국민으로 구성되며(제I-26조 5항), 위원회 위원은 회원국간 균등순환방식(system of equal rotation)에 따라 회원국의 국민 중에서 선출된다(제I-26조 6항).

헌법에 의하면, 그 규정에 의거한 첫 번째 위원회(2009년 위원회)는 그 의장과 연합 외무부장관을 포함하여 각 회원국당 1명의 국민으로 구성되게 된다(제I-26조 5항).

2014년부터 위원회의 규모는 축소되어 회원국 수의 3분의 2에 상당하는 수의 위원으로 구성되게 될 것이다. 향후 유럽이사회가 전원일치로 그 변경에 관한 결정을 하지 않는 한 위원회 위원의 수는 변경될 수 없다(제I-26조 5항).

축소된 규모의 위원회에 있어 위원들은 회원국간 균등순환방식에 따라 선출된다. 이 방식은 유럽이사회에 의해 전원일치로 채택되는 유럽결정에 의해 확립되며, 아래의 원칙에 의거하게 될 것이다(제I-26조 6항).

- 회원국은 위원회에서 자국 국민의 순번 및 임기를 결정함에 있어서 완전 평등하게 대우한다. 따라서 2개 회원국의 국민이 가지는 대표권의 총수의 차는 1개 회원국이 가지는 대표권의 총수를 상회할 수 없다.
- 위원회는 회원국 전체의 인구 및 지리적 분포가 충분하게 반영되도록 구성된다.

현행 위원회는 니스조약과 중동부 유럽 10개국의 가입조약에 의해 개정된 EC조약의 관련 규정이 적용되어 회원국당 1명의 위원이 임명된다. 확대된 위원회에 있어 회원국의 대표권과 관련하여 채택된 신규정과는 별도로 헌법은 외무부장관직의 신설에 관한 규정을 도입했다. 이에 대해서

---

10) http://europa.eu.int/scadplus/european_convention/commission_en.htm
#COMPOSITION (검색일 : 2005. 9. 13)

• 제3부 연합의 기관

는 항을 달리하여 상세하게 검토하기로 한다.

(3) 위원회 위원장

헌법은 위원장의 임명 방식에 대해서는 어떠한 본질적인 변경도 가하지 않았다. 단, 유럽이사회가 유럽의회에 의해 선출될 위원장 후보를 제안할 때 유럽의회의 선거 결과를 고려해야 한다고 규정하고 있다(제I-27조 1항). 이로써 간접적으로 유럽의회의 영향력이 증가하게 되었으며, 또한 유럽선거에 대한 정치적 의미 역시 크게 작용하게 되었다.

위원회 위원장과 관련한 나머지 규정은 궁극적으로 EC조약에 포함된 내용과 동일하다. 즉, 이사회는 선출된 위원장과 공동 합의하여 위원회의 위원으로 임명하고자 제안하는 다른 인물의 명부를 채택한다. 이 인물들은 회원국의 제안에 기하여 선출된다(제I-27조 4항). 위원회의 위원은 독립성을 갖추고 있는 인물 가운데 종합적인 능력과 연합에 대한 기여도에 기초하여(on the ground of their general competence and European commitment from persons whose independence is beyond doubt) 선출된다(제I-26조 4항). 기여도에 관한 기준은 헌법에서 새로이 도입된 것이다.

마지막으로, 위원회 위원장은 다음과 같은 임무를 수행한다. 즉, 위원회 위원장은 (a) 위원회가 그 임무를 수행해야 할 가이드라인을 정하고, (b) 일관성, 효율성 및 집단지도체제를 보장하기 위하여 위원회의 내부 조직에 대해 결정하고, (c) 위원회의 위원들 중에서 연합 외무부장관을 제외한 부위원장들을 임명한다. 위원회의 위원은 위원장이 요청하는 경우 그 직을 사퇴해야 한다. 이는 외무부장관의 경우도 마찬가지이다(제I-27조 3항).

• 유럽헌법론

6. 외무부장관

(1) 일반규정

외무부장관(Minister for Foreign Affairs)직의 신설은 헌법의 주요한 혁신 내용 중의 하나이다. 이 제도의 도입 취지는 외무부장관으로 하여금 공동외교안보정책을 포함하여 연합의 대외적 행동을 보다 효과적이고 일관성 있게 수행하고자 함이다. 외무부장관에 대해서는 헌법 제I-28조에서 규정하고 있는데, 현행 '공동외교안보정책에 관한 고위대표(High Representative for the CFSP)'[11]와 '대외관계담당 위원(External Relations Commissioner)'의 기능을 통합한 결과물이기도 하다. 외무부장관은 그가 행사할 수 있는 모든 입법 수단을 사용하여 공동외교안보정책과 유럽안보·방위정책(European security and defence policy: ESDP)을 지휘한다(제I-28조 2항).

하지만 외무부장관이 전적으로 연합의 대외적 대표자로서의 책임을 지는 것은 아니다. 공동외교안보정책 분야는 여기에서 제외된다. 즉, 헌법은 이 분야를 제외하고 위원회로 하여금 연합을 대표할 임무를 부여하고 있다. 헌법 제I-22조는 유럽이사회의 업무를 주재하고 추진하는 것과 함께 유럽이사회 의장은 그 수준 및 그 능력 내에서 연합 외무부장관의 권한을 해함이 없이 공동외교안보정책과 관련한 문제에 관해 연합의 대외적 대표성을 보장할 책임이 있다고 규정하고 있다. 그러나 헌법은 그런 기능이 유럽이사회 의장과 외무부장관 사이에 어떻게 분배되는가에 대해서는 상세한 규정을 두고 있지 않다. 결국 이 문제는 기관간의 실무 차원에서 결정되게 되었다.

(2) 임명 절차

외무부장관은 위원회 위원장의 동의를 얻어 이사회에 의해 가중다수결

---

11) 일반적으로 "Mr. CFSP"라고 불린다.

로 임명된다. 유럽이사회는 외무부장관의 임기를 동일한 절차에 따라 종료시킬 수 있다(제I-28조 1항).

외무부장관은 위원회 부위원장의 1인이 된다. 외무부장관은 연합의 대외적 행동의 일관성을 보장하고, 위원회 내에서 대외관계 및 대외적 행동의 기타 측면에 대한 책임을 진다. 위원회 내에서의 이 책임을 행사함에 있어, 또 오직 이 책임에 대해서만 외무부장관은 위원회 절차에 구속된다(제I-28조 4항).

(3) 책 임

외무부장관은 공동외교안보정책에 대해 이사회의 대표자이자 위원회의 부위원장의 1인이라는 두 가지의 역할을 하게 된다(제I-28조 2항·4항).

외무부장관은 연합의 공동외교안보정책을 지휘하고, 외교정책 문제에 있어 발의권을 가지며, 또한 각료이사회로부터 위임받은 외교정책을 이행하게 된다. 외무부장관은 공동외교방위정책 분야에서도 유사한 역할을 수행한다. 위임을 받아 행동을 할 때, 외무부장관은 위원회를 규율하는 집단책임원칙(collegiate principle)에 구속된다.

또한 외무이사회(Foreign Affairs Council)를 주재하는 것과 마찬가지로 외무부장관은 공동외교안보정책에 대해 제안하고, 유럽이사회 및 각료이사회에 의해 채택된 유럽결정의 시행을 보장할 책임이 있다. 그리고 각료이사회와 함께 공동외교안보정책의 제 원칙이 헌법상 관련 규정에 부합하는지 감독할 책임도 진다(제III-294조).

외무부장관은 공동외교안보정책과 관련한 문제에 있어 EU를 대표하고, 국제기구 및 국제회의에서 연합의 이익에 대해 정치적 대화를 지휘하는 동시에 연합의 입장을 표명한다. 또한 국제포럼에서 회원국들의 행동을 조정할 책임이 있다(제III-305조). 이 권한을 행사함에 있어 외무부장관은 UN 안보이사회의 현안(United Nations Security Council agenda)에 대한 입장을 정의하여 회원국들의 요청이 있는 경우 안보이사회에 출석하여 연합의 입장을 대변할 수 있다(제Ⅲ-305조). 또한 특수 정책 사안을 다루기 위해 각료이사회에 의해 임명·위임된 연합의 특사들은 연합 외무부장관의 권한에 의거하여 그들의 위임받은 임무를 수행한다(제Ⅲ-302조).

동시에 연합 외무부장관은 위원회 내에서 연합의 대외관계 및 대외적 행동의 기타 측면에 대해 책임을 지는 유럽위원회의 부위원장의 1인이 된다(제Ⅰ-28조 4항). EU는 그 대외적 행동의 다양한 분야 및 대외적 행동과 기타 정책간 일관성을 유지할 책임이 있다. 또한 연합 외무부장관의 보좌를 받는 각료이사회와 위원회는 그 일관성을 보장하기 위해 협력해야 한다(제Ⅲ-292조).

(4) 유럽대외행동서비스

마지막으로, 외무부장관은 전세계 거의 125개국과 외교 서비스를 수행할 책임이 있다. 헌법은 이를 위해 외무부장관을 보좌하기 위해 유럽대외행동서비스(European External Action Service)를 설치한다고 규정하고 있다(제Ⅲ-296조).

이 서비스는 유럽의회와의 협의 및 위원회의 동의를 얻은 후 각료이사회의 결정에 의해 설립되며, 외무부장관의 지휘를 받게 된다. 서비스는 각료이사회와 위원회 사무국의 관련 부서 및 회원국의 외교적 서비스로부터 파견된 공무원과 직원들로 구성된다. 또한 연합의 위임을 받아 제3국 및 국제기구에서 근무하는 직원들도 이 서비스의 지원을 받을 수 있다.[12]

---

[12] IGC의 최종협정에 부속된 선언에 의하면, 유럽대외행동서비스를 설립하기 위하여 필요한 제반 조치는 유럽헌법조약이 조인된 후에 취해질 수 있다고 규정하고 있다.

7. 사법제도 : 사법재판소와 보통재판소

ECJ와 일심재판소간 권한의 보다 적절한 배분과 일심재판소에 부속된 사법패널의 설치 가능성을 포함한 니스조약에 의해 행해진 사법제도에 대한 주요한 변경에 따라 헌법은 추가적인 변경을 제안하고 있다.

헌법은 사법재판소의 명칭을 변경하였다. 향후 "유럽연합 사법재판소(Court of Justice of the European Union)"라는 용어는 공식적으로 이단계의 관할권을 의미하는 것으로 사용된다. 즉, 현재의 ECJ는 '사법재판소(Court of Justice)'로, 또 일심재판소(Court of First Instance of the European Communities)는 '보통재판소(General Court)'라는 명칭으로 불리게 된다. 제I-29조에서 유럽연합 사법재판소는 '사법재판소, 보통재판소 및 특별재판소'를 포함한다고 규정하고 있다.

헌법 제III-359조에 의하면, 유럽법(European laws)에 의해 보통재판소에는 특별한 전문분야에 대해 제소된 특정한 소송유형에 대해 제1심의 결정을 관할하는 부속 특별재판소를 설치할 수 있다. 이 법은 위원회의 제안과 사법재판소의 자문을 얻은 후 제정된다. 그리고 제정된 이 법은 보통재판소의 조직에 관한 규칙에서 규정되게 된다. 이리하여 보통재판소의 관할권 확대에 기여하게 될 것이다.

헌법 제III-357조는 회원국 정부들이 임명에 관한 결정을 내리기 전에 판사 및 법률고문관의 직무를 수행하기 위해서 후보자들이 합당한 자격을 갖추었는가의 여부에 대한 견해를 제시하는 패널의 설치에 대해 규정하고 있다.

헌법조약은 재판소의 임무에 대해서 어떠한 변경도 가하지 않았다. 그러나 헌법은 "회원국은 연합법에 의해 규율되는 분야에서 효과적인 법적 보호를 보장하기 위한 충분한 구제조치를 제공한다."고 규정하고 있다(제I-29조). 또한 사인의 사법재판소에 대한 보다 용이한 접근 역시 규정에 의해 보장된다. 즉, 자연인 또는 법인은 "그와 직접 관계가 있거나 또는 이행조치를 필요로 하지 않는 규제행위"에 대해 소송을 제기할 수 있다(제Ⅲ-365조). 이 경우, 헌법은 이러한 규제행위가 개인적으로 그들에게 영향을 미치지 않는다고 할지라도 벌금 부과의 근거가 되는 연합의 규제행위에 대해 시민들이 보다 쉽게 접근할 수 있도록 보장해야 하는 것이다.

8. 연합 기관의 특징과 의의

현행 제도와 비교하여 유럽헌법은 기관의 체계 및 그 역할에 대해 많은 변경을 가했다. 결론적으로 제도적 틀에 속하는 기관들의 그 중요한 특징과 의의를 중심으로 살펴보기로 한다.

첫째, 유럽의회의 권한은 대폭 강화되었다. 회원국간 의회에서의 의석 배분에 관한 지나치게 오랜 교섭을 방지하기 위하여, 헌법은 의석 배분에 관한 기본 규칙을 정하고, 이 주제에 관한 제안을 준비하는 임무를 의회에게 부여했다. 구체적인 의석 수는 유럽이사회가 전원일치로 결정해야 한다. 또한 연합의 의사결정절차에서 유럽의회의 역할이 한층 강화되었다. 헌법은 "일반입법절차"라고 재명명된 공동결정절차를 상당히 폭넓은 분야에 대해 확대했다. 따라서 의회는 단지 협의에만 참가하는 다수의 행위를 제외하고 거의 모든 경우에 공동입법자(co-legislator)가 되었다.

둘째, 유럽이사회는 공식적으로 기관에 포함되었으며, 각료이사회와 혼란을 겪고 있던 명칭도 보다 명확하게 정의했다. 즉, 제 기관의 목록을 제시하고 있는 헌법 제Ⅰ-19조는 유럽의회, 각료이사회, 위원회 및 ECJ와 함께 회원국들의 국가 원수 혹은 정부 수반들의 정상회의인 유럽이사회를 포함시키고 있다. 이리하여 유럽이사회는 연합의 공식 기관으로 자리매김하였다. 또한 이사회 명칭도 보다 명확하게 정의되었다. 그동안 '유럽이사회'와 '각료이사회'(일반적으로 '이사회'로 지칭됨)의 명칭이 일반

• 제3부 연합의 기관

시민들에게 기관의 활동과 관련하여 많은 혼동을 준 것이 사실이다. 따라서 헌법은 양자를 명확하게 구별하였다. 즉, 각료 차원에서 회원국 대표들로 구성된 것이 각료이사회이고(제I-23조~제I-24조), 유럽이사회는 회원국의 국가원수 혹은 정부수반들로 구성된 정상회의이다(제I-21조). 이처럼 헌법조약은 양 기관간의 구별 및 각 기관의 임무와 구성을 보다 명확하게 함으로써 그 혼동을 방지했다. 그리고 그 차이점을 강조하기 위하여, 유럽이사회는 2년 반 임기의 의장을 두게 된다. 이 제도는 처음으로 도입된 것으로 연합 운영의 예측가능성과 안정성을 높이는데 기여하게 되리라 여겨진다.

셋째, 이사회의 경우, 헌법은 회원국간 동등한 윤번제에 기초하여 이사회 의장직을 위한 새로운 제도를 채택할 것을 요구하고 있다. 그러나 위에서 이미 언급한 IGC 선언에 따라 단기간 내에는 현행 6개월 윤번제가 유지될 것으로 보인다. 그리고 헌법은 이사회에 있어 가중다수결에 의거한 투표제도의 내용도 다수 변경하였다(제I-25조).

넷째, 유럽위원회는 현행 제도와 그리 큰 차이가 없다. 단, 위원회 부의장의 일인이 되는 외무부장관직이 신설되었다. 외무부장관제도는 연합의 대외적 역량의 강화에 상당하게 기여하리라 여겨진다.

마지막으로, ECJ에 관한 것인데, 현행 제도에 비해 그리 큰 변화는 없다. 다만 ECJ는 사법재판소로, 일심재판소는 보통재판소로 불리는 등 그 명칭이 바뀌게 된다.

제2장 입법행위의 단순화

1. 서 론

본 장은 유럽헌법의 주요한 주제 가운데 입법행위의 단순화와 관련한 문제를 검토한다. 이는 유럽헌법 제정 과정에서 가장 핵심적인 사안 중의 하나이기도 했다. 이 문제는 단순히 유럽법규범의 위계질서(hierarchy of norms)를 확립하기 위한 것만이 아니라 그동안 논의되어 온 연합과 회원국간 권한의 배분 및 기관 상호간 역할의 배분과 균형 잡힌 발전과도 밀접한 관련을 맺고 있다. 또한 행위의 단순화는 보다 투명하고, 또 보다 이해 가능한 법적 행위와 의사결정제도를 통하여 유럽지배체제의 적법성을 확보하는 역할을 한다. 따라서 입법행위와 그 의사결정절차의 단순화의 문제는 곧바로 회원국과 연합의 권한 행사의 문제와 직결된다.[13]

유럽미래회의에서 입법행위의 단순화는 '단순화에 관한 실무단(Working Group IX : Simplification)'에 의해 다루어졌다. 이 실무단은 유럽법체계의 명확화와 EU 행위의 민주적 합법성 강화라는 두 가지 목적, 즉 법적 행위(legal acts)와 절차의 재정비에 중점을 두고 있었다.[14]

현행 EU법 체계에 있어서는 일반적으로 규칙, 지침, 결정, 권고 및 견해 등 다섯 가지의 행위가 인정되고 있다. 하지만 그 이후 다수의 조약이 채택되면서 행위의 유형은 점차 복잡해지고, 그 효력도 중첩되는 등 많은 문제점이 드러나게 되었다.

이와 같은 점들을 고려하여 실무단에서는 입법행위의 단순화에 관한 보고서를 채택했으며, 유럽헌법은 이를 바탕으로 기존의 행위와는 사뭇

---

13) Herwig C. H. Hofmann, *A Critical Analysis of the new Typology of Acts in the Draft Treaty Establishing a Constitution for Europe*, European Integration online Papers(EIoP, 2003. 9. 30), p. 1.
14) 이에 대한 상세한 내용은, 졸고, "유럽헌법의 제정을 둘러싼 법적 쟁점의 검토-실무단의 최종보고서를 중심으로-", 전게논문, pp. 136-138.

다른 단순화에 관한 규정을 두고 있다.

본 장에서는 먼저, EU법에 있어 입법행위가 가지는 지위와 역할에 대해 분석한 후, 유럽헌법에 규정된 입법행위에 대해 검토하고자 한다. 그리고 마지막으로 입법행위의 단순화를 통해 유럽법 체계가 재구성될 가능성이 있는지, 또 그 한계는 무엇인지에 대해 평가를 내리고자 한다.

2. EU법에 있어 입법행위의 지위

(1) 유형과 법적 성질

EU법의 법원을 일차법원과 이차법원으로 나눈다면, ECSC, E(E)C 및 Euratom 등 세 공동체를 설립하는 제 조약, 기관합병조약, 예산조약, 유럽단일협정, 마스트리히트조약, 암스테르담조약 및 니스조약 등은 전자에 해당한다. 하지만 일차법원만으로는 EU의 법과 정책을 집행하고 유효한 조치를 채택·실행하는데 있어 종합적·확정적·항구적 규칙으로서 기능하는 데에는 일정한 한계가 있었다. 즉, 일차법원은 공동체 제 기관에 의해 제정된 행위에 의해 보충되고 명확화될 필요가 있었는데, 바로 이 행위들이 이차법원을 구성하고 있다.[15]

하지만 이차법원들은 공동체에 따라, 즉 E(E)C 및 Euratom의 행위는 ECSC의 행위와 근본적으로 다르지만[16] 50년간의 존속기한을 두고

---

15) EU법의 체계에 대해서는, 졸저, 전게서, pp. 69-71.
16) EEC조약 제189조는 "조약에 예정된 그들의 임무를 완성하고 제 조건에 비추어 볼 때, 이사회 및 위원회는 규칙 및 지침을 제정하고, 결정을 하며 또한 권고 및 견해를 발한다."고 규정하고 있다. Euratom조약도 동일한 목록을 제시하고 있다. 하지만 ECSC조약 제14조는 이와는 상당히 다른 용어를 사용하고 있다. 하지만 '일반결정(décisions générales)'은 규칙(règlements)에, '권고(recommandations)'는 지침(directives)에, '개인결정(décisions individuelles)'은 결정(décisions)에 해당한다. 하지만 현실적으로 ECSC 및 Euratom 분야는 그리 중요성을 가지지 않으므로 공동체 관세법의 이차법원으로서는 E(E)C조약이 규정하고 있는 규칙, 지침, 결정, 권고 및 견해 등 다섯 가지 유형의 입법행위가 이에 해당한다고 볼 수 있다.

있던 ECSC는 2002년 7월 23일자로 그 공식적 효력이 소멸17)되었으므로 전자에 규정된 행위를 중심으로 검토한다.

이차법원은 공동체 설립조약을 근거로 하여 제정된 2차입법으로서 EC조약 제249조(ex Article 189)에서 그 형태와 성질에 대해 규정하고 있다. 동 조에 의하면, 이차법원은 규칙(regulation), 지침(directive), 결정(decision), 권고(recommendation) 및 견해(opinion)의 다섯 가지가 있는데, 법적 구속력을 가지는 것은 전 3자뿐이다〈표 1〉.

규칙은 일반적인 적용성과 전적으로 구속력을 가지며 모든 회원국에 있어서 직접적으로 적용된다.18) 이와 같은 규칙은 그 발효에 의하여 자동적으로 회원국법의 일부로 되어 그 성질은 연방법에 가깝다.

〈표 1〉 성질에 의한 입법행위의 분류

성 질	규 칙	지 침	결 정	권 고	견 해
강제적	○	○	○		
임의적				○	○
일반적	○	○			
개별적			○		
대상(국가)	○	○	○	○	○
대상(개인)	○		○	○	○
규범적 완전성	○		○		
규범적 불완전성		○			
직접적 적용가능성	○		○		
간접적 적용가능성		○			

출전 : Juris-Classeurs 'Europe', Fasc. 410, pp. 14-15.

---

17) ECSC조약의 개요 및 그 전문은 다음 URL을 참고하라.
　　개요 : http://europa.eu.int/scadplus/treaties/ecsc_en.htm (검색일 : 2005. 11. 14)
　　조약문 : http://europa.eu.int/abc/obj/treaties/en/entoc29.htm (검색일 : 2005. 11. 14)
18) EC조약 제249조 2문.

지침은 달성되어야만 하는 결과에 대해서 **受範者**인 회원국을 구속하지만, 결과달성의 형식·방법의 선택에 대해서는 회원국에게 재량의 여지를 인정하는 입법형식이며 그 내용을 국내법으로 바꾸기 위한 실시조치가 회원국에 의해 취해져야만 한다.19) 회원국에게 재량의 여지가 인정되기 때문에 지침의 실시에 임하여 지침의 규정이 실시조치로서 제정되는 국내법에 그대로 수용되어야 하는 것은 아니다.20) 특히, 지침의 실시가 반드시 국내법의 개폐 혹은 제정을 필요로 하는 것은 아니다.21) 다만, 행정청의 의사로 자유롭게 변경할 수 있는 단순한 행정실무의 변경을 실시라고 볼 수는 없다.22) 또한 지침은 일반적으로 그 국내적 실시에 기한을 정하고 있다.

결정은 회원국과 개인인 특정의 수범자에 대하여 발하고, 그 수범자를 전면적으로 구속하는 효과를 발생한다.23) 결정은 원칙적으로, 대상을 한정하여 발하는 개별적 입법으로 그 의미에서 일반적 입법인 규칙, 지침과는 구별된다. 규칙, 지침 및 결정은 그 정한 특정한 날부터 발효하며, 그 효력 발생일이 정하여 있지 않는 경우에는 관보에 게재된 날로부터 20일 후에 발효한다.24) 조약이 규정하는 공동체의 목적을 달성하기 위해서는 각 분야에서 막대한 수의 2차입법이 제정되어 EU법의 실질적 내용을 구성하게 된다. 이 외, 권고·의견도 이차법원을 구성하고 있지만 원칙적으로 그 준수가 의무적이지도 않고, 어떠한 법적 구속력도 가지지 않는다.25)

(2) 단순화의 필요성과 문제점

조약이 규정하는 공동체의 목적을 달성하기 위해서는 각 분야에서 막

---

19) EC조약 제249조 3문.
20) Case 247/85 Commission v. Belgium [1987] ECR 3029, at 3060.
21) Case 29/84 Commission v. Germany [1985] ECR 1661, at 1673.
22) Case 102/79 Commission v. Belgium [1980] ECR 1473, at 1486.
23) EC조약 제249조 4문.
24) EC조약 제254조 1항.
25) EC조약 제249조 5문.

대한 수의 2차입법이 제정되어 EC법의 실질적 내용을 구성하게 된다.

위에서 검토한 바와 같이, 현행 EU의 법체계상 입법행위의 유형은 규칙, 결정, 지침, 권고 및 견해의 다섯 가지로 대별할 수 있다. 하지만 구체적으로는 개별 조약마다 상이하게 규정된 15개의 입법 형태가 있다. 즉, EC조약 제249조에 규정된 정형적인 다섯 가지의 유형 외에 유럽공동체조약(EC조약)과 EU조약에서는 특히 공동외교안보정책과 형사문제에 관한 경찰·사법협력 분야 등에 대해 결정, 연대전략, 연대행동 및 공동입장(EU조약 제5부·제6부) 등 개별적으로 적용되는 행위에 대해 규정하고 있다. 이 입법행위들은 여러 면에서 다수의 문제점을 내포하고 있다.26)

먼저, 일부 입법행위들은 그 명칭이 유사하여 많은 혼동을 야기시켜왔다. 이에 대해서는, EC조약 제249조상의 결정과 EU조약 제5부·제6부상의 결정, 또 연대전략, 연대행동 및 공동입장을 그 실례로 들 수 있다. '결정', '연대' 및 '공동'이라는 용어와 접두어가 사용됨으로써 관련 행위의 정확한 사용면에서 현실적으로 많은 어려움이 있었다.

다음, 입법행위들의 그 본질과 효력 면에서도 상당 부분 중첩되어 있다는 사실이다. EU조약 제5부·제6부는 회원국의 주권적 영향력이 강하게 작용하는 분야로서 EU의 배타적 권한이 적용되지 않는다. 그러다보니 이사회는 회원국의 '연대'전략과 행동 또는 '공동'입장의 형태로 행위를 제정하는 방법을 사용하였다. 그 결과, 그 명칭만 다를 뿐 EC조약 제249조상의 입법행위와 기타 행위간의 그 법적 효력과 성질은 유사하여 오히려 혼란만 가중시켰던 것이다.

---

26) Dony는 현행 EU법상 입법행위의 무질서를 다음과 같은 세 가지로 정리하고 있다. 즉, 입법행위는 공동체 법원의 지나친 확대를 가져왔고, 의사결정절차를 복잡하게 만들었으며, 또한 유럽차원에서 적용되는 과정에서 너무 난해한 동시에 기만적 성질을 갖고 있다고 한다. Marianne Dony et Emmanuelle Bribosia(Ed. par), *op. cit.*, pp. 203-204. 이에 대한 상세한 내용은, 204-208쪽을 참고하라.

이 외에도 비록 조약상 규정되고 있다고는 하지만 일부 문서 형태는 거의 사용되지 않아 사문화되어 있는 실정이기도 하다. 이와 같은 여러 이유로 인하여 입법행위는 재정비·단순화될 필요가 있었으며, 유럽회의에서의 논의를 거쳐 유럽헌법은 제I-33조~제I-39조를 두게 되었다.

3. 유럽헌법에 있어 입법행위의 단순화

(1) 단순화된 입법행위의 유형과 그 법적 효력

복잡·상이한 입법행위의 문제점을 개선하기 위하여 유럽미래회의에 의해 설치된 '단순화에 관한 실무단(Working Group IX : Simplification)'은 입법행위를 정비하기 위하여 다음과 같이 제안하였다.27)

실무단은 현행 15개의 문서 형태를 6개의 형태로 재정비해야 하며, 이것만으로도 모든 영역에 적용 가능하다고 주장하였다. 실무단의 제안에 의하면, 6개의 문서는 그 법적 구속력 유무에 따라 다음과 같이 나눌 수 있다.28)

첫째, EU법, 골격법, 결정 및 규칙은 구속력을 가진다.

EU법(European Union Law)은 기존의 규칙을 대체한 것으로 EU 전역에 걸쳐 법적 구속력을 가지며, 직접적용성이 있다. 골격법(Framework Law)은 기존의 지침을 대체한 것으로 그 달성된 결과만을 구속한다. EU법과 골격법은 유럽위원회의 제안에 의거하여 유럽이사회와 유럽의회간 공동결정절차에 의거한 입법행위(legislative acts)이다. 결정(Decision)의 경우, 그 수범자를 지정할 수도 혹은 하지 않을 수도 있다. 예를 들어, 특히 공동외교안보정책(Common Foreign and Security Policy : CFSP)에 적합한 유연성 있는 문서의 형태라고 할 수 있다. 그

---

27) 최종보고서 채택일자 : Brussels, 29 November 2002(CONV 424/02)
28) 이에 대해서는 본서 47쪽의 〈그림 8〉을 참고하라.

리고 규칙(Regulation)은 위임 및 이행행위(delegated and implementing acts)를 규율하게 된다.

둘째, 위의 문서들과는 달리 권고(Recommendation)와 견해(Opinion)는 어떠한 법적 구속력도 가질 수 없다.

위와 같은 논의 결과를 반영하여, 유럽헌법은 유럽법, 유럽골격법, 유럽규칙, 유럽결정, 권고 및 견해 등 여섯 가지 유형의 법적 행위(legal acts)를 도입하였다.[29] 이를 분설하면 다음과 같다.

첫째, 유럽법(European law)은 일반적 적용성을 가지는 입법행위(legislative act)로서 모든 회원국에서 완전한 구속력을 가지고, 또 직접적으로 적용된다. 이는 현행 규칙(regulation)의 법적 성격과 효력을 대체한 것이다. 현행 규칙과 마찬가지로 유럽법은 일반적 범위를 가지며, 그 모든 요소에 있어서 의무적인 동시에 모든 회원국에 대해 직접적으로 적용되게 된다.

둘째, 유럽골격법(European framework law)은 달성해야 할 결과에 대하여 해당 회원국을 구속하는 입법행위이다. 하지만 그 형태와 방식은 해당 회원국의 국내기관이 선택한다. 이는 현행 지침(directive)에 해당한다.

셋째, 유럽규칙(European regulation)은 입법행위 및 헌법의 어느 특수 규정의 이행을 위하여 일반적 적용성을 가지는 비입법행위(non-legislative act)이다. 유럽규칙은 유럽법과 유럽골격법의 두 가지 성격을 아울러 가지고 있다. 따라서 동 규칙은 모든 회원국에서 완전한 구속력을 가지고, 또 직접적으로 적용될 수도 있고, 혹은 달성해야 할 결과에 대하여 해당 회원국을 구속하지만 그 형태와 방식은 해당 회원국의 국내기관이 선택하게 된다.

넷째, 유럽결정(European decision)은 현행 결정(decision)에 해당

---

[29] 유럽헌법 제I-33조 1항.

하는 것으로서 완전한 구속력을 갖는 비입법행위이다. 유럽결정은 특정 수범자를 대상으로 하는 때에는 이 수범자에 대해서만 구속력을 가진다.

다섯째, 권고 및 견해(recommendation and opinion)의 법적 효력은 현행의 그것들과 별다른 차이가 없이 제 기관에 의해 채택되며 아무런 법적 구속력도 가지지 않는다.30)

(2) 제정 방식에 따른 입법행위의 분류

유럽헌법은 EC조약 제249조와는 달리 위의 여섯 가지 법적 행위는 크게 입법행위와 비입법행위로 나누고 있다. 즉, 유럽법과 유럽골격법은 전자에, 유럽규칙, 유럽결정, 권고 및 견해는 후자에 해당한다. 이러한 분류는 기존의 조약에서 규정되어 있지 않은 것으로서 유럽헌법에서 새롭게 도입한 것이다. 따라서 연합의 행위를 제정하기 위하여 적용되는 입법행위(제I-34조)와 비입법행위(제I-35조)에 대해 살펴볼 필요가 있는데, 이를 분설하면 다음과 같다〈표 2〉.

1) 입법행위

입법행위(legislative acts)란 원칙적으로 위원회의 제안에 의거하여 제III-396조에 규정된 바에 따라 일반입법절차(the ordinary legislative procedure)31)에 의하여 유럽의회와 각료이사회가 연대하여 유럽법과

---

30) 그러나 권고 및 의견이 다른 EU법의 해석에 기준을 제공하는 경우에는 그들에게도 법원성을 승인할 수가 있다. 권고·의견에 기하여 그 후 법적 구속력이 있는 2차 입법이 제정된 경우도 있다. 졸저, 전게서, p. 71.
31) 유럽헌법은 입법행위를 제정하기 위한 절차를 상당하게 단순화시켰다. 다시 말하여, 절차의 단순화와 관련하여 유럽헌법이 가지는 특징은 협의절차(EC조약 제250조), 협력절차(EC조약 제252조), 공동결정절차(EC조약 제251조) 및 동의절차 등 기존의 네 가지 유형의 절차, 특히 협의절차와 협력절차를 공동결정절차 중심으로 단순화 내지는 단일화시켰다. 이를 '일반입법절차'라고 부르는데, 이 절차의 확대는 가장 두드러진 개선 사항 중의 하나이다. 유럽헌법에 있어 대부분의 유럽법 혹은 유럽골격법은 일반입법절차에 따라 제정된다. 이 절차는 〈제안〉-〈제1독회〉-〈제2독회〉-〈조정〉-〈제3독회-채택〉 등 모두 5단계의 과정을 거친다. cf. 유럽헌법 제III-396조.

• 유럽헌법론

〈표2〉 유럽헌법상 입법행위의 유형과 그 법적 성질

유 형	제정 절차	효 과	적용 조치	위반 절차
유럽법	위원회의 제안으로 유럽의회의 단순다수결 (재적 의원 과반수)과 각료이사회의 가중다수결에 의한 투표 (일반입법절차)	EU 전역에 걸쳐 법적 구속력	특별한 경우, 위임규칙 또는 연합 기관의 결정	이사회에서의 전원일치, 유럽의회의 단순한 견해는 항상 제3편의 관련 규정에서 명확하게 규정되어야 함.
유럽골격법	위와 같음	달성해야 할 결과에 대해서만 해당 회원국 구속	회원국의 법률 및 명령	위와 같음
유럽규칙	위원회의 제안으로 각료이사회에서 가중다수결에 의한 투표	그 내용에 따라, • EU 전역에 걸쳐 법적 구속력 • 달성해야 할 결과에 대해서만 해당 회원국 구속	• 위임규칙 또는 연합 기관의 결정 • 회원국의 법률 및 명령	위원회 또는 유럽중앙은행에 의해 제정된 규칙
위임규칙	위임적용규칙을 제정할 권한을 위임받은 위원회에서 유럽법 또는 유럽골격법 제정	만약 유럽의회와 이사회의 반대가 없다면, EU 전역에 걸쳐 법적 구속력	• 위원회의 결정 • 예외적으로 회원국의 행위	
유럽결정	연합의 기관과 부속기구 또는 유럽중앙은행의 결정에 대해서는 위원회의 제안에 의거 유럽이사회에서 가중다수결 또는 전원일치에 의한 투표 및 각료이사회에서 가중다수결에 의한 투표	그 수범대상자에 대해서는 법적 구속력		특정 결정은 헌법에 규정됨(특히 유럽이사회와 관련). 만일 규정이 없다면, 그 결정은 유럽법 또는 유럽규칙을 적용할 수 있음.

출전 : Jacques Ziller, La nouvelle Constitution européenne, Collection Repères, La Découverte, Paris, 2004.

유럽골격법을 제정하는 것을 말한다. 만약 두 기관이 합의에 이르지 못하면, 유럽법과 유럽골격법은 제정될 수 없다.32) 이 외에도 유럽법과 유럽골격법은 아래와 같은 두 가지 경우에도 제정될 수 있다.

첫째, 헌법에 의해 특수하게 규정된 경우, 유럽법과 유럽골격법은 특별입법절차(special legislative procedures)33)에 따라 이사회가 참가하여 각료이사회에 의해 제정된다.34)

둘째, 헌법에 특수하게 규정된 경우, 유럽법과 유럽골격법은 회원국 그룹 또는 유럽의회의 발의, 유럽중앙은행의 권고, 또는 사법재판소 또는 유럽투자은행의 제안에 의거하여 제정될 수 있다.35)

2) 비입법행위

① 유럽결정 또는 유럽규칙

비입법행위(non-legislative acts)는 다음과 같이 일부 기관에 의해 유럽결정 또는 유럽규칙을 제정하는 것을 말한다.

원칙적으로 유럽결정 또는 유럽규칙은 다음의 경우에 제정된다. 즉, 헌

---

32) 유럽헌법 제I-34조 1항.
33) 통상적으로 유럽법과 유럽골격법은 이사회와 유럽의회 두 기관이 연대하여 제정되지만, 특수한 경우에는 이사회에 의해, 또는 좀 더 드문 경우에는 유럽의회에 의해 제정될 수도 있는데, 이를 특별입법절차라고 한다.
유럽헌법은 특별입법절차가 어떻게 운용될 것인가에 대한 상세한 규정을 두고 있지 않으나 위의 일반입법절차에 준한다고 보아도 무방할 것이다. 따라서 사안별로 이 절차에 대해 규정하고 있는 법적 근거에 대해 언급할 필요가 있다.
특별입법절차는 다수의 기타 법적 기초와 관련을 맺고 있고, 이전의 협의, 협력 및 동의 절차의 적용 영역을 포함하고 있다. 결과적으로 다음과 같은 모든 분야에 적용된다.
 - 사법 및 내무협력 분야 : 유럽검찰청 및 경찰수사협력가 관련한 사건, 여권, 신분증 및 체류허가와 관련한 조치 및 월경과 관련한 가족법이 적용되는 조치
 - 예산(자체 재원, 다년간 재정 계획 등) 및 세제(제3국으로 또는 제3국으로부터의 자본의 이동 및 간접세에 관한 법률의 조화)
 - 특정 정책의 특수 측면, 예를 들어, 조세 성격의 환경적 조치, 연구 및 기술개발 프로그램 (다년간 프로그램은 일반입법절차에 따라 제정된다), 사회보장 및 노동자의 사회적 보호
34) 유럽헌법 제I-34조 2항.
35) 유럽헌법 제I-34조 2항.

법에 규정된 경우에 유럽결정은 유럽이사회에 의해 제정된다.[36] 그리고 특히 제I-36조 및 제I-37조에 언급된 경우에 각료이사회 및 위원회에 의해, 또 헌법에 규정된 특수한 경우에는 유럽중앙은행에 의해 유럽규칙 또는 유럽결정이 제정된다.[37]

위에 규정된 이외에도 이사회에 의해 권고가 채택될 수 있다. 이사회는 위원회의 제안에 의거하여 입법행위를 제정해야 한다고 규정되어 있는 모든 경우에 위원회의 제안에 의거하여 행동한다. 연합 행위의 제정에 대해 전원일치가 요구되는 분야에서 이사회는 전원일치로서 행동한다. 또한 위원회 및 헌법에 규정된 특정한 경우에는 유럽중앙은행 역시 권고를 채택할 수 있다.[38]

② 위임유럽규칙

또한 유럽헌법은 유럽위원회에게 유럽법과 유럽골격법을 보충하기 위한 위임유럽규칙(delegated european regulations)을 제정하거나 혹은 특정한 비본질적 요소(certain non-essential elements)를 개정하는 권한을 위임하고 있다.[39] 위임의 제 목적, 내용, 범위 및 기간은 유럽법 및 유럽골격법에서 명확하게 정의되어야 한다. 하지만 이와 같은 위임은 특정 분야의 본질적 요소(the essential elements of an area)에 적용되지 않을 수도 있는데, 그 본질적 요소는 유럽법 혹은 유럽골격법에 유보되어야 한다.[40]

또한 위임에 기속되는 적용 조건은 유럽법 및 유럽골격법에서 명확하게 한정되어야 한다. 그 조건은 다음과 같은 가능성에 기초한다. 즉, 유럽의회 혹은 각료이사회는 위임의 취소를 결정할 수 있다. 하지만 만약

---

36) 유럽헌법 제I-35조 1항.
37) 유럽헌법 제I-35조 2항.
38) 유럽헌법 제I-35조 3항.
39) 유럽헌법 제I-36조 1항 1문.
40) 유럽헌법 제I-36조 1항 2문.

유럽법 혹은 유럽골격법에 정해진 기간 내에 유럽의회 혹은 각료이사회에 의한 명백한 반대가 없다면, 위임규칙은 효력을 발생하게 된다.41) 이를 위하여, 유럽의회는 재적의원의 과반수로, 또 각료이사회는 가중다수결42)로 행동해야 한다.43)

---

41) 유럽헌법 제I-36조 2항 1문 (a)·(b).
42) 유럽헌법 제I-25조는 새로운 가중다수결제도에 대해 정의하고 있다. 따라서 기존의 회원국당 부여되던 의결권 수는 이중다수결제도를 위해 폐지되었다.
앞으로 가중다수결로 인정되기 위해서는 최소 15개국을 포함한 회원국의 55% 이상의 다수여야 하고, 또 그 위원들에 의해 대표되는 회원국이 연합의 인구 가운데 적어도 65%가 되어야 한다(제I-25조 1항).
가중다수결로 인정받기 위해서는 적어도 15인 이상의 이사회 위원들을 포함하여 회원국의 55%에 의해 지지되어야 한다는 내용은 좀 더 명확히 설명될 필요가 있다. 즉, 연합 25개 회원국 가운데 15개국은 총 60%를 대표하고 있다. 그러나 연합이 25개국 이상의 회원국이 되게 되면, 이 규정은 그 중요성을 잃게 될 것이다. 만일 연합이 26개국으로 확대되는 순간부터 전회원국의 55%는 적어도 그들의 15개국을 포함하게 될 것이다. 따라서 이는 과도적 규정으로 볼 수 있다.
또한 제I-25조는 유럽이사회가 유럽이사회 의장 및 유럽위원회 위원장이 투표에 참가하지 않는 경우에 가중다수결로 결정할 때 적용된다고 규정하고 있다(4항). 유럽헌법은 새로운 제도가 적용되는 날짜를 정하고 있다. 즉, 2009년 유럽선거에 의해 새로운 위원회가 임기를 시작하는 2009년 11월 1일부터 이 제도가 적용되게 된다. 2004년부터 2009년 사이에는 니스조약에 의해 규정된 현행 제도가 적용된다. 헌법은 부속된 "연합의 기관과 부차적 기구와 관련한 과도규정에 관한 의정서(Protocol on the transitional provisions relating to the institutions and bodies of the Union)"에서 이 규정들을 포함하고 있다.
43) 제I-36조 2항 2문.
유럽헌법 제I-36조상 규정된 위임규칙과 관련하여 한 가지 주의해야 할 사항이 있다. 즉, 위임규칙과 제I-37조에 규정된 이행행위(implementing acts)를 혼동해서는 안된다. 이행행위란 회원국들이 법적으로 기속력을 가지는 연합의 행위들을 이행하는데 필요한 국내법상 모든 조치를 채택해야 하는 것을 말하는데, 이를 회원국의 이행 행위라고 한다(제I-37조 1항). 그러나 기속력을 가지는 연합의 행위를 이행하기 위한 통일 조건이 필요한 경우, 그 행위들은 위원회에게 혹은 특수한 경우에 충분히 정당화되고 또 공동외교안보정책(제I-40조)의 경우에는 각료이사회에게 이행권한을 부여한다(제I-37조 2항). 한편, 유럽법은 사전에 연합의 이행행위의 회원국에 의한 감독 제도와 관련한 규칙 및 일반원칙을 정하여야 하는데(제I-37조 3항), 일반적으로 연합의 이행행위는 유럽이행규칙(European implementing regulations) 혹은 유럽이행결정(European implementing decisions)의 형식을 띠게 된다(제I-37조 4항).

4. 유럽헌법상 입법행위의 단순화에 대한 평가

유럽법상 입법행위의 단순화는 유럽법 자체 또는 유럽법과 회원국 국내법 규범간 위계질서의 확립뿐만 아니라 권한의 배분과 의사결정제도 등과도 밀접한 관계를 맺고 있는 아주 중요한 문제이다. 현행 제도와 비교하여 볼 때, 유럽헌법상 입법행위는 다음과 같은 특징과 한계를 드러내고 있다. 결론적으로 그 주요한 사안에 대해 검토함으로써 유럽헌법상 입법행위의 단순화에 대한 법적 평가를 내리고자 한다.

첫째, 마스트리히트조약에 의해 도입된 '기둥체제(pillar system)'가 사라졌다. 즉, 동 조약은 유럽공동체(European Community : EC)(제1기둥), 공동외교안보정책(Common Foreign and Security Policy : CFSP)(제2기둥) 및 사법내무협력(제3기둥)을 축으로 하는 소위 '삼주체제(three-pillar system)'를 두었는데, 향후 EU만이 법인격을 가지므로[44] 삼주체제는 더 이상 의미가 없게 되었다. 이것은 기구체제만이 아니라 입법행위 영역에서도 큰 의미를 가진다. 다시 말해 위에서 검토한 바와 같이 CFSP와 사법내무협력 분야에서 제정되던 다양한 행위들이 더 이상 의미를 가지지 못하고, 여섯 가지의 행위로 통일되게 되었다.[45]

둘째, 현행 입법행위는 규칙, 지침, 결정, 권고 및 견해 등 다섯 가지로 구성되어 있다. 하지만 마스트리히트조약 등의 채택으로 인하여 10여개의 추가적인 수단이 규정되어 사용되고 있어 많은 혼란을 가져왔다. 이러한 면에서 볼 때, 유럽헌법은 현행 15가지의 입법수단을 유럽법, 유럽골격법, 유럽결정, 유럽규칙, 권고 및 견해 등으로 6개의 행위로 분류함으

---

44) 유럽헌법 제I-7조.
45) 이를테면, CFSP의 경우, 유럽헌법 제40조는 다음과 같이 규정하고 있다. 즉, CFSP에 필요한 유럽결정을 제정하는 것은 유럽이사회 및 이사회이다(3항). CFSP와 관련한 일반적 유럽결정을 제외한 그 이외의 정책에 대해서는 유럽이사회 및 이사회에 의해 전원일치로 제정된다. 이 경우, 유럽법 및 유럽골격법은 배제된다(6항). 또한 유럽이사회는 CFSP에 관한 일반적 유럽결정을 제외한 정책에 대해서는 이사회로 하여금 가중다수결로 행동하는 것을 허용하는 유럽결정을 전원일치로 제정한다(7항).

로써 단순화를 시도하고 있다.

셋째, 그 제정 방식 면에서 유럽헌법은 행위를 입법행위와 비입법행위의 두 가지로 분류하고 있다. 유럽법과 유럽골격법이 전자에, 그리고 유럽결정과 유럽규칙은 후자에 포함된다. 양자 모두 법적 구속력을 가진다는 점에서는 동일하나 전자는 현행 공동결정절차에 해당하는 유럽헌법 제Ⅲ-396조의 일반입법절차에 의거하여 제정되며, 반면 후자는 유럽이사회 또는 각료이사회 등 일부 기관에 의해 제정된다는 점에서 대별된다. 입법행위·비입법행위 양자를 엄밀하게 구분하고 있다는 점에서 현행 제도와는 다른 점이며, 새롭게 개선되었다고 볼 수 있다.

넷째, 유럽법과 유럽규칙, 유럽규칙과 유럽규칙간 효력 관계, 즉 법적 충돌의 문제가 야기될 수 있다. 유럽규칙은 비입법행위로서 유럽법과 유럽골격법의 두 가지 성격을 아울러 가지는 행위이다. 유럽골격법은 현행 지침에 해당하는 것이므로 별다른 문제가 생기지 않을 수 있다. 하지만 유럽법은 현행 규칙에 해당하여 일반적 적용성을 가진다. 이 점에서 유럽법과 유럽골격법의 두 가지 성격을 아울러 가지는 유럽규칙과 그 효력 면에서 충돌이 야기될 수 있다. 유럽헌법은 규칙에 비해 법이 우위에 있다는 것을 명백하게 규정하고 있지 않다. 더욱이 법과 규칙은 그 고유한 적용 영역이 있으므로 일종의 규범 충돌이 일어나는 것을 피할 수 없는 것이다. 또한 이러한 맥락에서 유럽규칙간 효력 관계도 문제될 수 있다. 그러므로 여러 이법행위 가운데 특히 유럽법과 유럽규칙, 그리고 유럽규칙과 유럽규칙간 효력 관계의 문제를 어떻게 해결할 것인가에 대한 검토가 필요한 것이다. 이 점에서 향후 ECJ의 판단태도가 행위규범간 우위 관계를 확립하는데 결정적인 기여를 할 것이라 판단된다.

제3장 의사결정절차의 단순화

1. 서 론

　EU에서 이용되고 있는 입법 및 정책 결정을 위한 현행 의사결정방식으로는 협의절차(Consultation Procedure ; EC조약 제250조), 협력절차(Cooperation Procedure ; EC조약 제252조), 공동결정절차(Co-decision Procedure ; EC조약 제251조) 및 동의절차(Assent Procedure) 등 네 가지의 의사결정절차가 이용되고 있다. 이 방식은 주로 위원회 - 이사회 - 유럽의회의 세기관간 상호 역학관계를 중심으로 진행되는데, 이 절차에 의해, 규칙(regulation), 지침(directive) 및 결정(decision) 등의 입법행위가 채택된다.

　1957년에 체결된 로마조약은 위원회와 이사회만이 의사결정과정에 있어 주도적인 역할을 하도록 규정하고 있었을 뿐, 유럽의회에 대해서는 그저 자문적인 역할을 하는 것으로 한정시키고 있었다. 하지만 각 기관간의 상호 역학관계에 대한 재고 및 특정 기관에 대한 권한의 집중으로 인한 민주성의 결핍에 대한 비판이 제기되었다. 이에 마스트리히트조약은 특히 유럽의회의 역할의 강화에 중점을 두고 상기 네 가지의 EU의 의사결정절차를 개편하였다. 이 의사결정절차의 본질적 특징은 의사결정에 있어 위원회, 이사회 및 유럽의회간 권한의 배분으로 인한 합리성과 민주성의 확보에 있으며, 유럽의 새로운 확대를 위한 제도의 개혁의 기반을 구축하는데 있다고 볼 수 있다.

　유럽헌법은 현행 의사결정절차를 일반입법절차와 특별입법절차로 단순화시켰다. 전자는 현행 공동결정절차에 해당하는데, 향후 대부분의 입법행위와 정책은 이 절차에 의해 채택되게 된다.

　본 장에서는 현행 의사결정절차 가운데 가장 많이 활용되는 공동결정절차의 내용에 대해서 검토한 후 유럽헌법에 규정된 입법절차의 단순화를 위한 의사결정절차, 특히 일반입법절차를 중심으로 분석하기로 한다. 그리고 결론적으로 유럽헌법상 의사결정절차의 문제점과 한계에 대해 지적하고자 한다.

2. 현행 의사결정절차의 내용 : 공동결정절차를 중심으로

공동결정절차는 마스트리히트조약에 의해 개정된 EC조약 제189조 b에서 처음 도입된 것으로서 이사회가 유럽의회와 협력하여 결정을 채택하는 것을 말한다. 이 절차가 도입됨으로써 의회의 입법권한이 노동자의 자유이동, 설립권, 서비스, 역내시장, 교육, 건강, 소비자, 운송, 환경, 문화 및 연구 등 15개 정책 분야에 걸쳐 적용되었다. 암스테르담조약은 이 절차를 더욱 단순화시킴으로써 그 유효성, 신속성 및 투명성이 강화되었으며〈그림 1〉,[1] 그 적용 영역도 38개 정책 분야로 확대되었다.[2]

그 절차에 대해 간단히 설명하면 다음과 같다.

이 절차의 주도권은 유럽위원회가 가지고 있다. 즉, 위원회가 서면으로 유럽의회와 이사회에 제안함으로써 절차가 개시된다. 이에 대해 유럽의회는 그 견해를 제시하게 되는데, 만일 어떠한 개정도 행해지지 않는다면 제안된 행위는 채택되게 된다. 만일 의회가 개정안을 제시하는 경우, 이사회가 그 안을 모두 수용하면 역시 행위가 채택됨으로써 절차가 종료된다. 하지만 이와는 달리 이사회는 공동입장(common position)을 채택할 수 있으며, 그 이유를 유럽의회에 알려야 한다. 마찬가지로 위원회도

---

1) EC조약 제251조.
2) 마스트리히트조약하의 공동결정절차의 내용에 대해서는, 김대순, 전게서, pp. 77-83. 공동결정절차를 둘러싼 유럽의회-이사회간 상호관계를 게임이론적 시각에서 분석한 것으로는 다음의 논문을 참고하라. Heary Farrell and Adrienne Héritier, "Formal and Informal Institutions under Codecision: Continuous Constitution Building in Europe", *European Integration online Papers(EIoP)* (Vol. 6, 2002, N° 3), http://eiop.or.at/eiop/texte/2002-003a.htm

• 유럽헌법론

<그림 1>

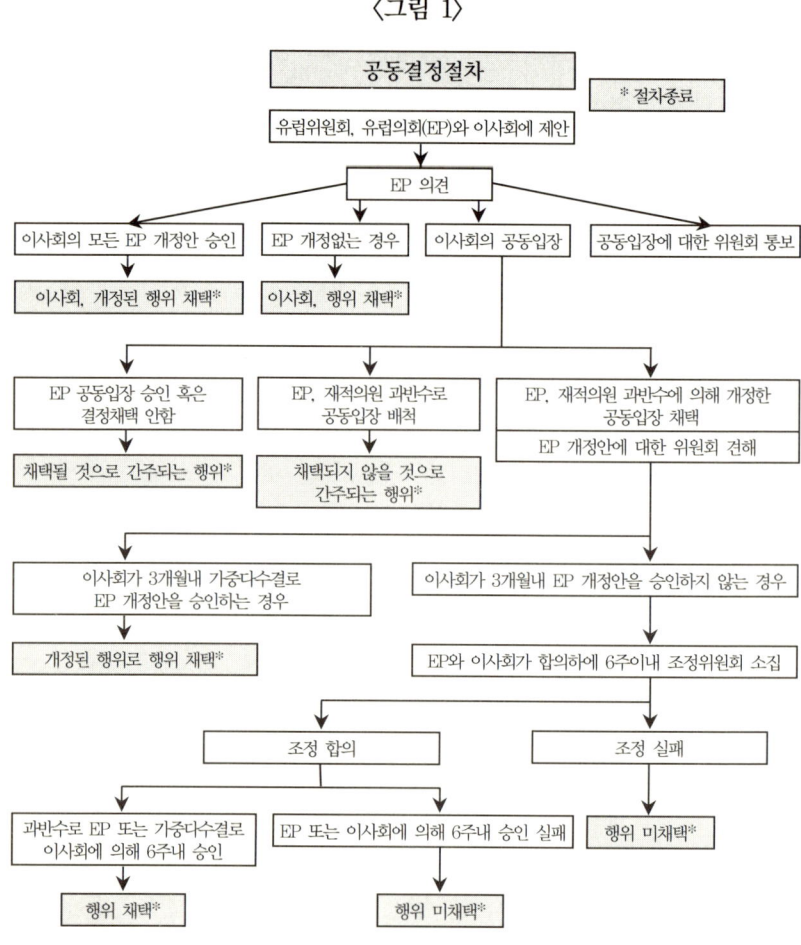

그 입장을 유럽의회에 통보하여야 한다. 통지가 있은 후 3개월 이내에 유럽의회가

(a) 공동입장을 승인하거나 아무런 결정을 내리지 않는 경우, 해당 조치가 공동입장에 따라 채택된 것으로 간주한다.
(b) 재적의원 과반수의 찬성으로 공동입장을 거부하는 경우, 조치안은

채택되지 않은 것으로 간주한다.
(c) 재적의원 과반수의 찬성으로 공동입장의 개정안을 제안하는 경우, 유럽의회는 개정안 문안을 이사회 및 위원회에 제출해야 하며 이사회 및 위원회는 개정안에 대한 의견을 제시해야 한다.[3]

이사회가 유럽의회의 개정안이 회부된 때로부터 3개월 이내에 가중다수결로 개정안을 모두 승인하는 경우, 해당 조치는 개정된 공동입장의 형태로 채택된 것으로 간주한다. 그러나 위원회가 부정적인 의견을 제출한 개정안에 대해서는 전원일치의 찬성으로 채택해야 한다. 이사회가 해당 조치를 승인하지 않는 경우, 이사회 의장은 유럽의회 의장과 합의하여 6주 이내에 조정위원회를 소집해야 한다.[4]

조정위원회는 이사회 구성원 또는 그 대표자와 같은 수의 유럽의회 대표자로 구성되며, 이사회 구성원 또는 그 대표자의 가중다수결 및 유럽의회 대표자의 과반수 찬성으로 공동문안에 대한 합의를 도출하는 일을 업무로 한다. 위원회는 조정위원회의 절차에 참여하여 유럽의회 및 이사회의 입장을 조정하는데 필요한 모든 조치를 취해야 한다. 이 직무를 수행하는데 있어서 조정위원회는 유럽의회가 제안한 개정안에 기초하여 공동입장을 전달해야 한다.[5] 조정위원회가 소집된 때로부터 6주 이내에 공동문안을 승인하는 경우, 유럽의회 및 이사회는 각각 투표자 과반수의 찬성과 가중 다수결로 승인된 때로부터 6주 이내에 공동문안에 따라 해당 조치를 채택해야 한다. 상기 두 기관 중의 하나가 조치안을 승인하지 않는 경우에는 채택되지 않은 것으로 간주한다.[6] 조정위원회가 공동문안을 승인하지 않는 경우, 조치안은 채택되지 않은 것으로 간주한다.[7]

---

3) EC조약 제251조 2항.
4) EC조약 제251조 3항.
5) EC조약 제251조 4항.
6) EC조약 제251조 5항.
7) EC조약 제251조 6항.

유럽의회는 '조약상 부여된 권한을 행사'하여8) 공동결정절차에 의한 '공동체 행위의 채택 과정'에 참가할 수 있다.9) 이 절차의 도입으로 인하여, 그 동안 공동체 입법권의 유일한 保持者(le titulaire unique)였던 이사회와 함께 유럽의회가 共同保持者(co-tituliare)로 등장하게 되었다. 이로써 유럽의회는 '예산당국(Autorité budgétaire)'만이 아니라 '입법당국(Autorité législative)'으로서의 역할도 함께 담당하게 되었다.10) 비록 공동결정절차가 처음으로 도입된 마스트리히트조약 하에서는 그 적용 영역이 상당히 제한적이었지만 암스테르담조약 하에서는 그 영역이 점차적으로 확대되었다.

또한 아래에서 살펴보는 바와 같이 니스조약에 의해 그 의사결정방식도 일부 분야를 제외하고는 대부분 전원일치에서 가중다수결로 전환되었다. 이와 같은 현상은 '공동체에 가입한 회원국 인민들의 대표로 구성된(which shall consist of representatives of the peoples of the States brought together in the Community)'11) 유럽의회가 그 인민들의 이익을 대변하는 기구로 자리매김하는 당연한 과정이라고 이해할 수 있다. 따라서 공동체 입법에 있어 '共同立法者(co-législateur)'로서 유럽의회의 등장은 공동체에 있어 민주적 합법성 및 국가 중심의 국제기구와는 대별되는 공동체 기구제도의 특수성의 강화라는 두 가지 중요한 의의를 가진다. 결국 이를 한마디로 요약하면, 바로 공동체법의 발전에 있어 '하나의 질적 도약(un saut qualitatif)'이라고 할 수 있다.

---

8) EC조약 제189조(ex-137).
9) EC조약 제191조(ex-138B).
10) Robert Kobar et Vlad Constantinesco, "Article 189B", in *Traité sur l'Union Européenne : Commentaire article par article*(sous la direction de Vlad Constqntinesco, Robert Kovar et Denys Simon)(Paris: Economica, 1995), 654p.
11) EC조약 제189조(ex-137).

3. 유럽헌법에 있어 입법절차의 단순화

(1) 입법절차 단순화의 내용

앞에서 살펴본 바와 같이, 현재 입법행위의 채택을 위한 의사결정절차는 협의절차, 협력절차, 공동결정절차 및 동의절차 등 네 가지가 이용되고 있다. 유럽미래회의는 '단순화에 관한 실무단'을 설치하고, 이 절차가 가지는 문제점과 한계를 개선하기 위한 검토를 행하였다. 이에 실무단은 특히 유럽의회와 유럽이사회의 역할에 중점을 두고 이 절차의 단순화에 관한 방안을 제시하였다.[12] 이를 그 주요한 사항별로 살펴보면 다음과 같다.

첫째, 공동결정절차로서 이 절차는 원활하게 운영되고 있으므로 가중다수결제도가 동 절차가 적용되는 모든 영역에 걸쳐 이용되어야 한다. 또한 조정위원회(the Conciliation Committee)를 구성하는데 있어 보다 유연성이 확보되어야 한다.

둘째, 상호협력절차는 오직 의견표명을 위한 절차로 이용하든지 아니면 공동결정절차로 대체되어야 한다. 전자와 관련하여 실무단은 이 절차를 사실상 폐지하여야 한다고 보고 있다.

셋째, 동의절차의 경우, 특정한 국제협정을 비준하는 경우에만 제한적으로 이용되어야 한다.

넷째, 예산절차이다. 현재 예산은 수입과 지출 면에서 각각 유럽이사회와 유럽의회가 최종 결정권한을 행사하고 있다. 실무단은 예산에 관한 절차 조항이 유럽헌법에 포함되어야 하며, 예산 지출에 관한 최종 승인 절차는 상기 단순화된 공동결정절차와 유사한 형태가 되어야 한다고 주장하고 있다. 이 견해에 따르면, 예산 절차에 있어서도 유럽의회의 권한이 한층 강화되게 된다.

상기 실무단의 보고서에서 제시된 내용을 바탕으로 유럽헌법은 입법행

---

12) 최종보고서 채택일자 : Brussels, 29 November 2002(CONV 424/02)

• 유럽헌법론

위를 채택하기 위한 절차를 상당하게 단순화시켰다. 다시 말하여, 절차의 단순화와 관련하여 유럽헌법이 가지는 특징은 상기 네 가지 유형의 절차, 특히 협의절차와 협력절차를 공동결정절차 중심으로 단순화 내지는 단일화시켰다. 이를 '일반입법절차(the general legislative procedure)'라고 부르는데, 이 절차의 확대는 가장 두드러진 개선 사항 중의 하나이다. 이 외에도 특별입법절차 및 '가교조항'도 새로이 마련되었다. 따라서 아래에서는 이 절차들에 대해 살펴보기로 한다.

(2) 일반입법절차

유럽헌법을 이행하기 위하여, 유럽법 혹은 유럽골격법은 일반입법절차에 따라 채택된다. 이 절차는 〈제안〉-〈제1독회〉-〈제2독회〉-〈조정〉-〈제3독회-채택〉 등 모두 5단계의 과정을 거친다(제III-396조).

[제1단계 : 절차의 개시-제안]

이 절차는 위원회가 유럽의회와 각료이사회에 제안을 제출하면서 개시된다.

[제2단계 : 제1독회]

유럽의회는 제1독회(first reading)에서 입장을 채택해야 하고, 각료이사회에 이를 통보해야 한다. 이에 대해, 각료이사회가 유럽의회의 입장을 승인하는 경우, 그 제안된 행위는 채택된다. 그러나 각료이사회가 유럽의회의 입장을 승인하지 않는 경우, 제1독회에서 그 입장을 채택해야 하며, 유럽의회에 이를 통보해야 한다. 각료이사회와 위원회는 유럽의회에게 제1독회에서 그 입장을 채택하게 된 이유를 충분하게 통지해야 한다.

[제3단계 : 제2독회]

통보가 있은 후 3개월 이내 유럽의회는 다음과 같이 세 가지의 입장을 취할 수 있다.

① 제1독회에서 각료이사회의 입장을 승인하거나 혹은 결정을 내리지 않을 경우, 제안된 행위는 채택된 것으로 간주된다.
② 제1독회에서 재적의원 과반수의 찬성으로 각료이사회의 입장을 거부하는 경우, 제안된 입장은 채택되지 않은 것으로 간주된다.
③ 제1독회에서 재적의원 과반수의 찬성으로 입장의 개정을 제안하는 경우, 개정안은 각료이사회와 위원회에 송부되어야 하고, 위원회는 개정안에 대해 의견을 첨부해야 한다.

유럽의회의 개정안이 회부된 후 3개월 이내 각료이사회가 가중다수결로 그 개정안을 승인하는 경우, 해당 행동은 채택된 것으로 간주된다. 반면, 그 개정안을 승인하지 않는 경우, 각료이사회의 의장은 유럽의회의 의장과 합의하여 6주 내에 조정위원회(Conciliation Committee)를 소집하여야 한다.

각료이사회는 위원회가 부정적인 의견을 제출한 개정안에 대해서는 전원일치의 찬성으로 채택해야 한다.

[제4단계 : 조정]

조정위원회는 각료이사회 구성원 혹은 그 대표자와 같은 수의 유럽의회 대표자로 구성되며, 제2독회에서 유럽의회 및 각료이사회의 제안에 의거하여 소집된 때로부터 6주 이내에 각료이사회 구성원 또는 그 대표자의 가중다수결 및 유럽의회의 대표자의 과반수 찬성으로 공동문안에 대한 합의를 도출하는 일을 수행해야 한다. 한편, 위원회는 조정위원회의 절차에 참여하여 유럽의회 및 각료이사회의 입장을 조정하는데 필요한 모든 조치를 취해야 한다. 만일 소집된 때로부터 6주 이내에 조정위원회가 공동문안을 승인하지 않는 경우, 제안된 행위는 채택되지 않은 것으로 간주된다.

[제5단계 : 제3독회-채택]

소집된 때로부터 6주 이내에 조정위원회가 공동문안을 승인하는 경우, 유럽의회 및 각료이사회는 승인된 때로부터 6주 이내에 각각 투표자 과반수의 찬성과 가중다수결로 공동문안에 따라 해당 행위를 채택해야 한다. 만일 실패하는 경우, 그 제안된 행동은 채택되지 않은 것으로 간주된다. 하지만 위에서 언급된 3개월 및 6주 기간은 유럽의회 혹은 각료이사회의 발의에 의해 각각 최대 1개월 및 2주간 연장될 수 있다.

(3) 특별입법절차

제I-34조에 의하면, 헌법에 의해 특수하게 규정된 경우, 유럽법과 유럽골격법은 특별입법절차(special legislative procedures)에 따라 이사회가 참가하여 유럽의회에 의해 또는 유럽의회가 참가하여 각료이사회에 의해 채택될 수 있다(2항). 즉, 통상적으로 유럽법과 유럽골격법은 이사회와 유럽의회 두 기관이 연대하여 채택되지만, 특수한 경우에는 이사회에 의해, 또는 좀 더 드문 경우에는 유럽의회에 의해 채택될 수도 있는데, 이를 특별입법절차라고 한다.

헌법은 특별입법절차가 어떻게 운용될 것인가에 대한 상세한 규정을 두고 있지 않으나 위의 일반입법절차에 준한다고 보아도 무방할 것이다. 따라서 사안별로 이 절차에 대해 규정하고 있는 법적 근거에 대해 언급할 필요가 있다.

특별입법절차는 다수의 기타 법적 기초와 관련을 맺고 있고, 이전의 협의, 협력 및 동의절차의 적용 영역을 포함하고 있다. 결과적으로 다음과 같은 모든 분야에 적용된다.

① 사법 및 내무협력 분야 : 유럽검찰청 및 경찰수사협력가 관련한 사건, 여권, 신분증 및 체류허가와 관련한 조치 및 월경과 관련한 가족법이 적용되는 조치

② 예산(자체 재원, 다년간 재정 계획 등) 및 세제(제3국으로 또는 제3국으로부터 자본의 이동 및 간접세에 관한 법률의 조화)

③ 특정 정책의 특수 측면, 예를 들어, 조세 성격의 환경적 조치, 연구 및 기술개발 프로그램(다년간 프로그램은 일반일법절차에 따라 채택된다), 사회보장 및 노동자의 사회적 보호

(4) 가교조항

헌법은 가중다수결투표 및 일반입법절차의 확대를 목표로 한 소위 '가교조항(bridging clause)'을 두고 있다. 따라서 입법절차에 관하여 이제부터는 모든 회원국에 의해 비준이 요구되는 IGC 메카니즘을 통하지 않고 특별입법절차로부터 일반입법절차로 전환할 수 있게 되었다.

헌법 제IV-444조는 이 가교조항들이 어떻게 작동하는가에 대한 상세한 내용을 포함하고 있다. 일반가교조항(general bridging clause)은 유럽의회의 동의를 얻은 후 전원일치로 행동하는 유럽이사회가 만일 국내의회가 6개월 이내 그 입장을 표명하지 않는다면, 헌법 제3편에 있어서 어떤 법적 기초를 위한 일반입법절차의 적용을 허가하는 것을 허용한다. 또한 특별가교규정들(specific bridging provisions)은 사회・환경・가족법 정책 분야에 대해 적용된다. 이 경우들에 대해 이사회는 유럽의회와 협의 후 전원일치로 행동하며, 국내의회는 관련되어 있지 않다.

가교규정들은 헌법조약의 가장 주요한 개선 사항 중의 하나이다. 이 규정들은 가중다수결투표만이 아니라 이사회에 비해 아직은 동등한 권한이 유지되지 않는 분야에 대해 유럽의회의 역할을 확대하는 결과를 가져올 것이다.

(5) 연합 기관간 권한 행사의 범위

입법행위 채택 절차에서 현안으로 대두된 것이 결국 위원회, 각료이사

회 및 유럽의회간 권한의 행사시 그 균형을 어떻게 유지할 것인가란 문제이다. 물론 세 기관 가운데 행위의 배타적 제안권은 위원회가 가진다. 위의 절차에서도 살펴본 바와 같이, 유럽헌법에서도 여전히 위원회의 제안이 없이는 입법 절차는 개시될 수 없다. 위원회의 이와 같은 배타적 제안권은 상당히 두터운 보호를 받고 있다. 즉, 각료이사회가 위원회 제출안을 의결하는데 있어서 제출안을 개정하는 경우에는 전원일치의 찬성으로 의결해야만 한다(제III-395조 1항). 또한 각료이사회가 아직 제출안을 의결하지 않고 있는 동안 위원회는 연합의 행위(a Union act)의 채택에 관한 절차 중에 언제든지 위원회 제출안을 변경할 수 있는 권한을 인정하고 있기도 하다(제III-395조 2항).

위원회의 배타적 제안권을 별론으로 한다면, 그동안 주로 각료이사회와 유럽의회 상호간의 권한 행사의 범위를 둘러싼 문제 제기가 끊이지 않았다. 그러나 유럽헌법은 이에 관한 별도의 명문 규정을 두고 있다. 즉, 향후 유럽의회, 각료이사회 및 위원회는 상호 협의해야 할 의무가 있으며, 또 공동합의에 의해 어떻게 협력을 할 것인가에 관한 방식을 정해야 한다. 이를 위하여, 그들은 헌법에 일치하여 구속적 성질을 가지는(of a binding nature) 기관협정(interinstitutional agreements)을 체결할 수도 있게 되었다(제III-397조). 이 같은 협정의 체결이 과연 세 기관 상호간의 권한 행사를 둘러싼 문제점을 해소할 수 있을 것인가, 또는 그 행사의 균형과 적정성을 확보할 수 있을 것인가에 대해서는 관심을 가질 필요가 있다고 본다.

제4장 가중다수결 투표 제도

1. 서 론

EU에서 이용되고 있는 의사결정방식 혹은 제도는 크게 입법과정을 위한 의사결정방식과 기타 제정책 결정을 위한 투표에 의거한 의사결정방식 등 두 유형으로 나눌 수 있다.

전자는 주로 위원회-이사회-유럽의회의 세기관간 상호 역학관계를 중심으로 진행되는 공동체입법행위를 위한 협의절차(Consultation Procedure), 협력절차(Cooperation Procedure), 공동결정절차(Co-decision Procedure) 및 동의절차(Assent Procedure) 등 네 가지의 의사결정절차가 이용되고 있다. 이 절차에 의해, 규칙(regulation), 지침(directive) 및 결정(decision) 등의 입법행위가 채택된다.

이와 아울러 EU는 각 회원국의 다양한 가치와 의사를 존중하면서 *acquis communautaire*(*Community acquis*)의 틀 속에서의 유럽통합을 추구하기 위한 또 다른 의사결정방식을 두고 있는데, 이것이 바로 후자, 즉 제정책 결정을 위한 투표에 의거한 의사결정방식이다. 현재 위원회, 이사회 및 유럽의회 등 각 기관마다 서로 상이한 방식을 사용하고 있으나 주로 전원일치제, 가중다수결제 및 과반수제의 세 가지 방식에 의거하여 투표에 의한 의사결정을 하고 있다.

본 장에서는 위와 같은 두 가지 의사결정방식 가운데 후자, 특히 이사회에서의 결정 채택을 위한 투표 방식으로 가장 폭넓게 사용되는 가중다수결제도를 중심으로 고찰하고자 한다. 이 제도는 '1국 1표(un Etat égale une voix)'제도를 채택하고 있는 국제기구와 대별되는 EU만의 독특한 표결방식이라고 할 수 있다.[1] 특히, 암스테르담조약 이후, 법률적

---

1) Geneviève Gertrand, *La prise de décision dans l'Union européenne* (Paris : La documentation Française, 2002), 42p.

• 유럽헌법론

성격을 가지는 대부분의 행위들은 유럽의회와의 공동결정으로 이사회에 의해 가중다수결로 채택되고 있는 추세이다. 더욱이 2001년 2월 26일자로 채택된 니스조약이 2003년 2월 1일자로 발효하게 되어, 약 30여개의 새로운 규정이 가중다수결의 적용을 받게 되었다. 또한 2004년부터 중동부유럽으로의 유럽의 새로운 확대(제5차 확대)가 행해짐으로써 그에 걸맞는 기구의 개혁을 위해 가중다수결제도의 현실적 효용성을 더욱 높아지게 되었다.

유럽미래회의 결과 채택된 유럽헌법에서는 회원국과 연합의 인구의 다수를 각각 고려하는 소위 '이중다수결(double majority)'이라고 불리는 새로운 가중다수결투표(qualified majority voting) 제도를 제안했다. IGC는 유럽미래회의의 이 제안을 수용하고 이에 대해 활발한 토론을 벌였다. 그 결과, 새로운 제도로의 이행을 용이하게 하도록 일부 개정되었다.

유럽헌법에 의해 도입된 새로운 제도는 이사회 의사결정에 있어 하나의 혁명으로 간주될 수 있다. 회원국간 지루하고 까다로운 교섭의 대상이 되었던 투표 가중치는 폐지될 것이다. 이제까지 가중다수결을 위해 요구된 투표가중치, 회원국의 다수 및 연합 인구의 62%(threshold of weighted votes, majority of Member States and 62% of the population of the Union) 등 세 가지 기준 대신 단지 회원국 및 연합 인구의 다수(majority of the Member States and of the population of the Union)라는 두 가지 기준이 적용될 것이다. 따라서 헌법조약은 이사회에서 사용되던 기존의 투표가중치를 폐지하고, 그 대신 단순하고, 효과적이며, 또한 유연한 제도(a simple, effective and flexible system)로 대체되게 되었다.

본 장에서는 우선 현재 시행되고 있는 가중다수결제도의 내용과 그 문제점에 대해 살펴본 후 유럽헌법상 새롭게 도입된 가중다수결제도와 그 확대된 규정의 내용에 대해 검토하기로 한다.

2. 현행 가중다수결제도와 민주성 결핍의 해소

로마조약은 과반수, 가중다수결 및 전원일치의 세 가지 방식을 이사회에서 투표에 의한 의사결정방식으로 규정하고 있었다.[2] 하지만 벨기에, 프랑스, 독일, 이탈리아, 룩셈부르크 및 네덜란드 등 6개 원회원국에 의해 설립된 초기의 EEC에 있어 대부분의 정책은 전원일치제에 의하여 채택되었다. 물론 공동농업정책(Common Agricultural Policy : CAP)[3]이나 운송정책[4] 등 일부 정책은 가중다수결에 의하여 결정되었지만 주된 의사결정제도는 전원일치제였다. 전원일치제는 각 회원국에게 거부권(le droit à veto)을 부여하고 있는데, 회원국 수가 증가함에 따라, 일 회원국에 의한 거부권의 행사는 의사결정 자체를 봉쇄 혹은 무력화시킬 위험이 있다. EU의 주요 조약들은 아직도 73개 조항에서 전원일치제에 대해 규정하고 있다. 이 조항들은 상당히 다양한 성질을 드러내고 있는데, 예를 들어, 공동체 기관들의 위원 임명(예 : 감사원 위원의 임명에 관한 EC조약 제247조), 공동체 정책(사회결속정책에 관한 EC조약 제161조), 공동체 기관의 기능(예 : 유럽의회 의원의 선출에 관한 통일선거절차에 관한 EC조약 제190조 4항) 등이 그 대표적인 경우이다. 이처럼 전원일치제는 EU에 있어서 공동체 기관들과 회원국들간 힘의 균형을 유지하며, 회원국들의 참가를 보장하는데 적지 않은 기여를 하고 있다. 이러한 관점에서 볼 때, 가중다수결제도는 공동체 기관의 사용 언어체제 및 순수재원 등과 같이 힘의 균형이 필요한 분야에는 부적절하다고 보여진다.[5]

하지만 유럽단일협정, 마스트리히트조약 및 암스테르담조약 등이 채택되면서 가중다수결제도는 '역내적 성격'을 가지는 대부분의 공동체 정책

---

2) EEC조약 제148조; EC조약 제205조.
3) EEC조약 제44조 5항.
4) EEC조약 제79조 3항.
5) 이사회에서의 전원일치제와 가중다수결제를 중심으로 한 의사결정방식에 대해서는, 김대순, 전게서, pp. 46-50.

의 이행에 있어 전원일치제를 대체하게 되었다. 위에서 고찰한 바와 같이, 아직도 상당한 영역에 걸쳐 전원일치제가 적용되지만 암스테르담조약 이후, 대부분의 법률적 성격을 가지는 행위들은 유럽의회와의 공동결정으로 이사회에 의해 가중다수결로 채택됨으로써 주된 의사결정제도로 자리매김하게 되었다(참고 〈표 1〉).

〈표 1〉 기존의 가중다수결제도 : 회원국별 투표 가중치

독 일	10	오스트리아	4
벨기에	5	덴마크	3
스페인	8	핀란드	3
프랑스	10	그리스	5
아일랜드	3	이탈리아	10
룩셈부르크	2	네덜란드	5
포르투갈	5	영 국	10
스웨덴	4	합 계	87

* 총 87표 중 가중다수결은 62표이고, 봉쇄에 필요한 소수는 26표이다.

다른 제도에 비하여 가중다수결제도가 EU의 정책 결정과정에서 폭넓게 이용되고 있는 이유는 무엇보다 그 현실적 유용성에 기인하고 있다고 보여진다. 즉, 가중다수결제도는 공동체 수준에서의 정책을 개발하고 이를 현실에 적용하는데 가장 유효하다. 예를 들어, 1986년에 채택된 유럽단일협정은 역내시장과 관련한 거의 모든 정책(약 300여개의 필요한 지침과 규칙)을 채택하는데 가중다수결제도를 이용하였다. 이후에도 동제도의 적용범위는 마스트리히트조약 및 암스테르담조약 등을 통해 점차적으로 확대되었으며, 니스조약에서도 동제도에 대한 의존도는 더욱 높아졌다. 즉, 니스조약에 관한 IGC는 확대된 유럽에 적용되는 가중다수결 비율은 신입회원국의 가입조약에서 구체적으로 명시될 것이며,6) 또한 약

---

6) Joël Rideau, *Droit institutionnel de l'Union et des Communautés européennes* (Paris : L.G.D.J, 4e éd., 2002), 339p.

30여개의 새로운 규정이 가중다수결이 적용될 것이라고 결정하였다. 그 결과, 니스조약에 새로이 추가 혹은 변경된 내용은 다음과 같다.

먼저, 니스조약에 첨부된 'EU의 확대에 관한 의정서(Protocol on the enlargement of the European Union)'의 제3조 '이사회에서의 투표 가중치와 관련한 규정(Provisions concerning the weighting of votes in the Council)'에 의해 2005년 1월 1일부터 가중다수결에 의한 새로운 투표 가중치가 적용되게 된다〈표 2〉.7)

〈표 2〉 니스조약에 있어 가중다수결제도 : 확대된 유럽(27개국)에 대한 투표 가중치8)

독 일	29	불가리아	10
영 국	29	오스트리아	10
프 랑 스	29	슬로바키아	7
이탈리아	29	덴 마 크	7
스 페 인	27	핀 란 드	7
폴 란 드	27	아일랜드	7
루마니아	14	리투아니아	7
네덜란드	13	레토니아	4
그 리 스	12	슬로베니아	4
체코공화국	12	에스토니아	4
벨 기 에	12	사이프러스	4
헝 가 리	12	룩셈부르크	4
포르투갈	12	몰 타	3
스 웨 덴	10	합 계	345

* 가중다수결 의결에 필요한 표는 현 15개 회원국의 경우 총 237표 중 169표 (71.31%)이다. 그러나 이 비율은 가입의 진행 상황에 따라 달라지게 된다. 만일 27개 회원국으로 확대되는 경우, 가중다수결 비율은 73.91%이고, 그 최소표는 가입조약에서 정해지게 된다.

---

7) Cf. Declaration on the enlargement of the European Union ; Declaration on the qualified majority threshold and the number of votes for a blocking minority in an enlarged Union.
8) 상기 'EU의 확대에 관한 선언(Declaration on the enlargement of the European Union)' Table 2 'The Weighting of Votes in the Council'를 참고할 것.

다음, 니스조약에 있어 새로이 가중다수결의 적용을 받는 규정을 개괄하면 다음과 같다.9)

첫째, 공동체 정책에 있어서, 니스조약의 발효일로부터 약 10여개의 규정들의 모든 내용 혹은 일부 내용이 가중다수결의 적용을 받게 되었다(예 : EC조약 제13, 18, 65, 100, 123, 133, 157, 159, 181 bis, 279조).

둘째, 4개조항의 경우, 가중다수결로의 이행이 시간적 간격을 두고 그 모든 내용 혹은 특별한 경우에는 그 일부 내용이 관련 조항의 적용을 받는다(예 : EC조약 제67조. 하지만 제62, 63, 66조 및 제161조와 관련됨).

셋째, 니스조약의 발효일로부터 위원회 위원장 및 위원의 임명과 관련한 6개 조항 및 기구에 관한 문제에 관한 8개 조항에 대해 가중다수결이 적용되게 되었다.

니스조약에 있어 가중다수결의 적용을 받는 위의 규정 가운데 니스이사회에서 특히 논의의 대상이 된 내용에 대해서는 아래에서 자세히 살펴보겠지만, 가중다수결의 적용 확대는 EU의 의사결정방식의 질적인 측면에서도 무시할 수 없는 성과라고 할 수 있다.10)

---

9) 이에 대해서는, Conference of the Representatives of the Governments of the Member States, *Extension of qualified majority voting* (Presidency Note), Brussels, 28 September 2000(29.09)(OR. fr), CONFER 4776/00, 45p; Joël Rideau(sous la direction de), *Union européenne: Commentaire des traités modifiés par le traité de Nice du 26 Février 2001*(Paris : L.G.D.J, 2001), 511p: Christiqn Lequesne, *Le traité de Nice et l'avenir institutionnel de l'Union européenne, dans regards sur l'actualité* (Mensuel No. 274, septembre)octobre 2001), pp. 3-14.

10) 그러나 이에 대한 비판적 견해도 적지 않다. 예를 들어, 위원회 위원장인 Romano Prodi는 니스이사회 다음날 유럽의회에서 행한 동 이사회 결과보고를 하면서, 가중다수결의 적용에 관한 니스이사회의 결론은 '질적으로는 보잘 것 없다(qualitativement, c'est une autre affaire).'고 하였다. Romano Prodi, *Discours devant le Parlememt européen sur les conclusions du Conseil européen de Nice*, 12 décembre 2000.

3. 유럽헌법상 새로운 가중다수결제도

(1) 일반 규정

헌법이 새로운 의사결정제도를 도입한 이유는 무엇일까? 이를 세 가지 정도로 정리해보면 다음과 같다.

첫째, 회원국 수가 대폭 증가함에 따라 새로운 의사결정제도가 창출될 필요가 있었다. 이미 니스조약은 가중다수결을 이사회에서의 주된 의사결정제도로 자리매김했다. 이렇게 한 이유는 확대된 연합의 원활한 운영을 위해서 단순하고 유효한 의사결정제도의 마련이 시급했기 때문이다.

둘째, 새로운 제도는 상당한 유연성을 갖고 있다. 따라서 이 제도는 연합의 후속적인 확대시 회원국간 의결권의 배분과 가중다수결 비율의 정의에 관한 지리한 협상을 피하는 역할을 하게 될 것이다.

셋째, 이 제도는 회원국 및 인민들의 연합(a Union of States and of peoples)이라는 이중적 성질(the twofold nature)을 고려하고 있다. 회원국간 평등은 '1국당 1표' 원칙을 존중하되 상이한 인구 규모를 고려하여 결정되게 된다.

이와 같은 제측면을 고려하여, 헌법조약 제I-25조는 새로운 가중다수결제도에 대해 정의하고 있다. 따라서 기존의 회원국당 부여되던 의결권수는 이중다수결제도를 위해 폐지되었다.

앞으로 가중다수결로 인정되기 위해서는 최소 15개국을 포함한 회원국의 55% 이상의 다수여야 하고, 또 그 위원들에 의해 대표되는 회원국이 연합의 인구 가운데 적어도 65%가 되어야 한다(제I-25조 1항).

가중다수결로 인정받기 위해서는 적어도 15인 이상의 이사회 위원들을 포함하여 회원국의 55%에 의해 지지되어야 한다는 내용은 좀 더 명확히 설명될 필요가 있다. 즉, 연합 25개 회원국 가운데 15개국은 총 60%를 대표하고 있다. 그러나 연합이 25개국 이상의 회원국이 되게 되면, 이 규정은 그 중요성을 잃게 될 것이다. 만일 연합이 26개국으로 확대되는 순간부터 전회원국의 55%는 적어도 그들의 15개국을 포함하게 될 것이다. 따라서 이는 과도적 규정으로 볼 수 있다.

또한 제I-25조는 유럽이사회가 유럽이사회 의장 및 유럽위원회 위원장이 투표에 참가하지 않는 경우에 가중다수결로 결정할 때 적용된다고 규정하고 있다(4항).

헌법은 새로운 제도가 적용되는 날짜를 정하고 있다. 즉, 2009년 유럽선거에 의해 새로운 위원회가 임기를 시작하는 2009년 11월 1일부터 이 제도가 적용되게 된다. 2004년부터 2009년 사이에는 니스조약에 의해 규정된 현행 제도가 적용된다. 헌법은 부속된 "연합의 기관과 부차적 기구와 관련한 과도규정에 관한 의정서(Protocol on the transitional provisions relating to the institutions and bodies of the Union)"에서 이 규정들을 포함하고 있다.

(2) 특수 조항들

일반적 이중다수결규칙에 따라 일부 예외를 규율하는 다음과 같은 특수조항들은 보다 명확하게 설명될 필요가 있다.

- 이사회가 위원회 또는 외무부장관의 제안에 의하지 않고 행동하는 경우
- 소수 봉쇄표에 관한 규칙(rule on blocking minorities)
- 협의의 다수결을 위한 특수과도조항(specific transitional clause for narrow majorities)

(3) 위원회에 제안되지 않은 행위

첫째, 유럽이사회 또는 각료이사회가 위원회 또는 연합 외무부장관의 제안에 의거하지 않고 행동하는 경우에 가중다수결은 연합 인구의 65%를 대표하는 회원국의 72% 이상의 다수를 획득해야 한다(제I-25조 2항).

따라서 이 경우, 필요한 회원국 수는 기타의 경우보다 많아야 한다.

이 규정은 현행 조약에서도 이미 발견할 수 있다. 즉, 특히 공동외교안보정책 및 범죄 문제에 관한 경찰·사법협력 분야에서 위원회의 제안없이 이사회가 행동하는 경우, 가중다수결은 적어도 회원국의 3분의 2가 되어야 성립한다(EC조약 제205조 및 EU조약 제23조·제34조). 헌법조약은 이 규정에서 아이디어를 얻었으며, 회원국의 3분의 2에서 72%로 그 비율을 조금 상향 조정했다.

(4) 봉쇄다수결

둘째, 헌법조약은 가중다수결을 봉쇄할 수 있는 소수표는 적어도 4개 회원국을 포함해야 한다고 규정하고 있다. 이 조항이 가지는 의의를 이해하기 위해서는 다양한 회원국의 인구규모를 고려해야 한다. 이 조항이 없다면, 독일, 프랑스, 이탈리아 및 영국 등 소위 'big 4' 회원국 중 3개국만으로도 의결을 봉쇄할 수 있다. 즉, 3개국의 인구가 연합 인구의 35% 이상을 구성하고 있는 것이다.

이 조항은 가중다수결을 봉쇄할 수 있는 소수표의 형성을 보다 어렵게 함으로써 이사회에서의 의사결정을 용이하게 하는데 기여할 것이다. 즉, 이는 인구 대국 회원국들의 가상적인 담합에 대해 세이프가드조항으로 간주될 수 있다. 하지만 현실적으로 인구 대국과 소국간 명백한 구분은 좀처럼 일어나지 않으므로 그 중요성이 그리 높지는 않아 보인다.

(5) 제한적 다수결의 경우에 적용되는 과도적 특수조항

마지막으로, 가중다수결이 아주 제한적으로 사용된 경우, 다시 말해서 결정에 다툼이 있는 경우에는 특수조항이 적용된다. 헌법은 니스조약에 규정된 새로운 가중치가 발효할 때까지 사용된, 1994년에 채택된 형식인 소위 "아이오니아 합의(Ioannina compromis)"의 영향 아래 이 조항을 채택

했다. 헌법조약에 부속된 IGC 선언(Declaration of the Intergovernmental Conference)은 제I-25조를 이행하는 결정안을 포함하고 있다.

이 결정의 목적은 니스조약에 의해 확립된 회원국당 가중투표치가 할당되어 있는 현행 제도를 새로운 이중다수결제도로 이행하기 쉽게 하기 위한 것이다. 이 제도는 헌법이 발효하는 날에 이사회에 의해 채택되어야 한다.

이 결정은 이사회는 이사회의 특정 위원들이 원하는 경우, 행동의 채택에 대해 논의할 것이라고 규정하고 있다. 단, 이러한 요구를 하기 위하여 위원들은 일정한 기준을 충족시켜야 한다. 즉, 위원들은 다수결을 저지하기 위하여 요구되는 기준인 회원국의 4분의 3 또는 인구의 4분의 3 이상이 제한적 다수결(narrow majority)을 필요로 한다는 것을 제시해야 한다. 따라서 이 규정은 가중다수결이 오로지 제한적으로 행해지는 경우에 한하여 적용된다.

이 경우에 있어 이사회는 합리적인 기간 내에 특정 회원국의 관심사항을 충족시키기 위한 해결책을 모색하기 위하여 그의 모든 권한을 행사할 것이다. 이사회 의장, 위원회 위원장 및 기타 이사회의 위원들은 포괄적인 합의를 도출하기 위하여 그들이 제공할 수 있는 모든 지원을 할 것이다.

그러나 이와 같은 요구는 이를테면, 헌법조약, 연합법 또는 이사회의 내부규칙에서 "이사회는 일정 기한 내에 행동해야 한다"고 규정하고 있는 경우, 그 최종 기한을 초과하여 행해질 수는 없다. 달리 말하면, 이 결정은 거부권을 구성할 수는 없다.

실제로 이 결정은 그다지 많은 영향을 미치지는 않을 것이라 판단된다. 왜냐하면, 그 일상업무에서 이사회는 가능한 폭넓은 합의를 도출하기 위해 노력하고 있고, 또한 형식적 거부권의 행사 없이 총의(컨센서스)에 이르기 때문이다. 그동안의 경과를 살펴보건대, 아이오니아 합의는 아주 드물게 적용되었다. 따라서 만일 폭넓은 합의가 가능하다면 이 조항은 회원국들에 의해 그다지 이용되지 않을 것이다.

이 결정은 이중다수결제도가 도입되는 날인 2009년 11월 1일자로 발효할 것이고, 적어도 2014년까지 효력을 지속할 것이다. 이 이후부터 이사회는 유럽결정, 즉 가중다수결로 이 결정을 폐지할 수도 있을 것이다.

4. 유럽헌법상 가중다수결 투표의 확대

(1) 개 요

가중다수결 투표제의 확대는 유럽의 확대와 더불어 행해진 EU의 제도적 개혁의 중심적 내용에 해당한다. 연합이 확대됨으로써 전원일치가 적용되기에는 더 이상 어려우므로 가중다수결의 적용 확대는 상당히 중요한 의미를 가지게 되었다.

가중다수결 투표제는 이사회에서 회원국간 교섭의 성질에 대해서도 중요한 영향을 미칠 것이다. 만일 가중다수결로 투표가 가능하다면, 더 이상 결정에 대한 거부권을 행사할 수 없게 되어 합의에 이를 수 있는 여지가 훨씬 넓어지게 되었다. 하지만 그럼에도 불구하고, 현실적으로는 비록 가중다수결로 투표하는 것이 가능하지 않다고 할지라도 이사회는 늘 가능한 총의에 이르기 위해 애쓰고 있다.

유럽미래회의는 가중다수결의 적용 분야를 확대할 것을 제안했다. 비록 일부 민감한 분야에서 여전히 전원일치가 적용되겠지만 이에 대해 IGC도 폭넓은 지지를 했다. 게다가 헌법조약은 가중다수결 투표가 적용될 다수의 새로운 조항을 신설했다.

세 분야에 대해 소위 '긴급억제조항(emergency brake clauses)'이라고 불리는 특수조항이 도입되었다. 이 조항에 의해 회원국은 유럽이사회와 관련한 사안에 대해 언급할 수 있게 되었다. 이 조항들에 대해서는 가중다수결 투표제가 적용된다.

마지막으로, 새로운 가교조항(bridging clause)이 도입되었다. 이 조항은 유럽이사회에서 전원일치로 최종 투표를 한 후 헌법조약 제3편 제3부(Title III (Internal policies and actions) of Part III)에 있어 가중다수결 투표를 거쳐야 할 사안에 대해 적용된다.

(2) 가중다수결 투표의 확대

헌법조약은 약 20개 규정에 대해 가중다수결 투표를 확대하고 있고, 대다수의 경우, 일반입법절차의 적용을 동반한다.

세 가지 경우에 헌법조약은 가중다수결에 대해 규정하고 있지만 '긴급억제조항'을 포함하고 있는데, 노동자의 자유이동, 자유, 안전 및 사법지대에 관한 두 분야가 이에 해당한다.

만일 사법·내무협력 분야에서, 제안 또는 개정안이 일정 기간 동안 봉쇄된 채로 있다면, 헌법조약은 강화된 협력(enhanced cooperation)의 가능성을 규정하고 있다. 이는 문제된 제안에 기초하여 적어도 회원국의 3분의 1이 동의해야 도입될 수 있다.

또한 헌법조약은 가중다수결이 적용될 수 있는 다수의 새로운 조항들을 신설했다. 때때로 새로운 유럽정책, 이를테면 우주정책을 이끄는 실제적인 혁신이기도 하다. 다른 경우에 있어 헌법은 단순히 예를 들어, 인도적 지원과 같이 다른 법적 기초 위에서 가중다수결에 의해 채택된 조치를 위한 법적 기초를 창출한다. 이 경우에 있어 헌법조약은 기존의 관행을 명확히 하고, 보다 투명하게 한다.

(3) 전원일치

그럼에도 불구하고, 특정 조항들은 연합 및 회원국에 특별히 중요한 경우에 전적으로 또는 일부분 전원일치에 구속된 채로 남아있다. 또한 헌법조약은 전원일치에 구속되는 특정한 새로운 법적 기초를 창출하고 있다.

다음의 분야는 여전히 전원일치가 적용되는 분야이다.

- 과세
- 사회보장 및 사회보호 분야에서의 조화
- 사법・내무협력 분야에서의 특정 규정(유럽검찰, 가족법, 경찰의 작전협력 등)
- 헌법에 특수한 법적 기초가 없는 경우에 그 목적의 하나를 성취하기 위하여 연합이 행동할 수 있도록 허용하는 유연성조항(flexibility clause, 제I-18조)
- 명확하게 정의된 경우를 제외한 공동외교안보정책
- 연합의 재정(자체 재원, 다년간 재정 계획)
- 연합의 회원국 자격(가입 협상의 개시, 협력, 연합 가치의 심각한 위반 등)
- 시민권(유럽시민들에 대한 새로운 권리의 부여, 비차별조치 등)
- 특정한 제도적 문제(유럽의회의 선거제도 및 구성, 임명, 지역위원회 및 경제사회이사회의 구성, 언어 제도, 헌법의 개정 등)

〈표 3〉 유럽헌법상 가중다수결이 적용되는 조항의 목록

조 문	제 목
제I-24조	각료이사회의 구성
제I-37조	이행 행위
제III-141조	자영업자로서 영업직종 채택 및 영업의 추구
제III-179조	경제정책의 조정
제III-184조	과도한 재정적자
제III-187조	유럽중앙은행제도(ESCB)
제III-223조	구조기금 및 결속기금의 임무, 목표 및 조직
제III-236조	공동운송정책
제III-263조	사법내무협력분야 : 행정적 협력
제III-265조	국경망명통제
제III-266조	망명
제III-267조	이민

• 유럽헌법론

조 문	제 목
제Ⅲ-272조	범죄 예방
제Ⅲ-273조	유로저스트
제Ⅲ-275조	경찰협력
제Ⅲ-276조	유럽경찰(Europol)
제Ⅲ-280조	문화
제Ⅲ-300조	외무부장관의 발의권
제Ⅲ-311조	유럽방위청
제Ⅲ-382조	유럽중앙은행 집행부의 임명
긴급억제 가중다수결	
제Ⅲ-136조	노동자의 자유 이동/사회보장
제Ⅲ-270조	범죄문제에 대한 사법협력
제Ⅲ-271조	범죄(criminal offence)에 대한 定義의 접근
가중다수결이 적용되는 새로운 규정의 목록	
제Ⅰ-9조	유럽인권협약(ECHR) 가입
제Ⅰ-24조	각료이사회의 구성
제Ⅰ-32조	연합의 부차 기구(advisory bodies)
제Ⅰ-47조	시민의 발의
제Ⅰ-54조	연합의 자체 재원
제Ⅰ-60조	연합으로부터의 자발적 탈퇴
제Ⅲ-122조	일반 경제적 이익 서비스
제Ⅲ-127조	외교적·영사적 보호
제Ⅲ-176조	지적소유권
제Ⅲ-196조	국제통화제도에 있어 유로의 지위
제Ⅲ-254조	우주정책
제Ⅲ-256조	에너지
제Ⅲ-281조	관광
제Ⅲ-282조	스포츠
제Ⅲ-284조	시민보호
제Ⅲ-285조	행정 협력
제Ⅲ-312조	방위-항구적 구조화된 협력
제Ⅲ-321조	인도적 지원
제Ⅲ-398조	EU의 행정

제 4 부
연합의 정책

제1장 경제통화정책

1. 서 론

유럽헌법은 연합의 경제 및 통화정책(economic and monetary policy)에 대해 많은 변경을 가했다. 특히

- 연합 및 유로존의 능력 강화
- EU 기관으로서 유럽중앙은행의 설립
- 규정의 단순화

경제통화정책은 유럽미래회의 작업 분야로서 오랫동안 동 회의와 IGC에 의해 논의되었다. 그 결과, 연합에게 경제정책을 조정할 수 있는 권한을 부여했다. 유로를 채택하고 있는 회원국들은 그들과 관련된 문제에 관한 결정을 하는데 있어 상당한 자율권을 가지게 될 것이다. 이 점에 관하여, 유럽헌법은 "유로를 사용하고 있는 회원국들에 대한 특별 규정(Provisions specific to Member States whose currency is the

euro)"에 관한 새로운 부(a new section)를 포함하고 있고, 유로그룹에 관한 의정서(Protocol on the Euro Group)도 유럽헌법에 부속되었다.
　결국 유럽헌법은 아주 소수의 예외와 함께 거의 모든 경제통화정책에 대해 가중다수결투표를 확대했다.

2. 유럽중앙은행

　유럽중앙은행은 EU의 기관이 되었다. 이에 대해 다루고 있는 유럽헌법 제I-30조는 헌법 제Ⅲ편으로부터 특정한 제도적 규정을 두고 있으며, 시민들에게 보다 쉽게 접근가능하도록 하기 위하여 단일 규정을 두고 있다.
　유럽중앙은행은 특정 영역에서 법적 행위를 채택할 수 있고, 또 그 분야에서 연합의 어떤 법률문서에 관하여 협의를 할 수 있으므로 유럽중앙은행에게 기관의 지위를 부여하는 것은 논리적이다. 그러나 이는 유럽중앙은행 혹은 유럽중앙은행제도(European System of Central Banks : ESCB)의 임무, 정관 혹은 목적에 영향을 미칠 수 없다.
　그러나 유럽중앙은행이 EU의 기관이 되었다는 사실은 그 구조, 임무, 정관 혹은 목적 혹은 ESCB에 어떠한 변경도 가져오지 않았다. 그래서 유럽중앙은행은 기타 EU 기관들 및 회원국 당국에 대해 독립적이다. 유럽중앙은행은 오직 법인격을 가지는 유럽기관인 것이다. 유럽헌법은 유로를 채택하지 않은 회원국의 중앙은행 간부들은 유럽중앙은행 이사회의 위원이 될 수 없다는 점을 아주 명확하게 규정하고 있다(제Ⅲ-382조).

3. 경제정책

　유럽헌법 제I-15조는 회원국들에게 연합 내에서 그들의 경제정책을 조정할 것을 요구하고 있다. 이 목적을 위하여, 각료이사회는 조치, 특히 범경제정책가이드라인(broad economic policy guidelines : BEPG)을 채택해야 한다. 특수 규정은 유로를 사용하고 있는 회원국들에게 적용된다.

유럽헌법 제2편 제3부 제2장(Chapter II of Title III of Part II)은 경제 및 통화정책에 관한 것이다. 제III-177조는 경제통화정책 분야에서의 회원국과 연합의 활동을 정의하고 있다.

동 조와 제III-178조에 따라 연합의 경제정책은 역내시장과 공동목적의 정의에 관하여 회원국 경제정책의 긴밀한 조정에 기초하게 될 것이다. 회원국들은 연합의 제 목적의 성취에 기여하기 위하여 그들의 경제정책을 수립해야 한다. 경제정책은 자유경쟁과 함께 시장개방경제의 원칙을 존중해야 한다. 회원국들은 공동관심사항(a matter of common concern) 으로서 그들의 경제정책을 간주해야 한다(제III-179조).

4. 범경제정책가이드라인(BEPG)

유럽헌법은 BEPG에 관한 여러 혁신적인 내용을 포함하고 있다 (제III-71).

- 위원회는 BEPG에 저촉되는 경제정책을 채택하거나 혹은 EMU의 순수한 기능을 무력화시킬 위험이 있는 회원국에게 직접 경고할 수 있다.
- 각료이사회가 어느 회원국에게 권고를 할 때, 이는 투표에 의한 표결의 대상이 되지 않는다.

5. 과도한 부채

과도한 부채에 관하여, 유럽헌법조약은 다음과 같이 개정하였다 (제III-184조).

- 만약 위원회가 어느 회원국이 과도한 부채가 있거나 혹은 발생할 우

- 려가 있다고 간주한다면, 위원회는 직접 관련 회원국에게 견해를 표명할 수 있다. 이 때, 회원국에게 주의를 줄 것인가 여부를 결정하는 이사회에 대해 단지 권고를 할 수 있다. 그래서 위원회의 역할이 강화된 것이다(5항).
- 또한 위원회의 역할은 과도한 부채의 존재에 관한 결정에서도 강화되었다. 즉, 과도한 부채와 관련한 이사회의 결정은 위원회로부터의 확고한 제안에 기초해야 할 것이다. 이는 이사회가 전원일치로 행동하지 않고는 제안에서 벗어날 수 없다는 것을 의미한다. 반대로 상황을 개선시킬 목적으로 회원국에 대해 이사회에 의해 행해진 후속적인 권고는 위원회로부터의 단순 권고에 기초하게 될 것이고, 또 이사회는 보다 많은 시간적 여유를 가질 것이다(6항). 권고는 지체 없이 이사회에 의해 채택되어야 한다.
- 문제의 회원국은 일반적인 규칙에 따른 투표만이 아니라 과도한 부채의 존재에 관한 투표에도 참가할 수 없다. EC조약상 문제의 회원국은 과도한 부채의 확정에 따른 조치에 관한 투표에 참가하는 것은 허용되었다(6항).
- 가중다수결로 간주되기 위해서는 이사회의 나머지 회원국 가운데 최소 55%의 다수이고, 동시에 이것이 관련 모든 회원국 인구의 최소 65%가 되어야 모든 회원국을 대표할 수 있다. 그리고 가중다수결의 성립을 저지할 수 있는 봉쇄표가 되기 위해서는 적어도 관련 모든 회원국의 인구 35% 이상이고, 이사회 나머지 회원국의 최저한의 수에 1명의 회원국을 더한 수가 필요하다. 이 보다 부족한 경우에는 가중다수결로 간주되지 않는다(6항).

IGC는 그 최종의정서에 '안정과 성장협약에 관한 선언(Declaration on the Stability and Growth Pact)'을 첨부했다. 이 선언에서, 회원국들은 이 협약의 제 목적에 대한 그들의 약속을 확인하고, 그 협약의 이행을 강화하고 명확하게 하는 것에 대해 위원회와 회원국들로부터 가능한 제안을 기대하고 있다.

6. 통화정책

유럽헌법은 연합의 통화정책에 대해 다수의 변경을 가져왔다.

첫째, 연합의 통화로서 유로를 공식적으로 지정하고, 연합 상징의 하나로 삼았다(제I-8조).

둘째, 유럽헌법은 연합과 함께 유로를 채택한 회원국들에게 부여된 배타적 권한을 포함한 통화정책에 관한 연합의 권한의 아주 분명한 배분에 대해 규정하고 있다(제I-13조). 그러나 유로를 채택하지 않은 회원국들은 통화정책에 관한 그들의 권한을 유지하게 된다.

ESCB의 임무와 목적을 규율하는 제 규정은 전체적인 면에서 변경되지 않았다(제III-77조~제83조). 유럽미래회의는 현재의 제 조약에서의 임시 규정들을 대체하기 위하여 유로의 도입과 그 사용을 위해 필요한 조치의 채택을 위한 새로운 법적 기초를 창설할 것을 제안했다(제III-83조).

제도적 규정에 비추어 보아도 ESCB의 임무와 목적은 전체적인 면에서 변경되지 않았다(제III-185조~제191조). 제I-30조는 유로를 통화로 사용하고 있는 회원국의 국내중앙은행과 함께 유럽중앙은행으로서 "유로체제(Eurosystem)"를 공식적으로 정의하고 있다. 즉, 그들은 다함께 연합의 통화정책을 이끌고 있는 것이다.

또한 헌법은 유로의 도입과 그 사용을 위해 필요한 조치의 채택을 위한 새로운 법적 기초를 창설했다. 이 새로운 법적 기초는 EC조약 제123조 4항에서의 현행 임시규정을 대체한 것이다.

마찬가지로 헌법은 EC조약에 있는 통화정책에 관한 후(chapter)을 실체적인 내용의 변경없이 연합의 대외행동에 관한 제하에(제III-326조) 통화협정의 체결에 관한 규정 부분으로 이동했다는 점은 강조되어야 한다.

7. 유로존을 위한 특수조치

유럽미래회의는 유로를 채택한 회원국들에게 보다 많은 자율권과 그들이 동일한 통화를 공유한다는 사실과 관련한 문제에 대하여 이사회 내에서 그들 자신이 결정할 가능성을 부여할 것을 제안했다. IGC는 동일한 접근을 했으며, 따라서 유럽헌법은 오직 유로존에 가입한 회원국들에 대해서만 적용할 수 있는 특수조치를 포함하고 있다(제III-194조~제III-196조). 이 회원국들은 그들 예산의 조정과 감독을 강화하기 위한 조치를 채택할 수 있게 될 것이고, 또 그들의 경제정책을 위한 보다 구체적인 가이드라인을 마련했다. 단, 그 가이드라인은 연합 전체를 위해 채택된 것과 부합한 것이어야 한다.

이 조항 하에서 각료이사회는 다음 영역에 관하여 기타 회원국의 참가없이 유로존 회원국들의 투표를 기초로 하여 결정을 내릴 수 있다.

- 예산의 조정과 감독을 강화하기 위한 조치
- 유로존을 위한 경제정책가이드라인과 그 감독을 확보하기 위한 조치
- 국제재정기구와 협의회 내에서의 공동입장(common positions)
- 국제재정기구와 협의회 내에서의 단일화된 대표성을 확보하기 위한 조치

유로를 채택한 회원국들이 기타 회원국들의 참가없이 위 문제들에 대해 투표를 할 수 있다는 사실은 중요한 진전이다. 만일 10개 신입회원국들이 유로존에 가입하게 되어 유로를 채택하기 위한 수렴기준을 충족할 때까지 현행 12개 유로존 회원국들은 각료이사회에서 소수의 입장에 놓이게 될 것이다. 따라서 이 기간 동안 이 규정들은 결정이 오직 관련 회원국들에 의해 내려지는 것을 보장하게 될 것이다.

더욱이 과도적 규정에 관한 副(section)에서 유럽헌법은 유로존에 속하지 않은 회원국들에게 적용된 투표권의 정지(suspension of voting rights)를 확대하고 있다. 위에 언급된 상황에 부가하여, 또한 유럽헌법은 다원적 감독(multilateral surveillance)의 틀 속에서 유로를 채택하고 있는 회원국들과 과도한 부채와 관련된 모든 조치에 대해 권고를 적용하고 있다(제Ⅲ-197조 4항).

8. 유로그룹의 역할

유럽헌법 제Ⅲ-195조는 동헌법에 부속되고, 유로를 채택하고 있는 회원국들의 각료회의에서 합의에 대해 규정하고 있는 '유로그룹에 관한 의정서'에 대해서 언급하고 있다. 그러나 유럽헌법조약에서 처음으로 언급되었음에도 불구하고, 유로그룹은 공식적 이사회의 형태도 아니며(the Euro Group is not an official Council formation), 헌법은 단순히 비공식 회의의 기존관행을 확인하고 있을 뿐이다. 이것이 의미하는 바, 공식결정은 각료이사회에 의해 내려지게 된다는 것이다.

유로그룹의 비공식 회의는 그 회원국들의 연대책임과 관련된 문제에 관한 대화를 용이하게 할 것이다. 위원회는 당연히(by right) 그 회의에 참가하고, 또 유럽중앙은행은 초청받게 된다. 유일한 새로운 제도는 유로그룹이 그 회원국들의 다수결에 의해 2년 6개월 임기의 의장을 선출하게 된 것이다.

9. 헌법조약 문언의 단순화

헌법은 과도규정의 대대적인 변혁(a substantial shake-up)을 포함하고 있다(EC조약 제116조~제124조). EMU의 제1단계와 제2단계와 관련한 모든 규정은 유로의 채택과 더불어 무효가 된 상태이고, 폐지되었다.

헌법에서는 이제 제III-197조~제III-202조에서 과도규정과 함께 분류되어 있다. 이 조항들은 위반을 인정하고 있는데, 즉 유로를 채택하고 있지 않은 회원국들에게도 적용가능하다. 그 주요 내용은 다음과 같다.

- 위반이 인정되는 회원국의 정의, 그 회원국들에게 적용되지 않는 헌법의 제 규정 및 그들이 투표에 참가하기 위한 규칙(제III-197조)
- 수렴기준에 부합하는 회원국에 의한 유로의 채택 절차(제III-198조)
- 위반이 인정되는 회원국들에게 적용가능한 특수규정(제III-202조)

그 실체적 내용의 변경없이 헌법은 시민들을 위해 보다 쉽게 읽고 이해할 수 있도록 함으로써 기 규정들을 상당하게 단순화시켰다고 볼 수 있다.

10. 기타 규정들

헌법은 가중다수결투표제도의 범위를 확대하고 있다. 오직 특정 영역, 특히 아래와 같은 영역만이 여전히 이사회에서 전원일치제를 필요로 한다.

- 유로 채택을 위한 수렴기준을 정의하고 있는 과도한 부채에 관한 기존의 의정서를 대체하기 위한 조치의 채택(제III-184조 13항)
- 정밀감독(prudential supervision)에 관하여 유럽중앙은행에게 부여된 특수 임무(제III-185조)
- 유로와 유로를 채택하고 있는 회원국의 국내통화간 확립된 교환비율(제III-198조)

헌법은 유럽의회에게 다음 규정에 대해서 일반입법절차의 적용을 확대함으로써 보다 많은 역할을 부여하고 있다.

- 경제정책의 다원적 감독을 위한 절차(제III-179)
- ESCB와 유럽중앙은행의 정관의 특정 규정의 개정(제III-187조)
- 유로 사용을 위한 필요한 조치(제III-191조)

제2장 사법내무문제

1. 서 론

헌법은 사법내무문제(justice and home affairs : JHA) 분야에서 의미있는 진전을 이룩했는데, 특히 제3기둥(the third pillar)을 폐지하고 JHA의 모든 측면에 대해 공동체 방법을 확대하였다. 유럽헌법초안과 비교해볼 때, IGC는 적지 않은 변화를 시도했다.

현 규정들은 단일 章(Part Ⅲ, Title Ⅲ, Chapter Ⅳ)에 편재되어 있다. 자유, 안전 및 사법지대(area of freedom, security and justice : AFSJ)의 일반적 정의는 제 I-42조 및 제Ⅲ-257조에 포함되어 있다. 제 I-42조는 이 분야에서 연합의 행동의 유형, 즉 JHA에 특수한 법률 및 실무적 협력에 관한 목록을 제시하고 있다.

제Ⅲ-257조는 다음과 같은 원칙에 대해 언급하고 있다.

- 보충성 및 상이한 법전통과 제도의 존중
- 공동망명, 이민 및 역외국경정책 분야에서의 연대
- 민형사문제에 관한 사법결정의 상호 인정

더욱이 Tampere 유럽이사회의 결론에 비추어 볼 때, 사법(justice), 특히 민사문제에 대한 접근 문제를 포함할 필요가 있다고 간주했다.

국내의회의 역할은 제I-42조 및 제Ⅲ-259조에 정의되어 있다. 현 제도에 있어 국내의회는 협약의 국내비준을 통하여 적용가능한 표준의 채택시 일정한 역할을 하고 있다. 만약 유럽헌법상 이와 같은 법적 수단이 더 이상 규정되어 있지 않다고 가정한다면, 향후 국내의회는 다음과 같은 세 가지의 수단을 사용하여 이 정책의 이행을 감독하는데 있어 주요한 역할을 수행할 것이다.

- 보충성원칙에 부합한 "조기경보제도(early warning mechanism)"
- 유로폴의 감독과 유로저스트 활동의 평가 참여
- 유럽위원회와 협력하여 적용되는 상호평가제도(mutual evaluation mechanism : "peer review")의 실체적 내용과 결과에 관한 정보

제III-260조는 이미 최근에 성공적으로 사용된 제도의 적용에 대해 규정하고 있다.

이 제도는 형사사법기관에 의해 실무적 차원에서 연합의 제 정책을 실제로 이행하도록 할 뿐만 아니라 회원국에 의해 상호 인정을 용이하게 하기 위해 사용되고 있기도 하다.

향후 국내의회는 국내안전위원회(internal security committee)의 작업을 현대화 시킬 것이다. 이 위원회는 EU조약의 다수의 규정에 의거하여 소위 "36 위원회(36 Committee)"로 알려진 조정위원회의 후신으로서 그 기능이 확대된 것이다. 사실 제III-261조는 그 임무가 재정의되어 규정되어 있다. 즉, 현 위원회가 경찰사법협력 분야에서 이사회의 작업의 준비하는데 기여할 임무를 부담하고 있는 반면, 새로운 위원회는 전적으로 경찰 및 역내안전에 책임있는 기관간 실무 협력을 증진하고 강화하는데 중점을 두게 될 것이다.

역내안전(internal security)의 개념은 특히 헌법 제I편(Part I)에서 회원국들의 국가적 정체성(Member States' national identities)과 관련하여 IGC가 국경 내지는 보다 덜 특수한 용어로 "국가안전(national security)"으로 사용한 바와 같이 AFSJ에 특수한 것이다.

관련 부서간 행정 협력(administrative (non-operational) cooperation)은 제III-263조에 의해 규율된다. 이는 가중다수결로 행동하는 이사회에 의해 채택된 협력조치를 필요로 하는 현 EC조약 제66조의 제 규정을 전혀 개정하지 않고 그대로 수용한 것이다.

JHA 분야에서의 사법재판소 권한에 관하여, 특히 사법재판소로 하여금 이 분야에서 회원국들의 신청을 재심사할 수 있게 함으로써 헌법은 현 EC조약 제68조와 EU조약 제35조에 규정된 한계와 위반을 폐지했다. 그러나 EU조약 제35조 5항에 규정된 경찰작전의 유효성 혹은 비례(균형성)의 검토, 법과 질서의 유지 및 역내안전유지와 관련한 예외는 제Ⅲ-377조에 포함되어 있다.

2. 국경, 망명 및 이민

헌법에 있어 국경통제·망명 및 이민에 관한 정책은 공동정책이 되었다. 유럽헌법은 그 재정문제를 포함하여 이 분야는 연대원칙(the principle of solidarity)과 의무의 분담(a fair sharing of responsibility)에 의해 규율되는 일반적 규칙이 될 것이라고 규정하고 있다(제Ⅲ-268조). 이에 반하여 EC조약 제Ⅳ편은, "의무분담" 원칙(the principle of burden sharing)은 오직 대량 유입시의 난민과 실향민의 수용에 대해서만 적용된다고 규정하고 있다.

절차면에서 오직 위원회만이 입법발의권(sole right of legislative initiative ; 이 권리는 2004년 5월 1일부터 이미 암스테르담조약에서 예정되어 있었다)을 가지게 되었다. 그러나 헌법은 위원회가 회원국들에 의해 행해진 요청을 심사할 의무가 있다는 EC조약 제67조는 삭제했다.

모든 조치는 유럽의회와의 협의 후 일반입법절차를 통해 법 혹은 골격법(laws or framework laws)의 형태로 채택된다. 단, 대량유입의 경우에 채택되는 긴급조치는 제외된다. 이들 정책의 모든 영역에 대해 가중다수결의 확대는 니스조약에 의해 도입된 절차적 개정에서 보다 진전된 것이다.

EC조약과 대조적으로 헌법조약은 이 분야에 있어 각 정책에 대해 적용되는 원칙을 규정하고 있다.

3. 국경에서의 사람에 대한 통제

EC조약 제62조는 헌법 제III-265조에 의해 대체되었다. 세 가지의 주요 변경된 내용은 강조되어야 한다.

- 국내당국에 의해 지원되는 공동국경수비대(common border-guard)의 창설될 가능성과 함께 법률적·기능적 수준에서 보다 강화된 협력을 위한 "외부국경관리통합제도(integrated system of external border management)"의 개념의 정립
- 단기비자 및 거주허가에 관한 영어의 단순화
- 국제법에 따른 국경의 지리적 획정을 위한 회원국의 관할권 존중

4. 망 명

헌법 제III-266조는 제3국 국민에 대해 제공하는 i) 망명의 부여와 철회를 위한 통일적 지위와 공동절차 및 ii) 보충적 보호 지위(subsidiary protection status)의 부여와 철회를 위한 통일적 지위와 공동절차에 관한 "공동유럽망명제도(common European asylum system)"의 개념을 포함하고 있다.

연합은 대량유입의 경우에 이주한 자에 대해서는 통일적 지위를 인정하지 않는다. 하지만 제네바협약의 제 규정에 부합하는 공동임시보호제도(common temporary protection system)를 설립할 가능성은 열어두고 있다.

망명정책이 대외적으로 가지는 의의는 망명 혹은 보충적 혹은 임시보호(asylum or subsidiary or temporary protection)를 위한 기준과 절차를 마련함으로써 난민 혹은 망명자의 대량 유입을 관리할 목적으로 제3국과 함께 우호 및 협력관계를 맺을 수 있는 조치에 관한 사항이 규정에 반영되어 있다는 점이다.

5. 이 민

　공동이민제도(common immigration policy ; 헌법 제III-267조)는 이민유입의 효과적 관리, 회원국내에서 법적으로 거주하고 있는 제3국 국민의 공정한 대우 및 불법 이민과 인간 매매(특히 여성과 아동)의 예방과 그에 대처하기 위한 강화된 조치를 포함한다.

　헌법은 연합 내에서 허가없이 거주하는 제3국 국민들의 재허가를 위해 제3국과 협정을 체결할 권한을 연합에게 부여하는 규정을 포함함으로써 암스테르담조약에서 시작된 발전[1]을 재확인하고 있다. 연합 내에서 법적으로 거주하는 제3국 국민들과 관련된 주요한 새로운 내용은 다음과 같다. 즉, 향후 연합은 어떠한 국내법률 및 규정의 조화를 제외하고(보다 정확하게는 범죄 예방의 경우) 이민자들의 통합을 위한 보상·지원조치를 채택할 수 있다.

　이에 덧붙여, 헌법 제III-267조는 분명하게 제3국 국민들의 권리를 정의하기 위한 법적 기초를 규정하고 있다. 그러나 회원국들은 일자리를 구하기 위해 제3국으로부터 유입되는 제3국 국민들의 허가의 양을 정하기 위한 권리를 가지게 될 것이다. 이 규정은 특별한 중요성을 가지고 있다. 즉, 비록 이미 어느 회원국에 거주하는 제3국 국민들의 노동시장에 대한 접근뿐만 아니라 가령 가족의 재결합 혹은 유학 등 다른 목적으로 유입되는 인력에 대해서도 영향을 미친다고 할지라도 이민정책의 공동 정의와 관련하여 이 규정은 국내권한의 주요한 영역에 남게 되었다.

　마지막으로, 이미 EC조약 제63조에 규정되어 있는 불법이민에 대한 대처 및 범죄 억제의 가능성은 개정의 대상이 아니다. 단, 인간의 불법매매에 관한 내용은 예외이다.

---

[1] 암스테르담조약에서 개시된 이민정책에 대해서는 다음 URL를 참고하라.
　http://europa.eu.int/scadplus/leg/en/lvb/a11000.htm#a11005 (검색일 : 2005. 6. 27)

6. 민사문제에서의 사법협력

EC조약 제65조와 마찬가지로 사법협력(judicial cooperation)은 늘 "역내시장의 순수한 기능에 필요한 범위 내에서(in so far as necessary for the proper functioning of the internal market)" 월경 문제에 관한 민사문제에 한정된다.

사법 및 사법관할 밖의 결정에 관한 상호승인의 원칙(principle of mutual recognition of judicial and extrajudicial decisions)은 이 영역에 있어 사법협력의 핵심적인 내용으로 헌법조약에 규정되어 있다. "상호 접근 조치(measures for the approximation)"에 관한 언급은 연합이 그러한 조치를 채택할 수 있는 분야의 목록과 관련하여 언제나 아주 중요한 의미가 있다. 왜냐하면 연합은 법원에 대한 고도의 접근을 확보하고, 민사소송절차의 순수한 기능을 방해하는 장벽을 철폐하는 동시에 분쟁해결의 양자택일적인 방법을 발전시키고, 또한 사법절차를 담당하는 간부의 훈련을 위한 지원 조치 등을 포함하여 확대시키려 하기 때문이다.

니스조약에 규정된 바와 같이, 모든 입법조치는 전원일치가 요구되는 월경문제와 관련된 가족법과 관련된 조치를 제외하고는 공동결정 및 가중다수결투표에 기속된다. 그러나 헌법은 제III-269조에서 전원일치로 행동하는 각료이사회로 하여금 가족법의 특정 측면에 대해서도 일반입법절차(ordinary legislative procedure)를 확대할 수 있다고 규정하고 있다. 이 특수한 '가교조항(bridging clause)'은 헌법을 개정하고자 하는 요구를 사전에 예방해야만 할 것이다.

7. 형사문제에 있어서의 사법협력

제3기둥(the third pillar)의 폐지에 따라 현재 사용되고 있는 행위(공동입장, 결정, 골격결정, 협약 ; common positions, decisions, framework decisions, conventions)는 일반입법절차(ordinary legislative procedure)에 의해 채택되는 법과 골격법(laws and framework laws)에 의해 대체되었다. 단, 유럽검찰청(European Public Prosecutor's Office)에 대해서는 예외가 적용된다.

유럽헌법초안에서 가중다수결투표는 형사문제 및 형사법에 있어서의 사법협력 분야에서 규범으로 제안되었다. 하지만 논의를 거쳐, 또 전원일치제로 전환되는 것을 피하기 위하여, IGC는 소위 '제동장치(emergency brake)'라고 불리는 제도를 도입했다.2) 이 조항에 의하여, 만일 특정 회원국이 법률안 혹은 골격법(a draft law or framework law)이 형사사법제도의 기본적 내용에 영향을 미칠 것이라고 판단한다면, 그 문제를 유럽이사회에 회부하고, 일반입법절차의 연기를 요청할 수 있다. 논의 후, 또 4개월 이내 유럽이사회는 다음과 같은 두 가지의 선택, 즉 i) 일반절차를 다시 거치든가 혹은 위원회 또는 새로운 법률안에 기속되는 회원국들에게 요청할 수 있다. 만약 유럽이사회에 의해 어떠한 행위도, 다시 말해서 4개월 내에 최초의 법률안 혹은 12개월 내에 새로운 법률안도 채택되지 않는다면, 또한 법률 혹은 골격법이 채택되지 않았다면, 3분의 1의 회원국은 강화된 협력(enhanced cooperation)을 할 수 있다. 일반규칙상 요구되는 사전허가는 자동적으로 부여되었다고 간주된다고 하는 점에서는 절차는 단순화되었다.

입법발의권(right of legislative initiative)은 위원회와 회원국간에 나눠져 있지만 EU조약 제34조가 각 회원국이 그 발의권을 행사할 수 있다고 규정하는데 반하여 유럽미래회의는 발의권을 행사하기 위한 "정족수"를 도입했다(회원국의 4분의 1, 즉 25 혹은 27개국의 7개국). 이 개정

---

2) http://europa.eu.int/scadplus/cig2004/debates1_en.htm#MAJORITY
(검색일 : 2005. 7. 2)

은 종종 유럽의 공동이익을 반영하지 않는 회원국들의 발의권을 감소시키기 위한 의도를 담고 있다.

8. 기본원칙, 형사절차 및 형사실체법

민사문제에 있어서의 사법협력의 경우와 마찬가지로 형사문제에 있어서의 사법결정의 상호인정원칙(principle of mutual recognition of judicial decisions in criminal matters)은 Tampere 유럽이사회에서의 정치적 합의에 부합하여 헌법에 도입되었다. 이 원칙은 형사문제에 있어서의 사법협력의 주춧돌(cornerstone)이 되었고, 회원국들의 권한당국간 상호신뢰를 고양시키는데 도움을 주고 있다(유럽헌법조약 제I-42조).

또한 협력은 다음 분야에서 최소규칙의 설립을 통하여 법의 접근을 포함하고 있다.

(1) 형사절차(Criminal proceedings)

헌법 제III-270조는 세 가지의 행동영역을 도입하고 있다.

- 증거의 상호허용성(그러나 헌법은 증거의 조화 혹은 그것을 활용할 수 있는 수단에 대해서 규정하고 있지 않다)
- 형사절차에서의 개인의 권리
- 범죄 희생자의 권리

IGC에 의한 헌법초안에서 행해진 변경에 따라 법률의 접근은 오직 "필요한 범위 내에서(to the extent necessary)", 또한 "회원국들의 법 전통과 제도간 차이(differences between the legal traditions and systems of the Member States)"를 고려하고 있다.

(2) 형사실체법(Substantive criminal law)

유럽헌법 제Ⅲ-271조는, 연합은 越境과 관련하여 특히 다음과 같은 10개 분야, 즉 테러리즘, 불법마약거래, 조직범죄(EU조약 제31조 1항 (e)호는 이미 최소규칙의 채택에 대해 규정하고 있다), 인신매매, 여성과 어린이의 성적 착취, 불법무기거래, 돈세탁, 부패, 결제수단의 위조 및 컴퓨터 범죄 등 중대 범죄에 대한 형사범죄와 제재에 대해 규정하고 있다.

하지만 이 목록과 상기 형사절차상 목록 어느 것도 모든 내용을 망라하고 있는 것은 아니다. 즉, 유럽의회의 동의를 얻은 후 전원일치로 행동하는 각료이사회는 그 목록의 확대 여부를 결정할 수 있다.

이에 덧붙여, 국내법의 접근이 이미 조화조치에 기속되어 있는 어느 영역에서 연합 정책의 효과적인 이행을 보장하는데 필수적인 것이라고 입증된 때에 전원일치로 행동하는 이사회는 형사범죄와 그 적용가능한 제재의 개념에 비추어 최소규칙을 정할 수 있다. 이 기준은 인종차별과 외국인혐오증, 연합의 재정 이익에 영향을 미치는 사기, 탈세, 환경 범죄 및 유로의 위조에 대해서도 적용가능하다.

9. 범죄 예방

유럽헌법 제Ⅲ-272조는 범죄 예방을 위한 법적 기초에 대해 규정하고 있다. 동 조는 범죄 예방을 위한 지원조치를 채택할 수 있는 가능성에 대해 규정하고 있지만 법률과 규제 규정의 접근은 의도하고 있지 않다.

10. 유로저스트

유럽헌법 제Ⅲ-273조는 유로저스트의 기능적 권한을 확대하였으며, 또 보다 명확하게 규정하고 있다. 니스조약에 의해 개정된 EU조약 제31조는 유로저스트로 하여금 회원국에게 조사를 개시하도록 요청할 수 있는 권한을 부여하고 있다. 단, 이 요청은 기속력이 있는 것은 아니다. IGC에서의 논의에 따라 유럽헌법은 유로저스트에게 다음과 같은 권한을 행사할 수 있도록 규정하고 있다.

- 범죄 조사 개시권(IGC의 최종의정서에 부속된 선언 제23호에 규정된 바와 같이 국내규칙과 관행을 고려한다)
- 국내기관에 대한 형사소추개시 제안권
- 권한당국에 의해 개시된 형사 조사 및 소추 조정권

유로저스트의 활동은 '기본권헌장'에 부합하여야 하고, 또 ECJ에 의한 심사에 기속된다.

11. 유럽검찰청

유럽검찰청에 관한 협약안(Convention's proposal on the European Public Prosecutor's Office)은 IGC에 의해 개정되었다. 유럽헌법 제III-274조는 전원일치에 행동하고, 또 유럽의회의 동의를 얻은 후 이사회는 오직 연합의 재정이익에 영향을 미치는 범죄에 대처하기 위하여 유로저스트로부터 유럽검찰청(European Public Prosecutor's Office)을 설립할 수 있다. 유럽검찰청의 임무는 이러한 유형의 범죄자 및 공범자에 대한 조사 개시와 소추 및 재판 회부 등을 포함하게 될 것이다.

그러나 유럽헌법은 越境과 관련된 중대범죄를 포함하기 위하여 유럽이 사회로 하여금 유럽경찰청의 권한을 확대할 수 있는 가능성이 있다고 규정함으로써 문을 열어두고 있다. 그 결정은 유럽검찰청을 설립하는 결정이 행해짐과 동시에, 혹은 그 직후에 채택될 수 있다. 마찬가지로 그 결정은 유럽의회의 동의 및 위원회와의 협의 후에 전원일치로 채택되어야 한다.

이 조항은 유럽미래회의에서 심도깊게 논의되었으며, 또한 다양한 입장간의 합의를 드러내고 있다.

12. 경찰 협력

제3기둥의 폐지는 경찰협력을 위해 규정된 절차에도 영향을 미치고 있다. 이 분야에서 연합의 권한은 EU조약 이후 그리 큰 변화가 없다. 권한당국간 협력의 범위(제III-275조)는 EU조약 제30조와 동일한 내용을 규정하고 있다. 국내당국간 작전권한의 행사에 관한 규정과 기타 회원국 영역에서의 작전에 관한 규정(제III-277조)은 전원일치에 기속된 채로 남아있는 반면, 비작전협력(non-operational cooperation)과 관련된 조치는 가중다수결 투표에 기속된다.

유로폴에 관한 제III-276조의 제 규정은 EU조약 제30조의 요약의 형태를 취하고 있다. 동 조는 국내당국과 함께 공동으로 수행한 조정, 조직 및 조사의 실시를 위한 가능성이 부여됨으로써 "둘 혹은 그 이상의 회원국에게 영향을 미치는 중대범죄"에 대해 유로폴의 권한을 강화하고 있다. 그러나 EU조약 제32조에 규정된 바와 유사한 용어를 사용하여 유럽헌법 제III-276조에서 유로폴에 의한 모든 작전 행위는 국내당국과 연대하여 수행되어야 하고, 또 강제조치의 적용은 국내기관의 배타적 책임 하에 놓여있다.

국내의회와 함께 유럽의회는 유로폴의 활동을 세밀하게 조사할 것이다. 그 활동은 기본권헌장에 부합해야 하고, ECJ의 사법심사에 기속된다.

13. 사기에 대한 대처

사기에 대한 대처에 관하여, 유럽헌법 제III-415조는 EC조약 제280조의 내용을 그대로 수용하고 있다. 그러나 "공동체의 재정이익에 영향을 미치는 사기의 예방 및 대처 분야에서의 조치는 국내형사법 혹은 국내사법행정의 적용과 관련되어서는 안된다"고 규정하고 있는 제4항의 마지막 문단은 삭제되었다. 이 개정은 그 재정이익을 보호하기 위한 형사법에 관한 필요한 법률규정을 채택할 권한을 연합에게 부여하고 있다.

14. 비차별, 시민권 및 사람의 자유이동

유럽헌법 제3편 제2부(Title II of the third part of the Constitution)는 "비차별과 시민권(non-discrimination and citizenship)"에 관한 것이다. 다음과 같은 세 가지의 새로운 내용이 강조되어야 한다.

- 차별에 대처하기 위한 조치에 관한 유럽헌법 제III-124조 1항 하에서 이사회의 결정은 전원일치에 기속된다. 하지만 그 결정은 유럽의회에 의해 승인되어야 한다. 이 점은 EC조약이 유럽의회와 단순히 협의해야 한다고 규정한 것과는 다른 점이다.
- 차별에 대처하기 위한 조치에 관한 유럽헌법 제III-124조 2항 하에서 연합의 권한은 이 분야에서의 보상조치를 위한 "기본원칙"의 정의를 확대하였다.
- 유럽헌법 제III-127조는 연합이 연합시민의 외교적·영사적 보호를 용이하게 하기 위한 필요한 조치를 설립하는 법률을 채택하기 위한 새로운 법적 기초에 대해 규정하고 있다. EC조약 하에서는 회원국들이 그러한 조치를 채택할 수 있다고 규정하고 있는데, 이 점도 유럽헌법의 내용과는 다른 점이다.

EC조약 제18조와 마찬가지로, 유럽헌법 제I-10조 2항은 시민의 권리로서 자유이동권과 거주에 대해 정의하고 있다. 유럽헌법에 의해 새로이 도입된 주요 내용은 유럽헌법 제III-125조이다. 동 조는 니스조약에 의해 배제된 분야, 예를 들어, 여권, 개인신분증명서, 거주허가 혹은 기타 유사

서류와 관련된 조치 및 사회보장 혹은 사회적 보호와 관련된 조치에 대해 연합의 권한을 확대하고 있다. 그러한 조치는 유럽의회와의 협의 후 전원일치로 채택된 법률에 의해 규정하게 된다.

15. 의정서

EC 및 EU조약과 마찬가지로 자유, 안전 및 사법지대에 관한 유럽헌법의 제 규정은 다수의 의정서, 특히 EU의 틀 속에 통합된 'Schengen *acquis*' 및 특정 회원국(영국, 아일랜드, 덴마크)을 위한 특별 협정에 관한 의정서에 의해 보충된다.

유럽미래회의는 이 의정서들에 대해 검토하지 않았으나 IGC는 이 의정서에 대해 새로운 헌법적 틀을 채택할 임무를 부여받았다고 간주했다. 그 결과 새롭게 도입된 주요 내용은 다음과 같다.

- 국경통제, 망명·이민 및 민사문제에서의 사법협력에서의 정책에 관한 영국 및 아일랜드의 입장에 관한 의정서의 범위는 국내권한당국 간 정보의 수집, 저장, 가공, 분석 및 교환(the collection, storage, processing, analysis and exchange of information among the competent national authorities)과 관련된 조치에 관한 경찰협력을 포함하도록 확대되었다.
- 의정서에서 덴마크의 입장에 관한 '선택적 이탈 조항(opt-out clause)'은 존속되게 되었다. 광범위한 변경, 특히 형사문제 및 경찰협력에 관한 공동체의 전통적 방식의 확대에 비추어 보아, 의정서의 제 규정 역시 이에 부합하여 확대되었다. 덴마크로 하여금 '선택적 이탈'을 포기하도록 격려하기 위하여 하나의 부록(Annex)을 두어 선택적 이탈 및 EU법의 완전한 적용 사이의 매개협정(intermediate arrangement)을 설립했다. 즉, 덴마크에게 영국 및 아일랜드에 적용되는 협

정에 관하여 모델로 도입된 '가입'제도(system of opt-in)를 적용하도록 허용하고 있는 것이다.
- 최종행위(Final Act)에 첨부된 선언(선언 제25호 Declaration No 25)은 회원국들이 의정서 제21호(Protocol No 21; 동선언은 암스테르담조약에서 유래한다)의 문언을 넘어서는 국제협정(단, 연합법과 부합하는 범위 내에서)을 체결할 수 있는 권한을 가진다고 규정하고 있다.

제3장 대외활동

1. 서 론

유럽헌법은 국제무대에서 연합 행동의 유효성과 예견가능성을 강화하기 위하여 상당한 내용을 개정하거나 새로운 규정을 도입함으로써 EU의 대외적 행동에 관한 제 규정을 실질적으로 다시 마련했다.

연합은 현재의 EC와 EU의 권리와 의무를 상회하는 국제적 법인격을 가진다(제I-6조). 외교정책 분야에서의 지주 구조(the pillar structure)의 포기는 유럽헌법의 핵심적인 내용의 하나에 해당한다. 아래에서 보는 바와 같이, 연합의 대외행동과 관련한 제 규정은 그 행동의 모든 측면을 포함하는 단일한 제목 아래 분류되어 있다.

- CFSP
- 공동안전방위정책
- 공동통상정책
- 개발협력정책
- 제3국과의 경제, 재정 및 기술 협력
- 인도적 지원

- 국제협정
- 국제기구와의 관계
- 연대조항의 이행

국제적인 수준에서 유럽헌법은 두 가지의 중요한 혁신을 도입했다.

첫째, 외무부장관 직제를 창설한 것이다. 외무부장관은 유럽이사회를 위하여 CFSP를 이끌고 이행하며, 또한 유럽위원회의 부위원장의 일인이 된다. 후자와 관련하여, 그는 대외관계를 운용하고 연합의 대외 행동의 기타 측면을 조정할 책임이 있다.

둘째, 유럽헌법은 유럽이사회 의장(President of the European Council) 직제를 도입했다. 동 의장은 외무부장관의 책임을 해하지 않는 범위 내에서 CFSP와 관련한 문제에 관해 연합의 대외적 대표로서 행동한다.

유럽헌법 제III-292조는 연합의 대외적 행동의 제 목적에 대해 상세하게 규정하고 있다. 이 목적들을 수행하면서 외무부장관의 지원을 받는 각료이사회와 유럽위원회는 대외적 행동의 상이한 분야 및 그 분야와 기타 정책간 조화를 확보해야 한다.

본 장에서는 먼저, EU의 일반적 대외행동에 대해 검토한 후, CFSP와 방위정책에 대해 분석하기로 한다.

2. 공동통상정책

공동통상정책에 대해서는 유럽헌법 I-13조 및 제III-315조에서 규정하고 있다. 이에 대한 상세한 내용은 장을 달리하여 분석하기로 한다.

3. 개발협력정책

유럽헌법 제I-13조는 연합과 회원국간 공유권한 영역으로서 개발협력에 관한 목록을 제시하고 있다. 연합에 의한 이 권한의 행사는 회원국들이 그들의 권한을 행사하는 것을 제한하지 않는다. 따라서 연합은 개발정책이 비록 회원국에 의해 행해지는 정책을 보충할 뿐이라고 할지라도 독자적인 개발정책을 수행하게 된다(EC조약 제177조 1항). 유럽헌법은 연합과 회원국의 개발협력정책은 상호 보충·보강한다고 규정하고 있다.

한 가지 강조할 사항으로 유럽헌법은 이전보다 더 분명하게 빈곤의 탈피가 연합의 개별협력정책의 주된 목적의 하나라는 점에 대해 규정하고 있다. 따라서 연합은 개발도상국에 영향을 미칠 수 있는 제 정책에서 이 목적을 고려해야 한다.

4. 제3국과의 협력

유럽헌법은 의사결정을 위한 입법절차를 도입하면서 제3국과의 경제적, 재정적 및 기술적 협력에 관한 EC조약 제181조 a호의 제 규정을 재인용하고 있다. 게다가 제3국내의 상황이 긴급한 재정지원을 요할 때는 전원일치를 필요로 하는 EC조약 제308조에 의지하는 대신 유럽위원회의 제안에 대해 이사회가 가중다수결로 정할 수 있다(제III-320조).

5. 인도적 지원

유럽헌법 제III-321조는 인도적 지원의 이행을 위한 특수한 법적 기초를 연합에게 제공한다. 그 지원은 국제인도법의 원칙, 특히 공평·비차별 원칙(the principles of impartiality and non-discrimination)에 부합하여 행해져야 한다.

입법절차는 연합의 인도적 지원이 이행되는 범위 내에서 '준거의 틀의 개념(the definition of the framework)'에 적용된다.

유럽의 청소년들이 연합의 인도적 지원에 기여할 수 있는 준거의 틀을 설립하기 위하여 '유럽자원인도적지원단(European Voluntary Humanitarian Aid Corps)'이 설립된다.

6. 제한조치

제한조치(하나 혹은 그 이상의 제3국과의 경제적·재정적 관계의 방해 혹은 축소)에 관하여, 유럽헌법은 2단계 접근을 유지하고 있다. 가중다수결로 행동하는 이사회에 의해 제3국에 대한 제재조치가 채택된다고 할지라도 CFSP의 틀 속에서 전원일치로 채택된 연합 결정이 내려졌다면 이것이 우선하여 적용된다.

유럽헌법 제III-322조는 국가뿐만 아니라 자연인 혹은 법인 및 비국가 단체 혹은 기구도 또한 경제적·재정적 제재의 대상이 될 수 있다고 정하고 있다. 모든 비국가단체에 대한 제재는 현행 EC조약 제308조에 의해 규율되는데, 전원일치제에 의거하고 있다.

마지막으로 제한조치에 대한 제 규정은 CFSP에 관한 후(Chapter)의 한 부분의 형태를 취하고 있지 않다. 따라서 이 규정들은 ECJ의 관할 내에 놓여있다. 또한 ECJ는 자연인 혹은 법인에 대해 이사회에 의해 채택된 제한조치의 적법성에 대해 규율할 수 있는 권한을 갖는다.

7. 국제협정

연합의 국제협정 체결권에 대하여, 유럽헌법 제III-323조는 대외적 묵시적 권한(implied external powers)에 관한 ECJ의 판례법을 제도화하고 있다. 따라서 연합은 다음과 같은 경우, 즉 ① 헌법이 규정하거나, 혹은 ② 협정의 체결이 헌법에 의해 규정된 제 목적 중의 하나를 달성하는데 필요한 경우, 또는 ③ 연합의 입법행위를 기속하는 규정이 있는 경우, 혹은 ④ 연합의 내부 행위의 하나에 영향을 미치는 경우에 협정을 체

• 유럽헌법론

결할 수 있다.

이와 동일한 내용은 배타적 권한에 관한 ECJ의 판례법에도 적용된다. 헌법 제I-13조 2항은 연합이 다음의 경우, 즉 ① 협정의 체결이 그 내부 권한을 행사하는데 필요한 연합의 입법 행위에 규정되어 있거나, 혹은 ② 연합의 내부 행위에 영향을 미치는 경우에 국제협정의 체결에 대해 배타적 권한을 가진다고 규정하고 있다.

유일하게도 헌법 제III-325조만이 통화 분야의 협정을 제외한 연합에 의해 체결된 모든 국제협정을 포괄하고 있다. 헌법은 협상의 개시에 대해서 유럽위원회와 외무부장관에게 그 책임이 있다는 것을 분명하게 밝히고 있다. 특히 외무부장관은 배타적으로 혹은 원칙적으로 CFSP와 관련한 협정을 협상할 책임이 있다. 그러나 헌법 제III-325조는 협상담당자(negotiator)를 지정하지는 않고 있다. 협상담당자 혹은 연합의 협상팀의 단장을 임명하는 것은 각료이사회에게 맡겨져 있다.

또한 유럽헌법은 유럽의회의 권한도 강화했다. 향후 유럽의회는 입법절차가 적용되는 모든 협정에 대해 협의할 권리를 행사하게 되었다. EC조약에 있어 유럽의회의 동의권은 가입협정 혹은 중요한 의미를 가지는 예산과 관련된 협정과 같이 공동결정절차상 개정되어야 할 행위가 필요한 협정에 제한되어 있었다(EC조약 제300조 3항).

마지막으로 의사결정절차에 관하여 각료이사회에서의 투표는 전원일치가 필요한 분야와 관련된 협정을 제외하고는 가중다수결에 의한다. 한편, 전원일치는 원칙적으로 가입협정 혹은 헌법적 의미를 가지는 협정, 예를 들어 연합의 ECHR 가입의 경우에 적용된다.

8. 연합과 그 즉시적 환경

유럽헌법 제I편은 "연합과 인접국(The Union and its immediate environment)"이란 제하의 제VIII부를 포함하고 있다. 이 제VIII부의 단일

조문은 연합이 연합의 가치에 바탕을 두고, 또 협력에 의거한 긴밀하고 평화로운 관계에 의해 특징지워지는 번영과 선린지대(area of prosperity and good neighbourliness)의 설립을 목표로 인접국과의 특별한 관계를 발전시킬 것이라고 규정하고 있다.

이 목적을 위하여, 연합은 관련 국가들과 특별협정을 체결하고 이행할 수 있다. 이 협정들은 제휴하여 활동을 개시할 가능성과 같이 상호적 권리와 의무(reciprocal rights and obligations)를 포함할 수 있다. 따라서 유럽헌법은 소위 '선린협정(neighbourliness agreements)'이라 불리는 새로운 유형의 협정을 체결하기 위한 새로운 법적 기초를 창설했다. 이 유형의 협정은 가입협정과 같이 연합에 의해 체결된 기타 유형의 협정들을 보충하게 될 것이다.

제4장 공동통상정책

1. 공동통상정책의 의의

공동통상정책(Common Commercial Policy : CCP, Politique commerciale commune : PCC)은 유럽공동체의 역동성과 통합의 결과물로서 EEC 설립조약의 전문에서 그 정책적 원칙을 명확히 밝히고 있다. 즉, EEC조약(로마조약)은 제2조를 통하여 "공동시장의 설립 및 회원국의 경제정책의 점진적 접근에 의해 공동체는 경제활동의 조화로운 발전을 증진시킬 …… 임무가 있다."[1]고 전제한 뒤, 제3조 b)에서는 "공동체의 행동은 …… 공동관세율 및 공동통상정책의 설립을 포함한다."[2]고 함으

---

1) EC조약 제2조에 의해 다음과 보충·개정됨 : "공동시장 및 경제통화동맹, (EC조약) 제3조 및 제3조 A에 규정된 제 정책 및 공동행동의 실시에 의해 공동체는 경제발전의 조화롭고도 균형있는 발전을 증진시킬 …… 임무가 있다."
2) EC조약 제3조 b)에 의해 개정됨. 즉, EC조약은 '공동관세율'을 언급함이 없이 단지 '공동통상정책'만을 규정하고 있음.

•유럽헌법론

로써 기타 영역과 마찬가지로 공동통상정책이 공동체의 주요 정책 중의 하나임을 강조하였다. 이처럼 EEC의 공동통상정책은 제3국과의 대외경제관계를 유지함에 있어서 중추적인 정책에 해당하며, 또한 이는 개발협력정책 및 경제·산업정책과도 밀접한 관계를 맺고 있었다.

한편, EEC조약 제3조 (b)에서 공동체의 주요 활동의 하나로 규정된 '공동통상정책'은 제110조-제116조를 통하여 구체적으로 언급되어 있다. 특히, 이 가운데 공동통상정책과 관련한 핵심 조항인 EEC조약 제113조는 관세율 변경, 관세 및 통상협정의 채택, 자유화조치의 통일, 수출정책, 반덤핑 및 상계관세 등 통상방어조치 등을 공동통상정책의 적용을 받는 주요 목록으로 규정하고 있다. 그리하여 일반적으로 공동통상정책은 EEC조약 제113조에 규정된 기본 목록 및 특정 조치, 또한 통상 분야에서 있어서 공동체의 조약 체결권과 배타적 권한을 포함한다고 인식되고 있었다. 그러나 EEC조약은 위와 같은 공동통상정책에 대한 다수의 규정을 가지고 있었으며, 현실적으로도 공동체는 제3국과의 대외통상관계에 수행함에 있어서 배타적인 권한을 행사하고 있었음에도 불구하고 과연 공동통상정책의 개념이 무엇인가에 대해서는 어떠한 조항도 가지고 있지 않았다. 따라서 동 개념의 해석을 둘러싸고 공동체 기관간[3] 및 동 기관과 회원국간[4] 많은 다툼이 야기되었다. 즉, 어떠한 조치들을 공동통상정책의 범주에 포함시킬 수 있으며, 그 이론적 근거는 무엇인 지, 또는 어떠한 논거에 의하여 공동체가 통상 분야에 있어서 조약 체결권 및 배타적 권한을 행사할 수 있는가에 대해서는 각 주체간 이견이 노정되었던 것이다. 이와 같은 문제를 둘러싸고 제기된 제 이론들을 분설하면 다음과 같다.

먼저, 전자는 EEC조약 제113조에 근거한 공동통상정책의 '일반적 혹

---

3) 1987년 3월 26일자 ECJ 판결, aff. 45/86, Commission c/Conseil, Rec., 1987, p. 1493.
4) 1990년 3월 29일자 ECJ 판결, aff. C-62/88, Grèce c/Conseil, Rec., 1990, p. I-1527.

은 기본적 적용 범위'에 관한 문제로서, 이에 관해서는 위원회와 이사회간 현격한 입장의 차이가 표출되어 '도구설'과 '목적설'을 바탕으로 논쟁이 행해졌으며, 그 외 '도구 및 목적 절충설'과 '잔여권한설'도 대두되었다.

첫째, 도구설(la théorie instumentale)과 목적설(la théorie finaliste)이란 위원회의 '도구적 개념(la conception instrumentale)'과 이사회의 '목적적 개념(la conception finaliste)'에 의한 논쟁으로서, 이는 유럽통합에 관하여 '진보주의적 입장(la position progressiste)'과 '방어적 입장(la position défensive)' 사이의 정치적 이해관계가 포함되어 있는 복잡 미묘한 성격을 띤 이론이었다.[5] 즉, '도구설'에 의하면, 만일 어떤 법적 행위가 국제 통상를 규제하는 특수한 도구(un instrument spécifique)를 구성한다면 이 행위는 제113조의 적용 영역에 속하며, 따라서 이 도구의 이용과 관련된 궁극적 목적성(la finalité)은 중요하지 않다고 한다. 반면, '목적설'은 교역량 혹은 무역거래에 영향을 미칠 목적으로 조치가 채택되었다는 점을 중시하였다.[6]

하지만 이 이론들에 대해서는 다음과 같은 비판이 제기되었다. 즉, 도구설에 의하면, '특수한 도구'가 의미하는 바가 무엇인가를 명확하게 정의할 수 없다는 난점이 있다. 특수한 도구를 통상정책의 고전적 법규에만 한정하지 않는다는 점은 명백하지만 특히 천연고무협정과 같은 일차상품에 관한 제 협정 혹은 산업재산권의 보호에 관한 제 협정과 같은 조약의 성격을 가지는 법문서에 대해서는 상당히 어려운 문제를 야기시키며, 또한 이 이론은 궁극적 목적성 역시 고려하지 않으면 안된다. 결국 이 이론은 어떠한 경우든 국제통상에 영향을 미치는 모든 조치를 고려하지 않을 수 없으며, 절차 규칙이라든지 공동체 권한의 범위와 같은 기타 공동체 활동의 영역과 관련되지 않을 수 없는 것이다. 또한, 목적설의 경우, 이를

---

5) Gilsdorf, P., "Portée et délimitation des compétences communautaires en matière de politique commerciale", RMC(Revue du Marché Commun), n° 326, Avril 1989, p. 196.
6) Ibid.

테면 관세 혹은 수량제한조치와 같이 EC조약 제113조에 명시적으로 규정되는 제 조치에서 볼 수 있는 바와 같이 목적설은 통상에 있어서 특수한 궁극적 목적성에 관한 보충적 기준의 제시가 필요하다. 더욱이 이 이론은 입법행위와는 상당한 거리가 있는 목적 혹은 동기 등에 비중을 둠으로써 현실적으로 인정하기가 어렵다.

둘째, 도구 및 목적 절충설(la théorie combinée "instrumentaliste-finaliste")로서, 이 이론은 이사회의 일반특혜제도의 실시에 관한 규칙에 대한 위원회의 반대 입장이 노정된 1987년 3월 26일자 "일반특혜관세(Préférences tarifaires généralisées)" 사건에서 위원회에 의해 원용되었다. 즉, 위원회는 원칙적으로 도구설에 기초하여 공동통상정책을 해석하였지만 이 이론으로 설명하는 것이 불충분하다는 것이 명백한 경우 목적적 접근으로 보충함으로써 절충적 태도를 취하였던 것이다.

이 이론에 의하면, 산업재산권 분야에서 제3국과 체결한 협정과 같이 국내적 조치가 특별하게 제3국과의 통상을 포함하고 있지 않으나 동 조치가 제3국과의 교역에 영향을 미칠 가능성이 있을 때, 이 조치는 반드시 공동통상정책의 영역에 포함되지는 않는다. 따라서 이러한 제한적 효과는 제113조의 범위에 포함되는 조치(혹은 협정)로 간주하기에는 충분하지 않다. 왜냐하면, 만일 이를 인정하지 않는다면, 경제정책 및 경제·통상정책의 양자 혹은 협정에 의거한 모든 정책이 동 조항의 규정 적용을 받을 것이기 때문이다.

따라서 위에서 채택한 조치(혹은 협정)가 제113조의 적용 대상에 포함되기 위해서는 제 회원국에 의해 추구된 '실제적이고도 명백한 주요 목적(l'objectif principal réel et démontré)'이 교역에 영향을 미쳤을 것이 필요하다. 이를 산업재산권의 보호라는 측면과 관련시켜 보면, 상품의 원산지 및 발송지의 표기에 관한 협정은 적어도 주요한 목적을 가지고 있으며 또한 실제적이고도 명백하게 교역에 영향을 미쳤다고 할 수 있다.

하지만 만일 이 협정에 의거하여 특정 조치를 채택하는 것은 역내교역에 존재하는 차별적 조치의 철폐를 규정하고 있는 EEC조약 제30조에 정면으로 배치되므로 이 이론 역시 인정하기 힘들다.[7]

셋째, 잔여권한설(la théorie des compétences résiduelles)이란 EEC조약 제36조 및 명령적 존재의 유추에 의한 적용(application par analogie de l'article 36 et des exigences impératives)과 관련한 이론으로서, 이 이론의 근거는 다음과 같다. 즉, 공동 혹은 조화된 조치가 부재한 경우에 EEC조약 제30-36조는 회원국이 제36조[8] 혹은 "Cassis de Dijon" 판결[9]에서 유래하는 '합법적 목적(un objectif légitime)'을 보호하는데 필요한 조치를 그들의 (국내)관할영역 내에서 채택할 수 있는 권한을 인정하고 있다는 사실, 또는 회원국들이 국내에서 이러한 권한을 행사할 수 있다면, 제3국과의 교역시 '합법적 목적'을 가지는 국내 체제를 보호하기 위하여 채택된 양자 혹은 다자조치를 역외에 대하여 적용하는 것을 금지하는 것은 불합리하다는 인식에 기초하고 있었던 것이다.[10] 하지만 이 이론은 공동체가 대외통상권한을 배타적으로 행사하기 전까지 한시적으로 인정된 것으로서, 현재로서 그 존재의의가 없는 이론이라고 할 수 있다.

결론적으로 살펴 보건데, 공동통상정책의 개념이란 본질적으로 '발전적 성격(de nature évolutive)'을 가지고 있으며, 국제통상환경의 변화 및 공동체 내부시장의 결속의 정도에 따라 그 내용 및 적용 범위도 확대

---

7) Mattera, A., *Le marché unique européen : Ses règles, son fonctionnement*, Jupiter, 1990, pp. 608-609.

8) E(E)C조약 제36조는 회원국간 수량제한의 철폐에 관한 예외(정당화)를 규정하고 있는 조항으로서 그 내용은 다음과 같다: "조약 제30조-제34조의 제 규정은 공서, 공공질서 및 안전, 건강의 보호 및 인간·동물의 삶 혹은 식물의 보존, 예술적, 역사적 혹은 고고학적 가치를 가지는 국가적 보물의 보호, 혹은 지적 및 상업적 재산권의 보호를 이유로 정당화된 수·출입 혹은 통과의 금지나 제한의 장애에 해당하지 않는다."

9) 1979년 2월 20일자 ECJ 판결, aff. 120/78, Rec. 1979, p. 649.

10) Ibid., p. 609.

되어 왔다. 이 점에서 비록 공동체 제 기관(위원회 및 이사회)과 일부 회원국간 첨예한 이견이 드러났음에도 불구하고 ECJ가 공동통상정책의 개념의 정의를 구체적으로 시도하지 않은 것은 나름대로 설득력이 있다고 볼 수 있으며, 또한 ECJ의 이러한 태도는 공동체의 '유연성있는 통합(flexible integration ; intégration flexible)'을 위한 한 방편으로 공동통상정책을 활용하고 있다고도 보인다.

다음은, '이차적 혹은 파생적 적용 범위'와 관련한 논의로, 통상정책의 수행에 있어서 공동체가 배타적 권한을 가지는 가의 문제이다. 즉, EEC조약 제113조는 과도기간의 종료 후 공동통상정책은 '통일된 원칙에 기초한다(... la politique commerciale commune est fondée sur des principes uniformes ...).'고 규정하고 있었지만 이 규정의 해석을 둘러싸고 1960년대에는 다수의 학설이 대립하고 있었다. 첫째, 공동체와 회원국간의 권한분할설로서, 통상 분야에 있어서 공동체의 권한은 통일적인 원칙을 정하고 있는 것에 한정되며 이러한 원칙을 실시하는 권한은 회원국에 귀속한다. 둘째, 공동체와 회원국의 경쟁권한설에 의하면, 회원국은 공동체가 정하는 통일적인 원칙을 준수하는 것 이외는 자율적인 권한을 가진다. 셋째, 공동체의 배타적 권한설인데, 공동체는 통일적인 원칙을 정하는 것만이 아니라 이러한 원칙을 실시하는 배타적 권한을 가지며, 회원국은 통상분야에서 어떠한 권한도 가지지 못한다.[11] 하지만 위 세 가지 학설 가운데 ECJ는 견해 1/75에서 세 번째의 배타적 권한설을 채택함으로써 그 이후 공동체의 통상협정의 체결권이 배타적 성질을 가진다는 점은 일반적 원칙으로 확립되었던 것이다.

---

11) Kovar, R., "La mise en place d'une politique commerciale commune et les compétences des Etats membres de la CEE en matière de relations internationales et de conclusion des traités", *AFDI(Annuaire Français de Droit International)*, 1970, pp. 804-805; 小室程夫, 『EC通商法ハンドブック』: ヨーロッパ保護貿易主義構造 (東洋經濟新聞社, 昭和63年3月10日), p. 170.

앞에서 공동통상정책의 개념 및 그 법적 성격에 관한 제 이론들에 대하여 검토해 보았는데, 아래에서 살펴보는 바와 같이 공동체의 관행상 EEC조약 제113조는 원칙적으로 상품의 교역에만 적용되는 것으로 이해되고 있었다. 이러한 점은 공동체 기관[12]이나 학자들[13] 모두의 공통의 인식이었는데, 이를테면, ECJ는 판례를 통하여 다음과 같은 조치, 즉 제3국과의 교역시 회원국간 세제 및 통상분야에 존재하는 부조화의 철폐,[14] 관세평가규칙[15] 및 관세에 관한 일반규칙, 기초상품에 관한 국제협정,[16] 일반특혜관세제도에 의한 특혜,[17] 제3국산 상품의 공동체 영역내로의 수입에 관한 소송에서 공중 건강의 보호를 이유로 한 수입의 제한[18] 및 수출신용에 관한 국제협정[19] 등을 공동통상정책의 목록에 포함된다고 판시하였다.

그러나 EEC조약 제113조는 제3국과의 교역을 보다 널리 또한 특수하게 규율하는 모든 조치 및 만약 그 주요 목적이 교역의 양이나 흐름에 영향을 미친다면 동 조에 속하는 기타 모든 조치에도 적용되어야 한다는 주장이 대두되었다.[20] 게다가 이러한 주장과 아울러 우루과이 라운드 협상 이후의 급격한 국제통상환경의 변화에 부응하는 동시에 공동체 내·외부 시장 및 제3국과의 경쟁력 강화를 위한 공동통상정책의 개편의 필요성이

---

12) 1979년 10월 4일자 ECJ 견해, 1/78, Rec., 1979, p. 2871.
13) Gilsdorf, op. cit., p. 195.
14) 1973년 12월 13일자 ECJ 판결, aff. jtes 37 et 38/73, *Sociaal Fonds voor de Diamantarbeiders c/ NV Indiamex et Association de fait De Belder*, Rec., 1973, p. 1609.
15) 1973년 7월 12일자 ECJ 판결, aff. 8/73, *Hauptzollamt Bremerhaven c/ Massey-Ferguson GmbH*, Rec., 1973, p. 897.
16) 1979년 10월 4일자 ECJ 견해, 1/78, Rec., 1979, p. 2871.
17) 1987년 3월 26일자 ECJ 판결, aff. 45/86, *Commission c/ Conseil*, Rec., 1987, p. 1493.
18) 1990년 3월 29일자 ECJ 판결, aff. C-62/88, *Grèce c/ Conseil*, Rec., 1990, p. I-1527.
19) 1975년 11월 11일 ECJ 견해, 1/75, Rec., 1975, p. 1355.
20) Ehlermann, *The Scope of Article 113 of the EEC Treaty*, in *Mélanges offerts à P.H. Teitgen*(Paris; Pedone, 1984), p. 145-169.

대두되게 되었다.21) 그리하여 EEC조약의 규정들 가운데 제111조, 제114조 및 제116조는 EC조약에 의해 폐지되었으며, 제113조 및 제115조는 개정되는 등 공동통상정책과 관련한 EC조약상의 제 규정은 대폭 개정되었다. 또한 암스테르담조약은 WTO협정의 내용을 반영하여 "이사회는 …… 서비스 및 지적재산권에 관한 국제협상 및 협정에도 (EC조약 제113조) 제1항 - 제4항을 확대 적용할 수 있다."라는 제5항을 신설함으로써 공동통상정책의 적용범위를 한층 확대하는 계기를 부여하였다.22) 그리고 유럽헌법은 제Ⅲ-315조에서 외국인 직접 투자를 공동통상정책의 적용 범위에 포함시켰다.

하지만 공동통상정책은 국제 통상(및 무역)의 조화로운 발전과 그에 존재하는 제한의 점진적 철폐 및 관세 장벽의 감소23)라는 목적아래 도입

---

21) 공동통상정책의 개편의 법적 근거는 EU조약 제C조 제2문에서 구할 수 있다. 즉, 동 조는 EU가 외부관계, 안보, 경제 및 개발 분야에서의 모든 대외적 행동의 일관성(la cohérence de l'ensemble de son action extérieure)을 가져야 하며, 이사회 및 위원회가 이러한 일관성을 유지할 책임을 진다고 규정하고 있다.
22) EU의 대외통상법의 근본적 토대는 관세정책 및 공동통상정책으로서 대외통상법의 내용은 공동통상정책의 적용 범위 및 그 법적 성격과 밀접한 관련을 맺고 있다. 이와 같은 분류는 기본조약상 규정 및 ECJ의 판결례를 통하여 확립된 공동체의 대외통상정책의 수행상 배타적 권한과 함께 공동통상정책의 내용에 대한 해석 및 실제 적용 과정에서 형성되었다고 볼 수 있다. 그러므로 EU 대외통상법의 내용 및 범위를 검토하기 위해서는 EC조약 제110조-제115조, 특히 제113조, ECJ의 판결례 및 공동체 당국의 관행 등에 대한 이해 및 분석이 선결되어야 하는데, 이들에 대한 분석을 바탕으로 그 적용 범위를 대체적으로 분류해보면 다음과 같다.
  1. 일반적 적용 범위
     가. 공동관세정책(특히 공동관세율정책)   나. 수출제도   다. 수입제도
     라. 통상방어제도
       (1) 공정행위에 의거한 보호조치 : 세이프가드(긴급수입제한)조치
       (2) 불공정행위에 의거한 보호조치
         (가) 반덤핑조치   (나) 상계관세조치   (다) 신통상장벽조치
  2. 공동통상정책과 통상 협정
     가. 가트 및 WTO   나. 기초상품에 관한 국제협정   다. 섬유협정   라. 쌍무협정
  3. 적용 범위의 확대
     가. 서비스무역   나. 지적소유권   다. 경쟁   라. 기타 통상정책
23) EC 조약 제110조.

되었으며, 또한 궁극적으로는 국제 통상 이익과의 적정한 균형을 유지하면서 수행되어야 한다.24) 다시 말해서, 회원국의 통상정책을 대체한 '하나의 공동 정책'을 수행할 책임을 지고 있는 공동체는 회원국들이 추구하는 이익을 고려하면서 그 이익이 WTO를 중심으로 한 다자간 국제통상규범이 지향하는 제 원칙 및 목적에 위배되어서는 안되며 균형을 이루도록 조정하여야 하는 것이다.

따라서 먼저, 위와 같은 기본적인 목적 및 내용을 가지는 공동통상정책이 과연 ECJ에 의하여 구체적으로 어떻게 해석되어 왔는가에 대하여 동 재판소의 견해를 중심으로 고찰하기로 한다. 다음은, WTO 체제의 출범 후 새로운 국제통상규범의 내용에 비추어 볼 때, 서비스 및 지적재산권이 공동통상정책의 범위에 포함되는가의 문제로서, ECJ 견해 1/94 및 동 견해를 바탕으로 이에 대하여 명시적으로 규정하고 있는 EC조약 제113조 제5항에 대해서 분석하고자 한다. 그리고 마지막으로 유럽헌법 제 I-13조 및 제III-315조의 관련 내용에 대해 검토한다.

2. EEC조약 제113조하에서의 공동통상정책 : ECJ 견해 1/75 및 1/78

EEC조약 제113조에 의하면, "과도기간의 종료 후, 공동통상정책은 특히 관세율 변경, 관세 및 통상협정의 채택, 자유화조치의 통일, 수출정책, 반덤핑 및 상계관세 등 통상방어조치와 관련한 통일된 원칙에 기초한다."고 규정함으로써 공동통상정책에 관한 제한적 목록만 열거하고 있을 뿐 공동체의 대외 권한의 적용을 받는 사항을 망라적으로 예시하고 있지 않았다. 그리하여 공동체의 대외 통상 권한의 적용 범위에 대하여 많은 혼란이 야기되었으며 이에 대하여 ECJ는 그들의 판례 "AETR",25)

---

24) 1981년 5월 5일자 ECJ 판결, aff. 112/80, *Firma Anton Dürbeck c/Hauptzollamt Frankfurt am Main-Flughafen*, Rec., 1981, p. 1095.
25) ECJ는 1971년 3월 31일자 판례 "AETR"를 통하여 최초로 공동통상정책의 적용에 관하

"Donckerwolcke",26) "Tezi I·II"27) 등과 견해(Opinion(영) Avis(불)) 1/75 및 1/78 등을 통하여 공동체의 통상 정책의 적용 범위를 명확화시키기 위하여 많은 노력을 하였다. 하지만 ECJ는 특히 후자를 통하여 공동통상정책의 개념 및 그 적용 범위를 명확히 하였으므로 본 장에서는 동 재판소의 견해를 중심으로 하여 EEC조약 제113조 하에서의 공동통상정책의 구체적 내용에 대해서 검토하기로 한다.

여 공동체의 배타적 권한에 대한 사법적 판단을 행하였다. ECJ에 의하면, "... 공동규칙의 창설에 따라 오직 공동체만이 공동체 사법 질서의 모든 적용 영역에 대하여 제3국과 체결한 모든 협정을 체결하고 집행할 수 있으며"(n° 18) "... 조약의 제 규정 실시면에서 공동체의 역내조치체제와 외부관계에서의 동 체제를 분리할 수 없다."(n° 19)고 하였다. 따라서 공동체는 이 판례를 통하여 역내에서만이 아니라 제3국과의 대외관계에서도 배타적 권한을 행사할 수 있는 법적 기초를 확립함으로써, 동 분야에서 회원국의 권한이 개입할 여지를 봉쇄할 수 있는 계기를 마련해 주었다. 또한 더 나아가 공동체는 공동체의 이익 및 경제적 성격을 가지는 사안에 대하여 국제조직에서 공동체를 대표할 수 있는 권리를 확보하게도 되었던 것이다.

26) ECJ의 판례 "AETR" 및 견해 1/75를 통하여 확립된 통상분야에서 공동체의 배타적 권한의 원칙은 1976년 12월 15일자 "Donckerwolcke" 판결에서 재확인되었다. 즉, ECJ는 '통상정책에 관한 모든 권한은 EEC조약 제113조에 의해 공동체로 이양되었으므로 국가적 성격의 통상정책조치는 과도기간 종료 후는 공동체의 특별한 허가가 없는 한 허용되지 아니한다.'(일명 (권한의) 재양도이론 Théorie de la redélégation)고 판시하였다. 이로서 ECJ는 제3국에 대한 자율적인 통상제도에 대해서도 회원국의 권한을 완전히 배제하고 공동체의 권한이 배타적 성질을 가진다는 점을 재확인하였던 것이다.

27) 1986년 5월 5일자 판례 "Tezi I·II"를 통하여 ECJ는 '다자간섬유협정'에서 예정하고 있는 '지역할당제(quotas régionaux)'가 EEC조약과 양립한다는 것을 인정하였다. 즉, ECJ는, "조약 제113조의 제 규정에 의거한 '공동체제(régimes communs)'의 실시는 동 조가 요구하는 '통일된 원칙(principes uniformes)'에 기한 공동통상정책의 존재가 반드시 필요하다는 결론에 이르는 것을 허용하지 않는다."고 하면서, 이를테면, '제3국을 원산지로 하는 섬유제품의 수입에 적용되는 공동체제(섬유협정 Arregement Multifibres)와 관련한 1982년 12월 23일자 이사회 규칙 3589/82(JOCE N° L 374 du 31.12.82, p. 106)'에 근거한 조치와 마찬가지로 공동통상정책의 제 조치는 그 적용 영역상 "... 통일된 원칙에 관한 조약 제113조 제1항에 기한 공동통상정책의 설립을 위한 일정한 진보"를 구성하므로 '통일된 체제(régime uniforme)'라고 볼 수는 없다고 하였다("Tezi II", n° 41). ECJ는 섬유제품의 수입에 대해서는 회원국에게 그들의 독자적 권한을 행사할 수 있는 일정한 예외를 허용하고 있었으므로 비록 이러한 예외가 공동체의 섬유산업에 민감한 영향을 미칠지라도 "수입조건의 통일화는 진보적인 방법으로만 실현될 수 있으므로(ne peut être réalisée que de façon progressive)"("Tezi II", n° 42) "특정한 조치에 존재하는 부조화는 점진적으로(progressivement)으로 감소시키며 철폐하여야 할 것"("Tezi II", n° 43)이라고 판시하였던 것이다.

(1) 견해 1/75 [28]

1975년 2월에 OECD는 각국 정부 금융기관의 수출신용 공여와 관련한 경쟁을 완화하기 위하여 '공적 수출신용 공여의 규제안', 즉 "로컬 코스트 (local cost)의 기준에 관한 OECD협정(OECD agreement on a Local Cost Standard ; Arrangement concernant une norme pour les dépenses locales de l'OCDE)" 초안[29]을 마련하였는데, 동 협정안에 대한 EEC의 참가형태에 관하여 공동체 당국과 회원국간 이견이 노정되었다. 즉, 공동체만이 협정의 체결권을 가진다고 주장하는 위원회에 대하여 공동체의 협정 체결권을 부정하는 견해 및 공동체와 회원국은 공동으로 협정 체결에 참가할 수 있다고 주장하는 일부 회원국들 및 이사회의 입장이 대립하였다. 이리하여 위원회는 EEC조약 제228조에 의거하여 EEC조약과 OECD 협정안의 양립성에 관한 문제, 즉 OECD 협정의 체결권이 공동체와 회원국 중 어느 쪽에 귀속하는가에 관한 문제에 대하여 ECJ의 견해를 구하였다.

이에 대하여 ECJ는 1975년 11월 11일자 견해 1/75를 통하여, 우선 문제의 OECD 협정이 EEC조약 제228조에서 말하는 '협정' 내지는 '형태의 여하를 묻지 않고 국제법의 주체에 의해 체결된 구속력을 가지는 모든 협정'에 해당한다는 것을 전제한 후 세 가지의 사항을 중심으로 판단하였다.

---

28) 1975년 11월 11일 ECJ 견해, 1/75, Rec., 1975, p. 1355.
29) 로컬 코스트(local cost ; dépenses locales)란 "구매자의 국가에 의해 자본 및 서비스의 제공을 위하여 투입된 비용"이며, 이 자본 및 서비스는 수출자가 계약을 이행하거나 혹은 수출자의 계약의 일부분을 구성하는 계획(프로젝트)를 성취하는데 있어 필요한 것이라야 한다. 동 협정안 제1조 I.3 참조.
선진국들이 대 개도국 경제협력의 한 방법으로 이 로컬 코스트 혹은 로컬 코스트 파이낸스(local cost or local cost finance) 방식을 채택하는 경우가 많은데, 경제협력의 대상이 되는 프로젝트에 대한 융자를 함에 있어서 제 경비, 예를 들면 임금, 관련소비재의 구입, 기타 경비 등을 포함시켜 일괄융자를 해 주는 등 일반적으로 목적금융의 한 형식을 띤다. 한국외환은행 조사부, 『국제금융 외환 용어 사전』(개정 증보판, 한국외환은행, 1994), pp. 101-102.

첫째, ECJ는 OECD 협정의 규율 내용, 즉 수출장려를 위하여 정부 금융 기관이 행하는 신용 공여에 대한 규제가 "...제3국으로 수출하기 위하여 회원국에 의하여 행해진 원조제도는 공동체 기업간 경쟁이 왜곡되는 것을 피하기 위하여 과도기간의 종료 전 필요한 조치에 의해 점진적으로 조화된다."는 EEC조약 제112조 및 "... 공동통상정책은 ... 특히 수출 정책과 관련한 통일된 원칙(principes uniformes)에 근거한다..."는 제113조에 규정된 공동체의 권한 사항에 포함된다고 판단하였다. 따라서 비록 동 OECD 협정은 수출신용의 특별한 실행에 적응시키기 위한 내용을 포함하고 있으나 특히 로컬 코스트와 관련한 '통일된 원칙'을 확립하기 위한 것이므로 공동통상정책의 범위, 특히 수출정책의 범위는 수출원조제도, 다시 말하여 수출에 결부된 로컬 코스트의 공적 융자조치에 필연적으로 영향을 미치므로, 통상정책의 개념은 국가의 경우와 마찬가지로 공동체의 경우에도 동일한 내용을 가지는 것이라는 견해를 피력하였다. 즉, ECJ에 의하면, 문제의 OECD 협정의 규율 내용은 제112조의 수출원조제도에 속하는 것만이 아니라 보다 일반적으로 수출정책에 의거하여 제113조의 공동통상정책에 속하기 때문에 공동체의 권한 영역에 포함되어야 한다는 것이었다.

둘째, 공동체 권한은 배타적 성질(caractère exclusif)을 가지는가? 이미 위에서 살펴본 바와 같이, ECJ는 통상정책의 개념이 국가의 경우와 마찬가지로 공동체의 경우에도 동일한 내용을 가진다는 점을 분명하게 밝혔다. 이와 같은 해석태도는 공동체의 통상정책이 국가의 동일한 정책에 비추어 좁은 범위에 걸쳐 행해진다고 주장하던 일부 회원국들의 주장을 물리침과 아울러 공동체는 주권국가에 통상 인정되는 모든 통상 권한을 장악하고 있다는 점을 승인한 것으로 볼 수 있다.

하지만 ECJ의 태도를 살펴보면, 이 질문에 대한 대답은 오히려 OECD 협정 및 EEC조약이 규정하고 있는 공동통상정책의 목적에 근거하고 있다고 보는 것이 더욱 적절할 것이다. 즉, 로컬 코스트에 관한 OECD 협정은 공동 기준의 적용을 받는 거래일지라도 군사적 목적 혹은 개발도상국에 대한 원조의 대상이 되는 거래는 적용 예외를 인정하고 있다. 그러므로 이 기준의 목적은 EEC조약 제113조의 공동통상정책상 순수한 조치의 범위에 포함된다고 볼 수 있다. 이러한 면에서 ECJ는 '이와 같은 조치는 공동체의 보편적 이익을 방어함으로써 공동시장의 원활한 기능을 위하여 필요하며, 회원국들의 개별이익은 상호 조정되어야 하며, …, 외부 관계에서 회원국들의 개개 이익을 만족시키기 위하여 공동체와 수평적 권한(compétence parallèle)을 인정하는 것은 공동체의 보편적 이익을 효과적으로 방어하는 것을 침해할 위험이 있다.'고 판단하였다. 결국, ECJ는 회원국의 일방적 행동이 대외 관계에 있어 공동체 기업간 경쟁의 왜곡으로 인하여 정책의 부조화를 야기할 우려가 있으므로 수출정책 및 더 넓게는 공동통상정책의 일반적 영역에 있어서 공동체 권한의 배타적 성질을 인정한 것이다. 이처럼 ECJ의 논지는 간명하지만 공동체의 공동 이익의 옹호, 대외적 일체성의 요청 및 공동체의 제도적 구조의 확보가 공동체의 통상권한의 배타성을 결정하는 것이라고 보았던 것이다.

셋째, '통상정책은 대내적 조치와 대외적 조치의 협력 및 상호작용에 의하여 수립되지만 양자간에 우선 순위는 없다.'고 함으로서 ECJ는 공동체가 수출신용에 관한 대내(혹은 역내)적 입법을 채택하고 있지 않아도 당해 사안에 관한 협정을 체결할 수 있다는 점을 인정하였다.

위와 같은 논의를 바탕으로 하여, ECJ는 '공동체는 로컬 코스트에 관한 기준과 관련한 협정에 참가할 배타적 권한을 가진다.'고 결론을 내렸다.

이상에서 본 바와 같이 견해 1/75는 공동체의 통상 권한의 확대 해석의 길을 열었지만 ECJ는 계속하여 1979년 10월 4일자 견해 1/78을 통하여 공동체의 통상 권한의 범위를 보다 더 상세하게 논하였다.

(2) 견해 1/78 [30]

　UNCTAD(CNUCED)는 1976년 5월에 채택한 '일차상품 종합계획'에 의거하여 개발도상국이 수출하는 천연고무의 국제시장을 조정하는 동시에 안정시키기 위하여 '국제천연고무협정(International Agreement on Natural Rubber ; Accord international sur le caoutchouc naturel)'의 체결을 위한 협상이 제네바에서 개시할 것을 결정하였다. 천연고무의 주요 수입국의 하나인 공동체도 동 협정의 협상에 참가하기로 했으나 공동체의 협정에의 참가 형태를 둘러싸고 제 기관 사이에 이견이 대두되었다. 즉, 국제천연고무협정은 공동통상정책의 범위에 포함되기 때문에 공동체만이 협정의 협상·체결에 참가해야 한다는 위원회의 주장에 대하여,[31] 이사회는 국제천연고무협정은 종래의 일차상품협정과 마찬가지로 혼합협정 방식[32]에 의하여 협상·체결되어야 한다고 하면서 위원회의 주장을 인정하지 않았다.[33] 다시 말해서, 이들 기관은 공동체가

---

30) 1979년 10월 4일자 ECJ 견해, 1/78, Rec., 1979, p. 2871.
31) ECJ 견해 1/78 n° 2.
32) 혼합조약이란 "국제기구와 회원국의 전부 또는 일부가 일방 당사자가 되고 하나 또는 복수의 제3국이 타방 당사자가 되는 조약으로 그 조약의 시행에 있어 국제기구나 회원국이 개별적으로는 완전한 권한을 행사할 수 없는 경우"(Schermers, H.G., "A Typology of Mixed Agreements", O'Keeffe, D. & Schermers, H.G.(eds.), *Mixed Agreements* (Kluwer, 1983), p. 23)라고 정의할 수 있다. 이 혼합조약의 문제는 본질적으로 국제기구와 그 회원국 사이의 권한의 분배로 인하여 생기는 문제로서, EU의 경우, 공동체 당국이 회원국들의 주권의 일부를 양도받아 대외 권한, 특히 조약 체결권을 행사하게 됨에 따라 야기되었다. EU에 있어서의 혼합조약의 내용 및 그 문제점에 대해서는, 이성덕, 「혼합조약(Mixed Agreements)의 조약법상 문제점에 관한 연구」, 『국제법학회논총』(제4권 제2호(통권 제80호), 1996. 12), pp. 123-142; Timmermans, C.W.A., *The Division of Powers between the Communities and their Member States in the Field of External Relations*(Kluwer, 1981); *The European Communities in the International Order*(European Perspectives, 1985), pp. 58-69; Neuwahl, N., "Joint Participation in International Treaties and the Exercise of Powers by the EEC and its Member States: Mixed Agreements", *CMLRev*, n° 28, 1991; Macleod, I. et als, *The External Relations of the European Communities*(Oxford; Clarendon Press, 1996), pp. 142-164.
33) ECJ 견해 1/78 n° 2.

동 협정에 대한 협상권을 가지고 있다는 점에 대해서는 의견을 같이하였으나 동 협정의 대상이 되는 분야(즉, 천연고무라는 재료)가 과연 전적으로 공동체의 권한의 범위 내에 속하는지 혹은 공동체와 회원국이 권한을 공유하는 지에 관하여 견해가 일치하지 않았던 것이다.34) 이리하여 위원회는 1978년 11월 EEC조약 제228조에 의거하여 국제천연고무협정의 체결권이 공동체와 회원국의 어느 쪽에 귀속하는가에 대하여 ECJ에 견해를 구하였다.

우선 위원회의 견해에 의하면, 공동통상정책이란 국제무역을 규율하는 모든 조치를 지칭하기 때문에 문제의 천연고무협정은 EEC조약 제113조의 공동통상정책에 속하며, 따라서 공동체는 동 협정의 협상 및 체결에 관한 배타적 권한(compétence exclusive)을 가진다고 주장하였다.35)

그러나 이사회는 공동통상정책에 대하여 협의의 해석을 채용하여 국제천연고무협정이 이하의 두 가지의 이유에 기초하여 공동통상정책의 범위로부터 제외된다고 주장하였는데 그의 입장을 정리하면 다음과 같다.

첫째, 공동통상정책이 '교역량 혹은 교역의 흐름에 영향을 미칠 목적 하에 취해진 모든 조치'라는 의미 내에서 볼 때 동 정책은 EEC조약의 체계상 순수한 기능을 수행하고 있다. 그러므로 제113조는 EEC조약의 기타 규정, 특히 회원국들의 권한의 여지가 남아있는 일차 원료의 공급정책을 포함하는 일반 경제 정책과 관련한 규정들에 대한 그들의 효과의 흠결을 보충한다고 해석할 수 있으며, 이사회는 동 조약 제145조에 의거하여 '조정(coordination)'할 권한을 가지고 있다.36) 하지만 이사회는 국제경제관계와 일반정치관계는 분리하기가 힘들다는 점에 입각해 볼 때, 공동체 권한과 회원국 권한간 밀접한 중층구조가 있다는 점을 인정하면서, '전략상품(produit stratégique)'인 고무에 관하여 규정하고 있는 동 국제

---

34) Ibid, n° 3.
35) Ibid, n° 2 및 37.
36) E(E)C조약 제145조 : "... 이사회는 회원국의 일반 경제 정책의 조정을 보증한다. ..."

협정은 회원국의 방어정책과 관련이 있다는 점을 인정하였다. 위와 같은 조건에 의거하여, 이사회는 동 협정의 협상은 EEC조약 제113조 뿐만이 아니라 경제적 성격을 가지는 국제조직(즉, 국제경제기구)에서의 조정과 관련한 제116조37)에도 포함된다고 주장하였다.38)

둘째, 일차(기초)상품(produits de base)에 관한 다수의 협정을 체결하기 위한 UNCTAD에서의 협상은 선진국과 개도국간 행하여지므로 수입국으로서는 형평성에 입각한 협상을 바라지만 개도국에 대한 원조의 성격을 띠고 있는 동 분야에서의 협상은 종래의 통상협정에서는 볼 수 없는 비상호성적 요소(éléments de non-réciprocité)를 포함하고 있다. 따라서 이와 같은 개발원조의 요소는 통상정책의 범주에 속하지 않는다고 하였다.39)

셋째, 위의 두 가지 문제와는 별도로 수급을 조절하기 위한 비축에 대한 재정 방식, 기술 원조, 연구 계획, 고무산업에서의 정당한 노동조건의 유지 및 고무가격에 영향을 미칠 수 있는 국내 조세정책과 관련한 협의 등의 특별조항(dispositions spécifiques)이 공동체의 배타적 권한의 범위에 포함되는가에 대하여도 위원회 및 이사회는 서로 입장을 달리하였다.40)

위원회 및 이사회의 위와 같은 주장에 대하여 ECJ는 아래와 같이 판단하였다.

우선, 공동통상정책과 개발원조의 문제의 관계에 대하여, ECJ는 이를 테면 개발도상국에 대한 원조 공여의 규정을 수반하는 것을 인정하고 있는 등 일차상품협정이 전통적인 관세·통상협정보다도 확실히 복잡한 구

---

37) EEC조약 제116조 : "공동시장을 위한 특별한 이해를 드러내는 모든 질문에 대하여, 과도기간의 종료된 이후, 회원국들은 경제적 성격을 가지는 국제조직에서 어떠한 공동행동도 할 수 없다. ..." 하지만 동 조는 EU조약에 의해 폐지되었다.
38) ECJ 견해 1/78 n° 39.
39) Ibid. n° 40.
40) Ibid. n° 52.

조를 가지고 있으므로 이와 같은 새로운 형태의 협정도 공동통상정책의 범위에 속한다는 점을 인정했다. 일차상품협정은 '전통적인 통상협정과 마찬가지로 국제무역을 조정'하므로 공동체가 이러한 종류의 협정을 체결할 수 없다고 한다면, '통일화된 통상정책은 수립될 수 없다.'고 하였다. 바꾸어 말한다면 공동체의 통상정책의 대외적 일체성을 확보하는 견지로부터 보아도 일차상품협정은 공동체의 권한 사항에 포함시켜야 한다는 것이 ECJ의 태도였던 것이다.41)

다음에 ECJ는 일반경제정책과 공동통상정책의 구별에 의거하는 이사회측의 주장을 분석하였는데, 이사회에 의하면, 일차상품협정은 일반경제정책에 관계하며, 일반경제정책에 대해서 회원국은 EEC조약 제6조 및 제145조에 따라 정책의 조정의무를 부과하는데 지나지 않으며, 권한을 유보하고 있기 때문에 협정의 체결은 결국 회원국에게 위임되어 있다고 주장하였다.

그러나 ECJ는 이사회와는 달리 일반경제정책과 통상정책을 구별하는 것을 부정하였다. ECJ는 경제정책은 EEC조약 제103조-제116조(제103조(경기정책), 제104조-제109조(국제수지), 제110조-제116조(통상정책)에 의거한 국가의 이익 사항이라기보다도 공동의 이익사항이라고 보아야 하며, 공동통상정책은 바로 이들 제 규정의 일부를 구성하므로 통상정책(특별규정)과 경제정책(일반규정)이 부분적으로 중복한다는 점을 강조하였다. 게다가 일차상품협정이 일반 경제정책에 관한 제 문제를 취급하고 있으며, 또한 '원료의 공급정책, 가격정책이 어떤 경제정책분야에 파급효과를 미친다고 해도 이것은 일차상품협정을 공동통상정책의 범위로부터 제외하기 위한 근거는 되지 않는다.'고 판시하였다.

그리고 일차상품협정의 협상·체결 절차에 관하여, 이사회는 제113조의 공동체 절차를 부정하고 제116조의 '국제경제기구의 범주 내에서의 회

---

41) Ibid, n°s 41-46.

원국의 공동 행동' 절차에 의하여야 한다고 주장하였다. 하지만 ECJ는 이에 대해, 제113조 및 제116조의 관계에 있어서 제116조는 공동체가 참가하지 않는 국제경제기구에서의 EC 회원국의 공동 행동에 관한 규정이며 본 건에는 적용되지 않는다고 하였다. 또한 국제경제기구의 범주 내에서의 협정의 협상이 구속력 있는 국제협정을 수반하는 경우에 적용되는 절차는 제116조가 아니라 공동체에 의한 협정의 협상・체결 절차에 관한 제113조, 제114조 및 제228조라고 하면서 이사회의 주장을 반박하였다.[42]

마지막으로 ECJ는 국제천연고무협정이 기술원조, 연구계획, 고무산업에서 적정한 노동조건의 유지 및 고무가격에 영향을 끼치는 각국 재정정책에 관한 협의는 통상정책과 명백한 관계를 가지고 있지 않는 특별조항이므로 협정은 통상정책사항에는 포함되지 않는다는 이사회의 주장을 분석하였다. ECJ는 문제의 특별조항은 부수적 혹은 보조적 성격을 가지는데 지나지 않으며, 이들 협정 중의 부수적 조항은 협정의 성질을 결정하는 요소는 아니라고 하였다. 즉, ECJ는 비록 일차상품협정이 개발원조제도를 수반하며 비상호성적 요소를 가짐과 동시에 일반경제정책에도 관련하는 등 통상정책이외의 특별조항을 포함한다고 할지라도 협정의 '본질적 대상'이 EEC조약 제113조에 속하는 한 공동통상정책의 범위에 포함된다는 점을 인정하였던 것이다.[43]

위에서 검토한 ECJ의 견해 1/75 및 1/78은 대외통상정책의 담당기관인 위원회와 이사회의 실무 관행에 지대한 영향을 미쳤다. 즉, 견해 1/78에서 쟁점 사항이었던 국제천연고무협정을 종래의 일차상품협정과 마찬가지로 혼합협정방식에 의하여 체결했으며, 통상권한을 벗어난 사항을 포함하는 통상협력협정까지도 EEC조약 제113조 및 제235조에 근거하여 공동체 독자적으로 체결하게 되었던 것이다. 특히 EEC조약 제235조

---

42) Ibid, n°s 46-51.
43) Ibid, n°s 52-60.

에 의하면, 비록 공동체가 명시적인 권한을 부여받지 못한 경우라 할지라도 공동체의 목적 달성을 위하여 공동체적 행동이 필요하다고 판단된다면 이사회가 새로운 권한을 창설하는 것을 인정하였다. 따라서 협력협정의 경우에서 볼 수 있는 바와 같이, EEC조약 제113조만으로는 공동체의 협정체결권의 근거를 인정하는데 불충분한 때에는 공동체는 제235조를 원용하여 자신의 협정체결권의 근거를 도출하였던 것이다.

3. EC조약 제113조하에서의 공동통상정책 : ECJ 견해 1/94

1992년 덴마크의 마스트리히트에서 체결된 'EU조약'에 의하여 EEC는 EC로 대체되었으며, EEC조약의 일부 조항이 보충·개정되는 등 조약의 내용에 상당한 변화를 가져왔다(이하 EC조약). EC조약은 EEC조약과 마찬가지로 제113조에서 공동통상정책에 관하여 규정하고 있는데, 동 조 제1항에서 "공동통상정책은 특히 관세율 변경, 관세 및 통상협정의 채택, 자유화조치의 통일, 수출정책, 반덤핑 및 상계관세 등 통상방어조치와 관련한 통일된 원칙에 기초한다."고 함으로써 동 정책의 주요 목록에 대해서는 별다른 변경을 가하지 않았다. 단, EEC조약 제113조와는 달리 EC조약 제113조는 향후 제3국만이 아니라 '일국 혹은 복수의 국가, 또는 국제조직'과 함께 협정의 체결을 협상할 수 있으며(제3항), 제228조의 적절한 제 규정이 적용된다(제3항 제3문)는 조항을 추가하였다.

이처럼 협상 체결 당사자의 범위를 확대한 점을 제외한다면 EC조약은 EEC조약과 비교하여 공동통상정책의 내용에 별다른 변경을 가하지 않았다. 하지만 EU조약이 발효한 1993년 11월 이후 우루과이 라운드 협상이 타결되었으며, 그 이듬해 4월의 마라케쉬협정을 거쳐 1995년 1월 1일 이후부터 WTO가 출범함으로써 국제 통상 규범 및 환경에 중대한 변화를 초래하였다.

위와 같은 시대적 배경 하에서, 1994년 4월 6일, 위원회는 EC조약 제

228조 제6항에 의거하여 EC가 우루과이 라운드 협상의 결과에 대한 공동체적 권한을 가지는가에 관하여 ECJ에 견해를 구하였다. 특히, 위원회는 공동체가 EC조약, 특히 제113조만에 의거하여, 혹은 제100조 A 및/혹은 제235조와 공히 비추어보아 '서비스무역에 관한 일반협정(GATS)' 및 '무역관련 지적재산권에 관한 협정(TRIPs)'을 포함한 모든 WTO협정을 체결할 배타적 권한을 가지고 있는가에 관한 ECJ의 사법적 판단을 요구하였다. 이 외, 위원회는 '유럽석탄철강공동체(ECSC ; CECA)' 및 '유럽 원자력공동체(EAEC ; CEEA ; Euratom)'를 설립하는 조약의 적용을 받는 상품 및/혹은 서비스에 대해서도 동일한 질문을 하였으며, 마지막으로 만일 긍정적인 판단을 내릴 경우, WTO의 원회원국인 EU 회원국들이 WTO협정을 체결할 권한을 가지는가에 대한 견해도 구하였다.

위와 같은 위원회의 요구에 대하여 ECJ는 1994년 11월 15일자 견해 1/94[44])를 통하여 다음과 같이 판단하였다. 즉, 첫째, 상품무역과 관련한 다자간 협정에 대하여, EC조약 제113조에 의하여 공동체만이 이들 협정을 배타적으로 체결할 권한을 가지고 있다.[45]) 또한 이 권한은 농업협정,[46]) 유럽석탄철강공동체 및 유럽원자력공동체의 적용 대상이 되는 상품[47])에까지 확대 적용된다. 둘째, 서비스의 국경간 공급만이 EC조약 제113조의 공동통상정책의 적용 대상이 되며,[48]) 운송분야의 국제협정은 제외된다.[49]) 셋째, 위조상품의 자유 유통의 금지와 관련한 제 규정을 제

---

44) 1994년 11월 15일자 ECJ 견해 1/94, *Compétence de la Communauté pour conclure des accords internationaux en matière de services et de protection de la propriété intellectuelle*, Rec., p. I-5267. 견해 1/94에 대한 상세한 분석은, Maunu, A., "The Implied External Compentence of the European Community after the ECJ Opinion 1/94-Towards Coherence or Diversity?", *LIEI(Legal Issues of European Integration)*, 1995. 2, pp. 115-128.
45) ECJ 견해 1/94, n° 34.
46) Ibid, n° 29.
47) Ibid, n° 27.
48) Ibid, n° 44.
49) Ibid, n° 53.

외하고는 TRIPs는 제113조의 적용 대상이 아니다.50) 넷째, GATS 및 TRIPs협정을 체결할 권한은 공동체와 회원국이 공유한다.51)

이와 같은 결론 가운데 본 주제와 관련하여 중요성을 가지는 것은 서비스무역 및 지적재산권이 공동통상정책의 내용에 포함되는가? 아울러 공동체는 동 분야에 관한 협정을 체결할 배타적 권한을 가지는가의 문제이다. 따라서 이 두 가지의 문제를 중심으로 ECJ 견해 1/94를 검토하기로 한다.

이에 대하여 먼저, ECJ는 EC조약 제113조의 의미내 통상정책이 오직 상품무역만을 포함하는가 혹은 기타 경제활동도 포함하는가에 대하여 심사해야만 했다.

첫째, 서비스무역에 대하여, 비록 대다수의 학설 및 관행은 서비스무역이 공동통상정책의 영역에 포함된다는 입장을 취하고 있었지만, ECJ는 이에 대하여 상당히 신중한 입장을 취하였다. 즉, "국제통상의 발전과정을 살펴보건대 (EC)조약의 의미내 통상정책의 개방적 성격은 서비스무역이 일괄적으로 또한 제113조의 적용 원칙에 의해 제외되는 것을 반대하고 있다."52)고 하면서도 GATS협정이 채택되기까지의 모든 발전적 과정을 고려하지는 않고 있는 것이다. 다시 말하면, ECJ는 GATS에 의해 행해진 서비스무역의 정의를 그대로 EC조약의 체계로 흡수하는 것을 반대하고 있으며, 따라서 GATS가 인정하고 있는 네 가지 서비스제공의 유형, 즉 국경간 공급(la fourniture transfrontalière), 해외소비(la consommation à l'étranger), 상업적 주재(la présence commerciale) 및 자연인의 주재(la présence de personnes physiques) 가운데 국경간 공급만이 공동통상정책의 적용 대상이 된다고 판시하였던 것이다. 나머지 세 가지 유형의 서비스제공은 공동통상정책을 설립하는 조약의 목적과는 별개인 자연인 및 법인의 이동을 의미하기 때문에53) 제

---

50) Ibid, n° 71.
51) Ibid, n° 98 및 105.
52) Ibid, n° 41.

113조의 적용 대상에서 제외된다고 하였다.[54]

둘째, 지적재산권과 공동통상정책의 관련성 유무에 대하여 ECJ는 두 가지 경우로 나누어 분석하고 있다. 즉, ECJ는 위조상품의 자유 유통의 금지와 관련한 TRIPs의 제 규정은 EC조약 제113조의 적용을 받는다고 하였다. 하지만 "지적재산권은 국내 및 국제통상에 똑같이 관련되어 있으나 후자보다는 전자에 더 많이 관련되어 있으므로 특별히 국제무역에 기초하고 있지 않다."[55]고 하면서 기타 규정과 관련한 지적재산권은 동 조의 적용 대상이 아니라고 판시하였다. 따라서 전자를 제외한 기타 모든 지적재산권과 관련한 공동체의 외부 권한은 내부적 조화의 대상이 된다. 그러나 공동체가 공동시장의 설립 혹은 기능에 관한 직접적인 영향을 미칠 수 있는 국가적 규칙을 조화시키는 내부적 권한을 가지고 있으므로 이 분야에서도 회원국의 권한이 미칠 여지는 없다고 보인다.

다음은, GATS 및 TRIPs가 EC조약 제113조의 적용 범위에 포함되는가에 대한 위의 논의와는 별도로 공동체가 동 분야에 대해서도 배타적 권한을 가지는가에 대하여, ECJ는 견해 1/94를 통하여 공동체가 공동체의 목적을 실현하는데 필요한 대외적 권한을 행사할 수 있다는 견해 1/76[56] 및 이러한 공동체의 권한이 공동규칙과 관련을 맺고 있다면 대내외적으로 배타성을 가지고 있다는 것을 인정한 AETR에서 밝힌 공동체의 배타적 권한에 대하여 재해석을 행하였다.

---

53) EC조약 제2조의 공동시장 및 경제·통화동맹의 설립 그리고 제 정책의 실시 혹은 공동행동에 의한 공동체가 지향하는 목적을 달성하기 위하여 동 조약 제3조는 공동체의 행동은 '공동통상정책'(제b)항) 및 '... 내부시장에로의 사람(자연인)의 출입 및 이동과 관련한 조치'(제d)항)를 포함한다고 규정함으로써, EC조약상 양자는 별개로 취급되고 있다. 즉, 회원국 국경의 통과시 제3국 국민의 대우는 공동통상정책의 범주에 속하지 않는 것이다. 따라서 이를 더욱 일반적으로 살펴보면, EC조약상 규정된 자연인 및 법인을 포함한 사람의 자유로운 이동에 관한 제 규정(제48조 이하)은 공동통상정책의 적용을 받지 않는다.
54) ECJ 견해 1/94, n° 46.
55) Ibid, n° 57.
56) 1977년 4월 26일자 ECJ 견해, 1/76, Rec. 1977, p. 741.

이 문제에 대하여 ECJ는 서비스의 공급에 대한 논의를 지적재산권 분야에도 공히 적용하고 있다. 즉, ECJ는 판례 "AETR"과 견해 1/76에서 천명한 것과는 달리 공동체의 GATS협정을 체결할 배타적 권한을 전면적으로 인정하지 않았다. ECJ에 의하면, GATS협정의 결론은 위원회에 의해 제기된 제 목적을 실현하는데 필요하지 않으므로 이 목적을 달성하기 위하여 공동체에게 다른 조치를 채택하는 것을 허용하였다.57) 이 경우, '필요성(nécessité)'의 기준은 아주 엄격하게 적용되어야 하는데, 대내권한의 행사에 영향을 미치는 분야는 반드시 이 분야의 대외적 측면과 관련을 맺고 있어야 한다. 하지만 공동체 내부 시장에서의 서비스의 자유로운 제공 및 설립의 자유의 실시는 제3국에 의한 서비스의 제공 및 투자 분야에서 국내적 조치의 유지를 달갑게 여기지 않는다. ECJ도 이를 인정하고 있지만 이것은 공동체가 목적을 달성하는데 GATS협정의 체결이 반드시 필요하다는 것을 명백히 입증하는데는 충분하지 않다는 입장인 듯 하다. 결국, '필요성'의 기준은 '비례성(proportionnalité)'의 기준으로 기능하는 것이다.58)

이러한 관점에서 볼 때, ECJ는 견해 1/76에 의거한 GATS협정의 범위 내에서 공동체의 권한에 대해서는 명확한 견해를 밝히고 있지 않다. 재판소에 의하면, 이러한 권한의 존재는 공동체의 목적을 실현하기 위하여 GATS협정을 체결할 필요성에서 그 근거를 찾을 수 있는 것이 아니라 공동체 역내에서 이미 채택된 공동규칙의 존재에서 그 근거를 찾을 수 있다고 한다. 즉, ECJ에 의하면, 설립의 자유 및 서비스의 자유로운 제공에 관한 EC조약의 제 규정은 "제3국 국민에 의한 최초의 설립의 문제 및 비임금 노동자들의 활동에 관한 체제를 규율하는 어떠한 규정도 포함하고 있지 않다."는 점을 전제하면서, "공동체가 제3국과 제113조와 관련 있는

---

57) ECJ 견해 1/94, n° 79.
58) Ibid, n° 79.

GATS의 의미내 국경간 공급의 대상이 되는 것 이외의 최초의 설립 및 서비스시장에의 접근의 자유화에 관한 협정을 체결할 배타적 권리는 제외된다."고 판시함으로써,59) 만약 공동체가 사전에 일정한 대내적 권한을 사용하였다면 견해 1/76의 의미내 국제협정을 체결할 필요성을 인정하고 있지 않은 것이다.

한편, GATS에 관한 ECJ의 이러한 태도는 지적재산권과 관련한 공동체의 배타적 권한의 행사에 대해서도 그대로 준용되었는데, ECJ는 "견해 1/76에 언급된 적절성은 ... TRIPs에 대해서는 항변의 여지가 있다. 즉, 공동체 차원에서 지적재산의 통일화 혹은 조화는 유용한 효과를 위하여 제3국과의 협정을 반드시 동반하는 것은 아니다."60)고 판시함으로써 동 분야에서의 견해 1/76의 적용을 제외시켰다. 이와 마찬가지로 ECJ는 AETR 판결에서 확립된 제 기준은 위의 GATS에서 원용한 것과 동일한 사유로 TRIPs에서도 인정하지 않았다.61)

---

59) Ibid, n° 81.
60) Ibid, n° 100.
61) 참고로 공동체는 국내적 조치에 대해서도 배타적 권한을 가지는가에 관한 최근의 사례로 1995년 3월 25일자 ECJ 견해 1/92(1995년 ECJ 견해 2/92, Compétence de la Communauté ou de l'une de ses institutions pour participer à la troisième décision révisée du Conseil de l'OCDE relative au traitement national, Recueil 1995, I-0521.)를 들 수 있는데, 상기 견해 1/94에서 제시된 논리와 동일한 연장선상에 놓여져 있다. 공동체는 그의 배타적 권한을 근거로 하여 국내적 조치의 예외를 구성하는 회원국에 의해 채택된 모든 조치 및 그로 인한 결과에 대한 OECD에의 통보절차를 규정하고 있는 '국내적 조치와 관련한 OECD 이사회의 제3결정(Troisième décision du Conseil de l'OCDE relative au traitement national)'에 참가하였다. 이에 대해 벨기에는 과연 공동체가 동 분야에서의 배타적 권한을 행사할 수 있는 '법적 기초(la base juridique)'가 무엇인가에 대해 ECJ의 견해를 구하였다. ECJ에 따르면, 국가적 조치에 관한 규칙은 오직 국제무역에서 제3국과 함께 외국인의 통제하에 있는 기업의 참가 및 내부적 무역에만 관련되므로 EC조약 제113조는 동분야에서의 배타적 권한의 행사를 허용하지 않는다고 판시하였다. 또한 공동체의 참가는 EC조약 제57조 및 제100조, 그리고 AETR 판결 및 견해 1/76에 근거하고 있으므로 동 분야에 대하여 공동체는 배타적 대외권한을 가진다는 주장도 제기되었으나, 공동체의 내부적 행동권에 근거한 배타적 대외권한이 인정되기 위해서는 내부적 입법이 선결되어야 한다는 것이 ECJ의 견해였다. 즉, 이에 대하여, ECJ는 견해 1/94에서 마찬가지로 견해 1/76의 범위를 제

4. 암스테르담조약하에서의 공동통상정책 : EC조약 제113조 제5항

　EU 15개 회원국 정상 및 정부수반들간 IGC는 1997년 6월 17일 암스테르담에서 EU조약의 개정안(일명 암스테르담조약)62)을 채택하고 동년 10월 2일자로 서명하였다. 동 회의에서 다루어진 주요 현안 중의 하나가 바로 공동체의 외부 경제 관계, 특히 EC조약 제113조의 공동통상정책의 일관성과 유효성에 관한 것이었는데, WTO 출범 후의 국제통상환경의 변화 및 그러한 변화에 능동적으로 대처하기에 EC조약 제113조는 내재적 한계를 가지고 있었던 것이다.

　먼저, 전자와 관련하여, 공동체는 WTO 제 협정과 양립하지 않는 통상정책 분야의 제 규정을 개정해야 했으며, 또한 우루과이 라운드 협상 과정에서 국제적 협상 능력을 제고할 필요성과 긴급성을 절실히 느끼고 있었다. 이러한 면에서, WTO내에서 서비스 및 지적재산권과 관련한 다자규범의 제정시 국제통상에서 그들의 입장과 견해가 영향을 미칠 수 있는 사법적 수단을 강구하지 않을 수 없었다.

　다음은 후자의 경우, 위에서 이미 검토한 바와 같이, EEC조약 제113조는 '상품무역'만 규율함으로써 점진적으로 발전해가고 있는 국제통상에 적응하지 못하였으므로 새로운 형태의 교역에 적용될 수 있는 공동통상정책의 개념 및 그 적용 범위를 확대할 필요성이 대두되게 되었다. 이리하여, ECJ는 우루과이 라운드의 결과에 대한 그들의 견해 1/94를 통하여 서비스의 국경간 공급 및 위조상품의 유통의 금지를 포함시킴으로써 일견 그 적용 영역을 서비스 및 지적재산권 분야까지 확대하였다. 하지만 ECJ의 이러한 사법적 판단은 서비스 및 지적재산권 분야의 핵심적 내용은 모

　　한적으로 해석하고 있는 것이다.
62) EU조약의 개정에 대해서는 동 조약 제N조에 규정되어 있는데, 회원국 정부나 위원회는 이사회 앞으로 EU조약의 개정안을 제출할 수 있으며(제1항), 1996년에 소집된 정부간 회의는 동 조약 공동규정인 제A조 및 제B조의 목적에 비추어 개정안을 심사한다(제2항)고 규정하고 있다.

두 제외되었으며, 또한 향후 이 분야에 있어서 권한의 행사는 공동체와 회원국이 공유하게 됨으로써 공동체의 대외 통상 권한이 제한받게 되는 결과를 초래하였다.

이와 같이 공동체로서는 새로운 국제 통상 구조 및 환경에 적합한 공동 통상정책의 수립이 절실히 필요하게 되었으며, 결국 암스테르담조약에 의하여 "위원회의 제안 및 유럽의회와의 협의 후 전원일치에 기하여 이사회는 서비스 및 지적재산권과 관련한 협상 및 국제협정에(EC조약 제113조) 제1-4항을 확대 적용할 수 있다. 단, 이 협상 및 협정이 동 조 제1-4항에 의해 규율되고 있지 않아야 한다."63)라는 EC조약 제113조 제5항이 추가되게 되었던 것이다.64)

따라서 아래에서 동 조항의 내용을 분석하면 다음과 같다.

첫째, 제113조 제5항은 단지 서비스 및 지적재산권만을 그 적용 대상으로 삼고 있다. 동 조의 논의 과정에서 아일랜드 및 네덜란드, 그리고 위원회는 직접투자도 동 조의 내용에 포함시킬 것을 주장하였으나 이에 대해서는 이미 OECD 및 WTO 차원에서 다자간 투자규범이 제정되는 과정에 있으므로 제외되게 되었다. 이리하여 제113조 제1항이 '특히'라는 부사를 사용함으로써 동 조항이 열거하지 않는 목록이외의 공동통상정책의 적용 범위에 대해서는 결국 ECJ의 판단에 의하여 정해진 것과는 반대로 동 조 제5항은 '서비스 및 지적재산권'이라는 명백하게 한정적 분야를 그 목록으로 제시하고 있다.

---

63) 동 조의 불어판 원문은 다음과 같다 : "*Le Conseil, statuant à l'unanimité sur proposition de la Commission et après consultation du Parlement européen, peut étendre l'application des paragraphes 1 à 4 aux négociations et accords internationaux concernant les services et les droits de propriété intellectuelle dans la mesure où ils ne sont pas visés par ces paragraphes.*"

64) 암스테르담조약하에서 EC조약 제113조 제5항이 추가되게 된 배경 및 그 상세한 내용에 대해서는, Blin, O., "L'article 113 CE après Amsterdam", *RMCUE(Revue du Marché commun et de l'Union européenne)*, n° 420, Juillet-Août 1998, pp. 447-456.

둘째, "... 협상 및 국제협정에..."라는 문언의 그 의미 및 해석, 특히 협상의 법적 성격에 대해서는 다소 의문의 여지가 있다. 하지만 EC조약 제113조의 적용 확대를 전제로 한 관점에서 볼 때, 동 조항에서 말하는 협상이란 국제조약의 체결 이전에 행해지는 협상뿐만 아니라 조약의 체결을 의도하지 않고 단순히 국제조직 내에서 당사자간 분쟁을 해결할 목적으로 행해지는 협상까지도 포함하는 것으로 이해하여야 할 것이다. 이에 대해서는, 이를테면 WTO 분쟁해결제도의 협상단계를 그 일례로 들 수 있다.

셋째, 동 조항에 의해 도입된 새로운 의결절차와 관련하여 두 가지 점을 지적할 수 있다.

먼저, 공동체 기관간 임무의 분배와 관련한 문제이다. 즉, EC조약 제113조 제5항에 의하면, 위원회는 이사회에 제안하고 유럽의회는 그 제안을 공식적으로 협의할 권한을 행사할 수 있으며, 또한 이사회는 서비스 및 지적재산권 분야의 대외적 면에서 EC조약 제113조의 적용 여부를 결정할 권한을 향유하고 있다. 그동안의 실무 관행 및 현실적인 세 기관간의 역학 관계를 고려해 볼 때, 국제통상협상의 경험을 바탕으로 위원회가 공동체 이익을 방어하기 위한 가장 적절한 제안을 이사회에 행하고 회원국 대표들의 회합체인 이사회가 통상 관계의 국제협정의 체결 여부를 결정할 권한을 행사해왔다. 한편, 이제까지 국제협정의 협상 과정에서 이들 기관은 유럽의회에게 명시적인 협의를 요청할 필요가 없었으나 EC조약 제113조 제5항은 서비스 및 지적재산권 분야의 협상 및 국제협정 체결시 이사회는 반드시 유럽의회의 협의를 구해야 한다고 규정하고 있다. 하지만 유럽의회의 견해는 이사회를 구속할 수 없으며, 또한 거부권(le droit de veto)도 행사할 수 없으므로 유럽의회는 단지 이사회와 성실하게 협력관계를 유지할 수밖에 없다고 볼 수 있다.

다음은, EC조약 제113조 제5항에 의해 도입된 이사회의 결정 방식,

즉 전원일치에 관해서이다. '전원일치는 거부이며, 거부는 기능마비이다(l'unanimité c'est le veto, et le veto c'est la paralysie.)'라는 Pisani의 견해65)가 나타내주듯이 전원일치제를 포함한 이사회의 의사결정제도의 개혁은 정부간 회의의 주요 의제 중의 하나였다. 그 동안 통상협정의 채택 및 적용은 일반적으로 가중다수결 규칙에 의해 규율되어 왔지만 정치적 합의를 이유로 흔히 전원일치를 요하는 경우가 많았다. 결국 EC조약 제113조 제5항에서 규정하고 있는 전원일치제는 서비스 및 지적재산권 분야의 통상 문제가 각 회원국의 이해관계와 얼마나 밀접한 관계를 나타내주는가를 보여주는 전형적인 예라고 볼 수 있다.

넷째, EC조약 제113조 제5항의 이행방법과 관련하여 마지막으로 살펴볼 것은, 이사회로 하여금 서비스 및 지적재산권과 관련한 협상 및 국제협정에 EC조약 제113조 제1-4항을 확대 적용할 것인가의 여부를 결정할 수 있도록 규정하고 있다는 점이다. 이는 공동체의 통상정책의 내용의 점진적 발전을 의도하고 있다고 보이며, 따라서 제3국과의 서비스 및 지적재산권 분야의 통상관계에 있어 이사회는 EC조약 제113조 제5항을 '발전적 조항(la clause évolutive)'66)으로 기능할 수 있도록 노력하여야 한다는 의지를 표명한 것이라 볼 수 있다.

5. 유럽헌법 하에서의 공동통상정책 : 유럽헌법 제I-13조 및 제III-315조

유럽헌법 I-13조는 연합이 역내시장의 기능을 위해 필요한 경쟁규칙을 설립하기 위하여 공동통상정책 분야에서도 배타적 권한을 가진다고 규정하고 있다(제(e)호). 또한 공동통상정책은 외국인 직접투자(foreign direct

---

65) Pisani의 말은 다음 문헌에서 재인용한 것임. Louis, J.-V., "Les relations extérieures de l'Union européenne : unité ou complémentarité?", *RMUE(Revue du Marché unique européen)*, 1994, n° 4, p. 10.
66) Ibid, p. 9.

investment : FDI)에 대해서도 확대되었다(제Ⅲ-315조 제1항). 그러나 운송 분야의 제협정은 여전히 공동통상정책의 적용을 받지 않는다(제Ⅲ-315조 제5항). 공동통상정책과 관련한 법률은 유럽법에 의거하여 채택된다(제Ⅲ-315조 제2항).

의사결정과 관련하여, 현 EC조약 제133조의 제 규정은 단순화되었다. 그러나 가중다수결제도는 공동통상정책의 모든 측면으로 확대되지는 않았다. 사실, 유럽헌법은 니스에서 확립된 역내외규칙 사이에서 병행원칙(the principle of parallelism)을 고수하고 있다. 이 원칙에 따르면, 사람의 이동 및 무역과 관련한 지적재산권을 포함하여 무역과 관련한 서비스의 제 영역에서의 협상과 협정의 체결과 관련한 결정은, 만일 그 협정이 역내규칙의 채택에 전원일치가 요구된다는 규정을 포함하고 있다면, 전원일치의 기속을 받는다. 또한 유럽헌법은 연합의 문화적·언어적 다양성이 침해될 우려가 있는 경우에는 문화적·시청각 서비스와 관련한 무역 분야의 협정에 대해서도 전원일치를 요구하고 있다(제Ⅲ-315조 제4항).

유럽의회와 관련하여, 유럽헌법은 의미 있는 진전을 보이고 있다. EC조약상 통상정책에 관한 한 별다른 권한을 가지고 있지 못하던 유럽의회가 이제는 의사결정과정과 관련을 맺게 되었다. 즉, 일반입법절차(현행 공동결정절차)가 통상정책 분야에서 입법적 성격을 가지는 모든 자율적 행동(all autonomous acts of a legislative nature)의 채택에도 적용되게 된 것이다. 이와 비슷하게 모든 무역협정은 유럽의회에 의해 승인되어야 한다. 마지막으로, 유럽의회는 진행 중인 모든 무역 협상에 대해서도 통보를 받는다.

제5장 공동외교안보정책(CFSP)

1. 서 론

　유럽헌법 제I-12조 4항은 공동방위정책(common defence policy)의 점진적 구상을 포함한 CFSP을 정의하고 이행할 권한을 EU에게 부여하고 있다. 이 정책은 "회원국간 정치적 상호연대의 발전, 일반적 이익에 관한 문제의 회원국 행동의 수렴의 정도"에 의거하고 있다(제I-40조).
　EU조약의 규정에 비추어 볼 때 유럽헌법에 의해 행해진 주된 개정된 내용의 하나는 CFSP의 발전과 이행에 기여할 연합 외무부장관 제도이다. 그는 그동안 유럽이사회 의장에 의해 수행된 대외적 대표의 역할을 수행하는 동시에 국제기구에서 회원국들의 행동을 조정하게 될 것이다.
　외무부장관은 유럽대외행동서비스(European External Action Service)의 보좌를 받는데, 이 서비스는 이사회 및 위원회 사무국 직원들과 회원국 외무부에서 파견된 직원들로 구성된다.

2. 의사결정과정

　유럽헌법에 의하면, 유럽위원회는 더 이상 CFSP와 관련한 제안을 할 수 없다. 그러나 외무부장관의 업무 개시를 지원할 수 있다.
　의사결정에 관한 한 별다른 진전은 없다. 즉, 대부분의 경우, 각료이사회와 함께 전원일치에 의해 결정되며, 회원국들은 거부권(right to veto)을 가진다.
　EU조약과 마찬가지로 가중다수결에 의한 투표는 극히 특수한 경우에만 적용되지만 헌법은 새로운 경우를 추가했다. 각료이사회는 만일 유럽이사회로부터 특수한 요청을 부탁받은 외무부장관이 이를 수행하기 위하여 제안을 하는 경우, 가중다수결로 행동할 수 있다(제III-300조).

또한 유럽헌법은 가중다수결 투표에서 "전환투표방식(switchover)"을 사용할 수 있다고 규정하고 있다. 따라서 헌법에 규정되어 있지 않은 경우에 각료이사회가 가중다수결로 행동해야 하는 사안에 대해서도 유럽이사회는 전원일치로 결정할 수 있다(제I-40조 & 제III-300조). 하지만 이 "전환투표방식"은 군사적 이행과 관련한 결정 또는 방위 분야에서 사용되지 않는다는 점은 주의를 요한다.

다수결투표가 행해지면, 어떤 회원국이라도 그 결정의 채택에 반대한다는 뜻을 선언할 수 있다. 따라서 외무부장관은 전원일치로 결정하는 유럽이사회에 문제가 회부되기 전에 수락가능한 해결에 이르기 위하여 조정자로서 행동하게 된다.

3. 강화된 협력

강화된 협력(enhanced cooperation)과 관련된 헌법의 규정은 EU조약의 현행 규정의 내용과 그리 차이가 없다. 유일한 변경은 최소한 3분의 1이상의 회원국(현재 최소 8개국)이 참가해야 한다는 내용뿐이다.

강화된 협력은 CFSP의 어떤 분야라도 설립될 수 있으므로 EU조약 제27조 b호에 규정된 연대행동 또는 공동입장(joint action or a common position)의 이행에만 한정되지 않는다. 게다가 '구조적 협력(structured cooperation)'은 방위 분야에서 설립될 수 있다. EU조약에서는 이를 명백하게 금지하고 있다는 측면에서 본다면 의미 있는 출발이라고 볼 수 있다.

또한 다음의 사항도 강조되어야 한다. 즉, 유럽헌법 제III-422조에 따르면, 강화된 협력에 참가하는 회원국들은 원칙적으로는 전원일치가 필요함에도 불구하고 가중다수결로 결정할 수 있다. 이는 CFSP와 관련한 국가들에게는 중요한 문제로 간주되리라 여겨진다.

4. CFSP에 관한 입법 수단

EU조약과 비교해 볼 때, 유럽헌법은 CFSP에 관한 입법 수단은 유럽결정과 국제협정으로 한정하였다. 따라서 각료이사회는 다음의 세 가지 경우에 한하여 유럽결정을 채택한다.

- 연합에 의해 취해진 행동
- 연합에 의해 취해진 입장
- 행동과 입장의 이행 방법

유럽법과 유럽골격법과 같은 입법 수단의 사용은 배제되었다.

게다가 EU조약에서는 공동전략(TEU 제13조)의 수립에 관한 내용이 제대로 갖추어져 있지 않음에도 불구하고 유럽헌법에서는 유럽이사회에 의해 수립되는 전략적 이익과 목표의 형태로 포함되었다. 또한 TEU 제13조에 규정된 공동전략과는 달리 그 전략적 이익과 목표는 CFSP 및 대외적 행동의 다른 분야에까지 영향을 미친다(제III-293조).

5. CFSP 기금

CFSP와 관련한 비용의 지출은 군사 혹은 방위와 관련된 작업에 소요되는 비용 지출을 제외하고는 여전히 EU의 일반 예산에 부담을 주게 될 것이다. 게다가 유럽헌법은 CFSP의 틀 속에서 개시에 필요한 긴급 경비의 지출이 필요한 때, 특히 피터스버그 임무(인도적 임무 및 국민 구조, 평화유지 임무, 평화유지를 포함한 위기관리에 있어 전투 임무 등) 임무를 위한 준비 활동에 필요한 긴급 경비의 지출이 필요한 때에는 유럽결정을 채택하도록 규정하고 있다.

또한 회원국의 기여로 구성되는 개시기금은 EU 일반 예산에 의해 지원되지 않는 피터스버그 임무를 위한 사전 활동 기금이다(제III-312조).

6. ECJ의 역할

ECJ는 CFSP에 관한 관할권을 갖지 않는다. 그러나 자연인 혹은 법인에 대하여 각료이사회에 의해 채택된 제한 조치의 합법성을 검토하는 소송에 관한 규칙에 대해서 관할권을 행사한다.

또한 ECJ는 국제협정이 CFSP 분야를 포함하는 헌법의 제 규정에 일치하는가 여부에 관한 규칙에 대해서도 관할권을 갖는다.

제6장 방위정책

1. 서 론

공동안전보장정책(common security and defence policy)은 여전히 EU의 CFSP의 완전한 한 부분으로 남게 된다. 공동방어정책의 채택 여부는 전원일치로 행동하는 유럽이사회에서 결정하게 된다(제I-40조).

그들의 작업 과정에서 유럽미래회의의 위원들은 회원국들의 능력과 그들이 의도하는 안전보장을 위한 수단 간의 실질적인 차이점을 고려했다. 따라서 유럽헌법은 모든 회원국들이 수락할 수 있으며, 또한 그들의 상이한 접근과 정치적 합의를 고려한 유연한 협정에 기초한 규정들을 포함하고 있는 것이다.

더욱이 안보에 관한 어떠한 결정일지라도 전원일치로 채택되어야 한다.

그러나 EU조약상 안보규정은 모든 회원국들과 관련한 일반적 적용 규정에 의해, 또 특정 안보문제에 대해서는 일부 국가군으로 하여금 다른 문제와는 달리 상당히 신속하게 접근할 수 있도록 허용한 규정에 의해 실질적으로 상당히 확대되었다.

2. 일반적 적용 조치

일반적으로 적용가능한 새로운 규정은 피터스버그 임무의 개선과 연대조항(solidarity clause)의 도입을 포함하고 있다.

먼저 전자와 관련하여, 헌법조약초안은 EU조약 제17조 2항에 언급된 인도적 구조, 평화유지 및 평화유지를 포함한 위기관리 목적의 전투병력 파병 등의 피터스버그 임무는 물론, 그 외에도 합동무장해제작전, 군사작전과 지원 임무, 분쟁 예방과 분쟁 이후 안정과 같은 기타 임무를 개선하고 있다. 또한 초안은 모든 국가들로 하여금 상기 임무가 대테러리즘에 대항하여 싸우는데 기여할 것을 요구하고 있다(제III-309조).

그리고 후자에 대해, 헌법 제I-43조는 연대조항을 도입하고 있다. 즉, 만약 어느 회원국이 테러리스트의 공격 혹은 자연·인공재해에 의해 피해를 입는다면 기타 모든 회원국들은 지원을 제공해야 한다. 이 경우, 연합은 관련 회원국을 지원하기 위하여 기타 회원국들에 의해 제공된 군사력을 포함하여 그가 사용할 수 있는 모든 수단을 사용할 수 있다. 이 규정은 시민보호에 관한 새로운 규정에도 추가되었다(제III-284조).

3. 특정 회원국간 협력

유럽헌법 제III-310조에 의하면, 각료이사회는 필요한 군사력을 가지고 있고, 또한 임무를 수행하고자 원하는 국가군에게 임무를 수행할 것을 위임할 수 있다. 이 국가들은 연합 외무부장관과 협력하여 임무 관리에 관해 상호 합의하게 된다.

게다가 회원국들의 군사력을 개선하고 합리화시키기 위하여 헌법은 각료이사회의 지시를 받는 '유럽청(European Agency)'[1]이 설치되게 된다. 이 청은 가입하고자 하는 모든 회원국들에게 개방된다(제III-311조). 이

---

[1] 이는 일반적으로 '유럽방위청(European Defence Agency)'으로 알려져 있다.

청의 지위, 위치 및 작전규칙은 가중다수결로 채택되는 유럽결정(European decision)에서 규정된다.

비록 EU조약에서 엄격하게 금지됨에도 불구하고, 안보 분야에서 강화된 협력을 사용할 가능성이 헌법 제Ⅲ-312조에 규정되어 있다. 동 조는 헌법에 부속된 의정서에서 회원국들간 조직적 협력의 설립(establishment of structured cooperation between Member States)에 대해 규정하고 있다. 이는 분명 CFSP에 관한 EU조약의 현 규정과 비교하여 주된 진전 사항 중의 하나이다.

방위정책에 참가하고자 원하는 회원국은 각료이사회와 연합외무부장관에게 그 의사를 통보해야 한다. 이에 대해 3개월 이내 참가 가능 여부에 대해 유럽결정을 채택해야 하고, 가중다수결로 참가회원국의 명단을 확정한다. 비록 유럽결정이 채택되었다고 할지라도 회원국들은 그 이후의 협력에 연대하거나 또는 철회할 수 있다. 게다가 만일 각료이사회가 더 이상 기준을 충족시키지 않는다고 결정을 하면, 회원국은 그 협력에서 탈퇴할 수도 있다. 유럽헌법과는 별도로 상설구조협력(permanent structured cooperation)의 틀 속에서 각료이사회의 기타 모든 유럽결정과 권고는 참가회원국에 의해 전원일치로 채택된다.

4. 방위정책의 재정

유럽헌법은 군사 혹은 방위정책의 실시에 필요한 비용을 연합의 예산으로 지출하는 것을 금지하고 있다. 그 비용은 국민총생산(GNP)의 규모에 따라 회원국들이 부담하게 된다. 그러나 유럽헌법은 피터스버그 임무를 위한 준비 활동에 필요한 긴급 경비의 지출이 필요한 때에는 유럽결정을 채택하도록 규정하고 있다.

게다가 회원국들의 기여로 조성된 개시 기금(start-up fund)은 연합

• 유럽헌법론

예산으로 부담하지 않는 피터스버그 임무를 위한 준비 활동에 지원된다. 이 기금을 운용하기 위한 절차는 가중다수결로 행동하는 각료이사회에 의해 정해진다(제Ⅲ-313조).

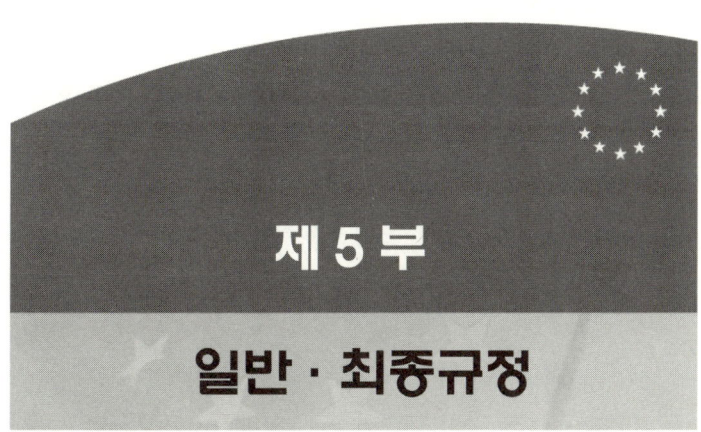

제 5 부
일반·최종규정

1. 서 론

유럽헌법 제Ⅳ편은 일반 및 최종규정을 포함하고 있다. 제Ⅳ편은 *Commu-nity acquis*의 법적 계속성을 보장하고, 유럽헌법의 발효에 관한 과도규정을 제정함으로써 기존의 제 조약의 폐지에 관한 규정을 담고 있다. 또한 동편은 유럽헌법의 영역적 범위도 포함하고 있다.

게다가 제Ⅳ편은 유럽헌법의 개정에 대해서도 규정하고 있다. 즉, 일반입법절차, "가교조항"(bridging clauses) 및 연합의 역내 정책과 조치에 적용할 수 있는 약식입법절차 등이다. 이와 같은 약식절차는 유럽헌법의 핵심적인 혁신 사항 중의 하나이다. 특히 가중다수결투표 및 일반입법절차의 확대를 목표로 한 "가교조항"은 그 전형적인 예에 해당한다.

마지막으로 제Ⅳ편은 유럽헌법조약의 존속기한(무기한 존속함), 비준절차 및 발효 등에 대해 규정하고 있다.

2. 제 조약의 폐지와 법적 계속성

일단 유럽헌법조약이 발효하기만 하면, EC설립조약과 EU조약은 물

• 유럽헌법론

론 그 개정·추가 협정 및 제 조약은 폐지된다. 마찬가지로 유럽단일협정, 암스테르담조약, 니스조약 및 가입조약도 아울러 폐지된다(제IV-437조).
  그러나 다양한 가입조약의 일부규정들, 특히 항구적 효력을 가지거나 또는 아직 효력이 정지되지 않은 과도적 규정들은 그 법적 계속성을 보장하기 위해 계속 효력을 가진다. 이를 위하여, 아래와 같은 두 개의 의정서가 유럽헌법조약에 부속되어 있다.

- 덴마크, 영국, 아일랜드, 그리스, 스페인, 포르투갈, 오스트리아, 핀란드 및 스웨덴을 위한 가입조약 및 협정에 관한 의정서
- 체코공화국, 에스토니아, 사이프러스, 라트비아, 리투아니아, 헝가리, 말타, 폴란드, 슬로베니아 및 슬로바키아의 가입조약 및 협정에 관한 의정서

  제IV-438조는 승계와 법적 계속성에 대해 상세하게 규정하고 있다. 즉, 유럽헌법에 의해 설립되는 새로운 연합(EU)은 EC와 EU의 승계자이다. 유럽헌법이 발효하는 날 존재하는 기관과 부속 기구는 동헌법이 발효하는 날의 구성 그대로 그 헌법조약에 따라 계속하여 그 권한을 행사한다. 1차법원과 달리 제IV-437조에 의해 폐지된 조약과 협정에 의거하여 채택된 기관에 관한 모든 입법행위는 여전히 그 효력을 가진다. 즉, 그 입법행위는 폐지, 무효 혹은 개정되지 않는 한 계속하여 법적 효력을 가지게 된다. 이 원칙은 *Community acquis*, 이를테면, 기관협정, 결정 및 회원국 대표들에 의해 체결된 협정 및 선언 혹은 결의 등에 대해서도 동일하게 적용된다. 또한 이는 기존의 IGC에 의해 행해진 모든 선언(특히 유럽단일협정, 마스트리히트조약, 암스테르담조약, 니스조약 및 제가입조약) 역시 효력을 가진다.
  폐지된 기존의 제 조약과 협정의 해석과 적용에 관한 ECJ와 일심재판소의 판례법도 여전히 연합법의 해석 **法源**(a source of interpretation of Union's law)으로 유지된다. 특히 기존의 제 조약에 비교되는 유럽

• 제5부 일반·최종규정

헌법의 제 규정에 대해서도 마찬가지이다.

특정 기관을 위한 경과규정에 관한 제Ⅳ-439조는 유럽의회의 구성, 이사회에서의 가중다수결의 정의, 위원회와 연합외무부장관의 구성에 관한 특수경과규정에 대해서는 연합의 기관 및 조직을 위한 경과규정에 관한 의정서에 포함시켜 규정하고 있다는 점에 대해 언급하고 있다.

제Ⅳ-440조는 유럽헌법의 지리적 범위에 대해 정의하고 있다. 특히 북아일랜드도 이에 포함된다. 해외국가 및 영토에 대해서는 유럽헌법 부속서 Ⅱ에 포함되어 있다. 이처럼 유럽헌법은 현행 조약의 지리적 범위를 변경하지 않고 그대로 수용했다.

3. EURATOM조약

기존의 모든 조약 가운데 오직 1957년에 체결된 Euratom조약만이 효력을 가지게 된다. 따라서 이 공동체는 연합에 통합되지 않고 독립적인 법인격을 유지하며, 또한 동일한 기관을 사용하게 된다. 유럽헌법은 부속의정서인 "Euratom조약을 개정하는 의정서"에서 동 조약에 대해 가해질 필요가 있는 개정을 특정하고 있다. 이것이 의미하는 바는 유럽헌법 제정 작업 속에 Euratom조약이 포함되지 않았다는 것을 보여준다. 결과적으로 헌법에 의해 Euratom조약이 개정되는 형태를 취함으로써 특히 기관과 재정 분야에서 헌법에 의해 확립된 새로운 규칙에 적용되어야 한다는 것을 보여주고 있는 것이다.

독일, 아일랜드, 헝가리, 오스트리아 및 스웨덴 등 5개 회원국에 의해 행해진 선언은 Euratom조약의 핵심 규정이 동 조약이 발효한 이후 개정되지 않았다는 점을 보여준다. 따라서 이 5개국은 이 규정들이 개정가능하다면 곧바로 IGC를 소집하리라 판단된다.

• 유럽헌법론

4. 헌법의 개정

유럽헌법은 헌법의 개정 절차를 일반절차, 약식절차 및 연합의 역내 정책 및 조치에 적용가능한 약식절차(the ordinary procedure, the simplified procedure ("bridging clauses") and the simplified procedure applicable to the Union's internal policy and action)의 세 가지로 나누어 규정하고 있다.

(1) 일반개정절차

제IV-443조는 일반개정절차(ordinary revision procedure)에 관한 규정을 포함하고 있으며, 또 EU조약 제48조에 근거한 현 상황과 관련하여 여러 새로운 내용을 도입하고 있다.

첫 번째 개선 사항은 각 회원국 정부 및 위원회와 더불어 유럽의회가 유럽헌법의 개정안을 이사회에 제출할 수 있다는 점이다. 이렇게 하여 개정안 제출에 관한 한 유럽의회가 각 회원국 정부 및 위원회와 동등한 권한을 행사할 수 있게 되었다.

둘째, 유럽헌법은 헌법의 개정이 유럽미래회의에 의해 준비될 수 있도록 동 회의의 모델을 지속하고 있다. 유럽헌법은 유럽이사회 의장이 국내의회, 회원국의 국가 혹은 정부, 유럽의회 및 위원회 대표들로 구성되는 '회의(a Convention)'를 소집한다고 규정하고 있다. 이 회의의 임무는 개정안을 검토하고, 컨센서스로 IGC에게 권고를 행하는 것이다(제IV-443조 2항).

그러나 유럽이사회는 개정이 상대적으로 중요하지 않은 때에는 유럽미래회의를 소집하지 않고 유럽의회의 동의를 얻은 후 단순다수결로 결정할 수 있다. 이 경우, 유럽이사회는 필요한 개정안을 작성하는 '회원국 정부의 대표자 회의(a conference of representatives of the governments of the Member States)'의 권한(terms of reference)에 대해 정한다(제IV

-443조 2항).

유럽헌법이 개정된 경우, 그 개정헌법은 회원국들의 헌법적 규칙에 따라 모든 회원국에 의해 비준된 후에야 발효한다(제Ⅳ-443조 3항). 하지만 개정헌법의 조인으로부터 2년이 경과한 후 회원국의 5분의 4가 이 개정헌법을 비준했지만 1개국 혹은 복수의 회원국에서 비준에 곤란한 사정이 발생한 때에는 유럽이사회가 이 문제를 논의하게 된다(제Ⅳ-443조 4항).

(2) 약식개정절차

유럽미래회의는 가중다수결제도 및 일반입법절차의 범위 확대에 관한 약식개정절차(the simplified revision procedure), 즉 가교조항("bridging clauses" 혹은 일반가교조항(general bridging clauses)을 제안했다.

유럽헌법은 이 제안을 제Ⅳ-444조에 포함시켰다. 따라서 두 개의 일반가교조항은 헌법이 여전히 전원일치 혹은 특별입법절차에 대해 규정하고 있는 분야에 대해 전원일치결정(unanimous decision)에 의해 이사회로 하여금 가중다수결투표 혹은 일반입법절차를 적용할 권한을 부여하고 있다.

유럽헌법은 국내의회가 입법과정에서 입장을 표명한다고 규정하고 있다. 하지만 만약 국내의회가 6개월 이내 가교조항을 사용하여 그 입장을 표명한다면, 관련 결정은 채택되지 않는다.

이 가교조항들은 오직 헌법 제3편(Part Ⅲ)에 대해서만 적용할 수 있을 뿐 방위 혹은 군사문제에 관한 결정은 규율하지 않는다(제Ⅳ-444조 1항). 유럽이사회는 관련 결정을 총위원의 과반수를 얻어 결정하는 유럽의회 동의를 얻은 후 제정한다(제Ⅳ-444조 3항).

가교조항은 유럽헌법의 가장 주요한 개선 사항 중의 하나이다.

(3) 특수가교조항

유럽헌법은 일반가교조항과 아울러 연합의 특정정책에 적용 가능한 특수가교조항(specific bridging clauses)도 포함하고 있다. 이사회는 다음의 세 분야, 즉 ① 사회정책(제III-210조), ② 환경(제III-234조) 및 ③ 가족법(제III-269조)에 대해 유럽의회 및 위원회의 자문을 얻은 후 전원일치로 결정할 수 있다.

그리고 이사회는 전원일치로 결정하는 CFSP 분야에서 가중다수결투표의 범위를 확대할 수 있다(제I-40조 및 제III-300조).

마지막으로, 유럽헌법은 특정 의정서들이 주로 아래의 분야에 대해 유럽법(European law) 혹은 이사회법(Council law)에 의해 사안별로 (case-to-case basis) 개정될 수 있다고 규정하고 있다.

- 유럽중앙은행제도(European system of central banks : SEBC) 규정
- 유럽연합 사법재판소(Court of Justice of the European Union) 규정
- 과도한 부채 절차에 관한 의정서 및 유럽투자은행 규정에 관한 의정서(the protocol on the excessive deficit procedure and the protocol on the statute of the European Investment bank(EIB)
- 가입제조약에 관한 두 개의 의정서의 경과규정(폐지규정의 무효)

따라서 유럽헌법은 처음으로 헌법의 통상적인 개정을 위한 번거로운 절차에 의지하지 않고 특정한 특수규정 및 보다 명확하게 정의된 규정을 개정하는 다양한 방법을 제공하고 있는 것이다.

(4) 역내정책 및 조치를 위한 약식개정절차

유럽헌법 제IV-445조는 연합의 제3편 제3부(Part III, Title III)상의

제 규정을 위한 약식개정절차에 대해 규정하고 있다. 유럽미래회의는 유럽헌법초안 작성시 연합의 역내 정책의 실체적 내용에 대한 개정에 대해서 어떠한 제안도 하지 않았다는 점은 주의를 요한다. 보다 쉽게 개정할 수 있도록 유럽헌법 제3편을 위한 약식개정절차를 도입할 것을 제안한 것은 바로 IGC이다. 반면, 이 절차는 유럽헌법에 의해 연합에게 할당된 권한의 확대를 가져올 수도 있다.

통상적인 절차에서와 마찬가지로, 회원국 정부, 유럽의회 혹은 위원회는 유럽이사회에 유럽헌법 제3편 제3부의 개정을 위한 제안을 제출할 수 있다. 이에 대해 유럽이사회는 관련 모든 규정 혹은 일부를 개정하는 유럽결정을 채택할 수 있다. 유럽이사회는 유럽의회, 위원회 및 통화정책에 영향을 미치는 제도적 변경이 있는 경우에 유럽중앙은행의 동의를 얻은 후 전원일치로 결정한다.

이 결정은 회원국에 의해 비준되어야 한다. 따라서 유럽헌법의 관련 부분을 개정하기 위하여 유럽미래회의와 같은 일종의 제헌회의 혹은 공식적인 IGC 단계를 거칠 필요가 없다. 그러나 그 결정은 유럽이사회에 의해 채택된 전원일치결정이어야 하고, 또 모든 회원국에 의해 비준되어야 한다.

5. 채택, 비준 및 발효

기한을 정함없이 체결된 유럽헌법은 의회 혹은 국민투표 등 그들의 헌법적 규칙에 따라 모든 회원국에 의해 비준되어야 한다. 비준서는 이탈리아정부에게 기탁되어야 한다(제IV-447).

유럽헌법은 모든 회원국에 의해 비준서가 기탁되면, 2006년 11월 1일자로 발효하게 된다. 유럽헌법에 의하면, 헌법은 "… 마지막 서명국에 의해 비준서가 기탁된 다음 달 첫째 날에" 발효할 것이라고 규정되어 있는데, 과연 만일 발효일자까지 일부 회원국이 헌법을 비준하지 않는 경우에 어떻게 될 것인가라는 문제가 제기된다. 이미 마스트리히트조약과 니스

• 유럽헌법론

조약 비준시에 이와 같은 문제에 봉착한 적이 있으므로 유럽헌법 역시 비준 과정에서 이와 같은 동일 혹은 유사한 상황이 직면할 가능성이 높다.1)

이와 같은 이유로 IGC는 하나 이상의 회원국이 비준에 실패하는 경우를 상정하고 그 정치적 해결을 시도하기 위하여 "헌법을 설립하는 조약의 비준에 관한 선언(Declaration on the ratification of the treaty establishing the Constitution)"을 채택했다. 이 선언은, "만약 헌법을 설립하는 조약의 서명 후 2년이 지날 때까지 회원국의 5분의 4 이상이 조약을 비준했고, 하나 혹은 그 이상의 회원국이 비준절차에 어려움을 겪고 있다면, 이 문제를 유럽이사회에 회부한다."고 규정하고 있다.

이 선언에서는 단순히 정치적 해결에 대해서만 언급하고 있을 뿐 유럽이사회에서의 논의 절차에 대해서는 일체 언급하고 있지 않다는 점에 주의를 요한다.

---

1) 1992년 마스트리히트조약 비준시 덴마크와 2001년 니스조약 비준시 아일랜드에 의해 야기된 문제가 그 전형적인 실례에 해당한다. 그리하여 유럽미래회의에서도 만일 일부 회원국에서 헌법조약이 비준되지 않을 경우에 대해 논의했다. 유럽미래회의의 일부 위원들은 헌법이 최소기준, 이를테면 유럽위원회가 제안한 4분의 3 이상의 회원국에 의해서만 비준되어야 발효해야 한다고 주장했다. 만일 이 안이 채택될 경우, 비준에 실패한 회원국에 대한 특별지위는 그들의 기득권을 보호하기 위해 협상될 필요가 있다. 결국 유럽미래회의는 이에 대한 적절한 해결을 찾는데 실패했으며, 따라서 EU조약 제52조의 문언을 그대로 수용하기로 결정했다. 그리하여 유럽헌법은 한편으로 헌법이 모든 회원국에 의해 비준되어야 할 것을 요구하면서도, 또 한편으로는 "헌법을 설립하는 조약의 비준에 관한 선언(Declaration on the ratification of the treaty establishing the Constitution)"을 통해 만일 어느 회원국이 조약 비준을 실패하는 경우에 일종의 정치적 해결을 제공하고 있는 것이다.

● 찾아보기

(ㄱ)

가교조항(bridging clauses) 153, 165, 231, 235
가입제도(system of opt-in) 190
가중다수결 116, 120, 124, 148, 156, 157, 158, 161, 163, 165, 193
가중다수결제도 108
각료이사회(Council of Ministers) 98, 109, 118
감각적 비례제도 113
강화된 협력(enhanced cooperation) 166, 183, 225
개시 기금(start-up fund) 229
개인신상자료의 보호(protection of personal data) 89
거부권(right to veto; le droit de veto) 221, 224
견해(opinion) 130, 132, 137
결정(decision) 130, 132
경제 및 통화정책(economic and monetary policy) 169
경제사회이사회(European Economic and Social Committee : EESC) 111
공동결정절차(co-decision procedure) 113, 144, 145, 148, 149
공동관심사항(a matter of common concern) 171
공동국경수비대(common border-guard) 180
공동농업정책(common agricultural policy : CAP) 83, 157
공동방위정책(common defence policy) 76, 224

공동시장 77
공동안전보장정책(common security and defence policy) 227
공동어업정책 74
공동외교안보정책(common foreign and security policy : CFSP) 12, 76, 117, 118, 121, 125, 167
공동유럽망명제도(common European asylum system) 180
공동이민제도(common immigration policy) 181
공동입장(joint action or common position) 145, 174, 225
공동통상정책(common commercial policy : CCP) 74, 195, 196, 222
공유 권한(competence shared) 70, 75
과반수 157
구조적 협력(structured cooperation) 225
국가안전(national security) 178
국내안전위원회(internal security committee) 178
국제인도법 192
국제협정 193
권고(recommendation) 130, 132, 137
권한 부여 원칙(the principle of conferral) 70, 72
규칙(regulation) 130, 132
균등순환방식(system of equal rotation) 120, 122
기관(institutions) 109
기관협정(interinstitutional

　　　　　agreements)　154
기본권헌장　17
긴급억제조항(emergency brake
　　　　　clauses)　165, 166
긴급제안절차(emergency brake
　　　　　procedure)　115
긴밀성의 원칙(principle de
　　　　　proximité)　88, 102

(ㄴ)

니스선언　13, 15
니스조약　12, 14, 15, 131, 148,
　　　156, 158, 164, 182, 232

(ㄷ)

단일유럽협정　131, 158, 232
대외공동관세정책　73
도구 및 목적 절충설(la théorie
　　　combinée "instrumentaliste-
　　　finaliste")　198
도구설(la théorie instumentale)　197
동의절차(assent procedure)
　　　　　144, 149

(ㄹ)

라켄선언　17
Laeken 유럽이사회　15, 17, 18
로마조약　12, 144, 157

(ㅁ)

마스트리히트조약　12, 81, 90, 104,
　131, 144, 145, 148, 157, 158, 232

망명정책　180
목적설(la théorie finaliste)　197
민주생활(democratic life)　87

(ㅂ)

Valéry Giscard d'Estaing　19
배타적 권한(exclusive competence)
　　　　　70, 73, 209
범경제정책가이드라인(broad economic
　　　policy guidelines : BEPG)　170
법의 일반원칙(general principles of
　　　law)　83
법인격　69
보충성 원칙(principle of
　　　subsidiarity)　80, 178
보충적 권한(complementary
　　　competencies)　77
보충적 보호 지위(subsidiary
　　　protection status)　180
보통재판소(General Court)　127
부수적 기구(advisory bodies)　109
비례의 원칙(principle of
　　　proportionality)　82
비유급 노동자(les travilleurs non
　　　salariés)　96
비입법행위(non-legislative acts)
　　　136, 137, 139
비작전협력(non-operational
　　　cooperation)　187

(ㅅ)

사기　187
사무국(secretariat)　20

사법내무문제(justice and home affairs : JHA)   177
사법내무협력   12
사법재판소(Court of Justice)   127
사법협력(judicial cooperation)   182
삼주체제(three-pillar system)   142
상설구조협력(permanent structured cooperation)   229
상호 접근 조치(measures for the approximation)   182
상호평가제도(mutual evaluation mechanism : "peer review")   178
서비스   220
선거권   99
선린협정(neighbourliness agreements)   195
선택적 이탈 조항(opt-out clause)   189
세이프가드조항   163
Schengen acquis   189
수렴기준   176
시민들의 발의권(right of citizens' initiative)   88
실무단(working groups)   20

(ㅇ)

아이오니아 합의(Ioannina compromis)   163
암스테르담조약   12, 14, 90, 131, 145, 148, 155, 157, 181, 202, 220, 232
약식개정절차(the simplified revision procedure)   235
에라스무스프로그램   79

역내시장(Internal Market)   74
역내안전(internal security)   178
연대원칙(principle of solidarity)   179
연대조항(solidarity clause)   228
연대행동   225
연합 외무무장관   116, 228
옴부즈맨   104, 105
옴부즈맨제도   104
외국인 직접투자(foreign direct investment : FDI)   222
외무부장관(Minister for Foreign Affairs)   121, 124, 125
외무이사회(Foreign Affairs Council)   119, 125
외부국경관리통합제도(integrated system of external border management)   180
위원회 위원장   123
위임유럽규칙(delegated european regulations)   140
유급 노동자(les travilleurs salariés)   95
유럽검찰청(European Public Prosecutor's Office)   152, 186
유럽결정(european decision)   136
유럽경찰청   186
유럽골격법(european framework law)   98, 136, 150, 152
유럽공동체   12
유럽규칙(european regulation)   136
유럽단일시장   95

• 유럽헌법조약

유럽대외행동서비스(European External Action Service)　126, 224
유럽미래회의(Convention on the Future of Europe)　13, 18, 116, 121, 135, 149, 165, 174, 183, 234
유럽법(european law)　98, 127, 136, 150, 152
유럽사법재판소(European Court of Justice : ECJ)　68
유럽선거(european elections)　112
유럽시민권(european citizenship)　90
유럽안보·방위정책　124
유럽연합(European Union)　12, 69
유럽연합 사법재판소(Court of Justice of the European Union)　109, 127
유럽연합헌법　13
유럽위원회(European Commission)　109
유럽의회(European Parliament)　109
유럽의회선거(European Parliamentary elections)　113
유럽이사회(European Council)　13, 15, 109, 113
유럽이사회 의장(President of the European Council)　117, 191
유럽인권재판소(European Court of Human Rights)　67
유럽자원인도적지원단(European Voluntary Humanitarian Aid Corps)　193

유럽중앙은행제도(European System of Central Banks : ESCB)　74, 110, 169, 173, 176
유럽청(European Agency)　228
유럽청소년회의　21
유럽헌법　70, 97
유럽헌법조약　15
유럽헌법초안　13
유럽헌법회의　19
유럽회의　18
유로　173, 174, 175
유로그룹　175
유로저스트　178, 185
유로존　174
유로폴　178
유연성조항(flexibility clause)　80, 167
의무의 분담(a fair sharing of responsibility)　179
의석할당규칙(allocation rule)　113
이중국적　108
이중다수결(double majority)　156, 165
이중시민권(la double citoyenneté)　92, 94
이행행위(implementing acts)　118
인도적 지원　192
일반가교조항(general bridging clauses)　235
일반개정절차(ordinary revision procedure)　234
일반입법절차(ordinary legislative procedure)　113, 137, 144, 150,

176, 182, 231
일반직무·대외관계이사회(General Affairs and External Relations Council)   119
일반직무이사회(General Affairs Council)   117, 119
일심재판소(Court of First Instance of the European Communities)   104, 127
입법발의권(right of legislative initiative)   179, 183
입법행위   130, 134, 137

(ㅈ)

자발적 탈퇴조항(voluntary withdrawal clause)   84
잔여권한설(la théorie des compétences résiduelles)   199
전원일치   98, 99, 101, 122, 147, 148, 154, 157, 166, 182, 185, 220, 222, 223, 224, 227
전원일치제   108, 155, 158
전환투표방식(switchover)   225
절대다수결(absolute majority)   85
정밀감독(prudential supervision)   176
정부간 회의(intergovernmental conference : IGC)   12, 19, 117, 121
제도적 틀(the institutional framework)   109
제동장치(emergency brake)   183
조기경보제도(early warning system)   81, 178

조정위원회(Conciliation Committee)   147, 151
지역위원회(Committee of the Regions : COR)   111
지원행동(supporting action)   77
지적재산권   220
지주 구조(the pillar structure)   190
지침(directive)   130, 132
집단책임원칙(principle of collective accountability)   125

(ㅊ)

차별의 금지   76
참여민주주의   88
청원   103
총의(consensus)   115, 117
총회(plenary sessions)   20
최고상임회의(praesidium)   20
최종의정서(Final Act)   120

(ㅋ)

Community acquis   231, 232

(ㅌ)

Theasaloniki 유럽이사회   13
특별입법절차(special legislative procedures)   139, 144, 152
특수가교조항(specific bridging clauses)   236

(ㅍ)

파리조약   11.

● 유럽헌법조약

피선거권 99
피터스버그 임무 226, 228, 229

⟨ㅎ⟩
현자위원회(the Committee of the
           Wise) 86
협력절차(Cooperation Procedure)
           144, 149
협상담당자(negotiator) 194
협의절차(Consultation Procedure)
           144, 149
회계감사원(Court of Auditors) 110